Friedrich Wilhelm Lorinser

Gedenkblätter der Familie Lorinser

Friedrich Wilhelm Lorinser

Gedenkblätter der Familie Lorinser

ISBN/EAN: 9783743331952

Hergestellt in Europa, USA, Kanada, Australien, Japan

Cover: Foto ©ninafisch / pixelio.de

Manufactured and distributed by brebook publishing software
(www.brebook.com)

Friedrich Wilhelm Lorinser

Gedenkblätter der Familie Lorinser

Allen Mitgliedern

der

Familie Lorinser

in

Liebe und Freundschaft

gewidmet.

In den vorliegenden Blättern, welche durchaus nicht für die Oeffentlichkeit, sondern nur für einen engeren Kreis von Familien bestimmt sind, war ich bemüht, alles das, was ich über Abstammung und Verbreitung der Familie Lorinser zu erforschen im Stande war, kurz und bündig zusammen zu stellen, von der Ueberzeugung ausgehend, daß geschichtliche Familien-Notizen für den kleinen Kreis der Angehörigen eben so gut Anspruch auf Interesse haben, wie die Staatengeschichte für das betreffende Volk. Es ist in diesen Blättern keineswegs von großen Ereignissen, von außerordentlichen Heldenthaten oder romantischen Charakteren u. s. w. die Rede, es werden darin eben nur ganz einfache Thatsachen berichtet, welche für die Angehörigen der Familie nur deshalb ein Interesse haben können, weil diese Thatsachen gerade nur ihre eigenen Vorfahren betreffen.

Bei meinen Forschungen konnte es nicht anders kommen, als daß ich auch Einrichtungen, Begebenheiten und Personen kennen lernte, die mir ein culturhistorisches Interesse zu haben schienen, und deshalb habe ich derartige, jedenfalls documentarisch sicher gestellte Notizen schon aus dem Grunde einzuflechten für gut befunden, um in meine einfachen Aufzeichnungen ein wenig Abwechslung zu bringen. Vielleicht, daß derartige Bemerkungen auch für einzelne Bewohner der betreffenden Gegenden und Ortschaften überhaupt erwünscht sein dürsten.

Die Quellen, welche ich benützte, waren sehr mannigfaltig; das meiste Material lieferte mir das Archiv des ehemaligen Klosters Schussenried, ferner das Archiv der Herrschaft Bludenz und Sonnenberg, endlich das städtische Archiv in Bludenz, ferner das k. k. Haus-, Hof- und Staatsarchiv und das Adelsarchiv im k. k. Ministerium des Innern zu Wien. Viele Nachweise konnten nur durch die Kirchenbücher in den verschiedenen Pfarreien, andere durch persönliche Rücksprache und Nachforschungen erhalten werden. Von historischen Werken habe ich hauptsächlich die Schriften des kais. Rathes Jos. Ritter v. Bergmann, Weizenegger's „Vorarlberg" und Kaiser's „Geschichte des Fürstenthums Liechtenstein" benützt. Ich ergreife die Gelegenheit, insbesonders allen jenen Herren, welche mein Unternehmen mit größter Freundlichkeit, wohl auch mit aufopfernder Mühewaltung zu befördern die Güte hatten — insbesondere den Herren Benedikt Käß, Müller in Schuffenried, Dr. Franz Jos. Bonbun zu Schruns, John Scholto Douglas zu Thüringen, Jos. v. Ganahl, Apotheker in Bludenz, Dr. Bickl, Landes- und Gerichtsadvocaten in Bludenz — und ganz vorzüglich dem Herrn Otto Baron v. Sternbach und den Herren Bürgermeistern in Bludenz Christian Mutter und Josef Wolf meinen lebhaftesten Dank auszusprechen.

Und somit übergebe ich diese Gedenkblätter den Mitgliedern der Familie Loriuser mit dem Wunsche, daß sich vielleicht einer der späteren Nachkommen angespornt fühlen dürfte, diese fragmentarische Arbeit durch weitere fortgesetzte Forschungen einstens zu verbessern und zu vervollständigen.

Wien, am 12. Mai 1868.

Der Verfasser.

Aebersicht des Inhaltes.

Die Familie Lorinser in Vorarlberg.

Ansicht von Lorüns.

Der Name Lorinſer (in Vorarlberg Lorünſer) iſt von dem Dörfchen Lorüns, am linken Ufer der Ill und am Eingange des Thales Montavon gelegen, entnommen worden. Lorüns zählt gegenwärtig 25 Häuſer und beiläufig 150 Einwohner, die Häuſer liegen zerſtreut und durch Obſtbäume faſt gänzlich verſteckt, auf einer von Felſen begränzten Erweiterung des Illthales am Fuße des Gafalinakopfes. Der Dolomitzug, der ſich vom Lüner See (Seekopf) bis Lorüns erſtreckt, iſt einer der wenigen im Rhäticon, welche vollkommen gleichmäßig in bedeutender Ausdehnung fortſetzen, und der Gafalinakopf bei Lorüns iſt der Knotenpunkt, in welchem die Haupthebungsrichtungen des Rhäticon ſich vereinigen. Am rechten Ufer der Ill, gegenüber von Lorüns, erhebt ſich eine ſteile Felswand, der Rappenkopf genannt, und neben derſelben thalabwärts ein die Waldung überragender Felſenrücken, der noch jetzt die ſpärlichen Ruinen eines alten Schloſſes oder Wartthurmes trägt, welches das „Lorünſer Schlößle" genannt wird. Zwiſchen Rappenkopf und Schlößle iſt auf der Höhe des Kammes eine weite Scharte ſichtbar, dagegen liegen hier am Fuße des Felſens zahlreiche Felsblöcke umher, welche von der Höhe der geborſtenen Felswand herabgeſtürzt ſind. Ueber das „Lorünſer Schlößle" fehlen alle Nachrichten, nicht einmal der Name der alten Burg iſt erhalten. In

1

einer im Bludenzer Stadtarchive befindlichen Urkunde vom Jahre 1341, durch welche Graf Albrecht von Werdenberg vom Heiligenberg der ältere Herr zu Bludenz mit den Leuten von Feldkirch, Bludenz, Wald ꝛc. einen Bund schließt, kommt jedoch die Stelle vor: „und alle die lüt, die wir vorgenant Grave Albrecht von den zwaien Schlossen Pludenz und Montafun im Walgau habint", und selbst später ist in der Urkunde nochmals von den „zwaien Schlossen Pludenz und Montafun" die Rede; da nun ein Schloß Montafun nicht bekannt ist, und im Thale Montavon keine andere Schloßruine existirt, auf welche man diesen Namen füglich beziehen könnte, so dürfte das Lorünser Schlößle vielleicht das Schloß Montafun sein, von welchem der ältere Graf Albrecht von Werdenberg spricht. Das Illthal ist hier ziemlich enge, und der ebene Fleck (Au), auf welchem Lorüns mit seinen Gärten und Wiesen liegt, gewinnt nur dadurch einige Ausdehnung, daß die Ill hier dicht an den Kalkfelsen des rechtseitigen Ufers dahinfließt, und somit am linken Ufer einen größeren Raum freiläßt Eine hölzerne Brücke führt hier über die Ill, und sobald man über diese vom rechten auf das linke Ufer gelangt ist, bemerkt man in einiger Entfernung, von Bäumen zum Theil verborgen, die kleine, dem heiligen Johannes von Nepomuk geweihte Kapelle des Ortes, in welcher zeitweise auch eine heil. Messe gelesen wird. Eine Kapelle bestand hier schon seit langer Zeit, sie wurde im Jahre 1820 vergrößert und zum Theil neu gebaut; die Grund-mauern der alten Kapelle wurden jedoch beibehalten und benützt.

In den älteren Urkunden kommt der Weiler Lorüns unter dem Namen Arünß vor, selbst in dem Urbarium der Herrschaft Bludenz, welches zu Anfang des 17. Jahrhunderts verfaßt wurde, heißt der Weiler noch Arünß, und erst später hat sich hieraus die Benennung Lorüns entwickelt. Dabei ist jedoch zu bemerken, daß in einer im Bludenzer Stadtarchive befindlichen Urkunde vom Jahre 1442, durch welche Wolfhart von Brandis, Vogt zu Feldkirch, einige Streitigkeiten schlichtet — schon „von larünser Ow (Au) wegen, die zwüschendt den Waffern obnan lit", die Rede ist.

Der Name des Weilers ging auf jene Familie über, welche hier — wahr-scheinlich schon seit sehr langer Zeit — seßhaft und begütert war, und es ist bemerkenswerth, daß mit der Umänderung des Dorfnamens Arünß in Lorüns auch der Familienname entsprechend umgewandelt wurde.

Im städtischen Archive zu Bludenz befindet sich im Zinsbuche des Frühmeß-Einkommens eingetragen die Abschrift einer Verkaufs-Urkunde vom Jahre 1495, in welcher „zwey Akher des Ludwig Sugg zu Arünß in Bludenzer Kirch-spiel" nach ihren Gränzen beschrieben werden, in nachstehender Weise:

„und ist das ein genant der lang Akher, und das ander der kurz Akher, stoßend breid abwert an Lorenz von Arünsen gut. Innwert beid äkher an Paule von Arünß gut und darzu ab Iren aignen flukh gut, auch daselbs hinder Paule von Arünßens Hauß gelegen, Ußwert und Ußwert an Paule von Arünßen und län; von Arünsen erben güter."

Es ist somit klar, daß am Ende des 15. Jahrhunderts eine Familie, welche zu der Zeit schon ziemlich zahlreich gewesen zu sein scheint und in mehrere Zweige zerfiel, nach ihren Besitzungen zu Arünß mit dem Namen „von Arünß" bezeichnet wurde.

Im 16. Jahrhundert hat sich der Name Arünß (Arüns) fortwährend erhalten, ebenso wird die Familie mit „von Arünß" oder im Accusativ „von Arünßen" bezeichnet, und dieser Name erhält sich sogar noch im Anfange des 17. Jahrhunderts.

So erscheinen in Schuldbriefen, welche sich in dem Bludenzer Schloßarchive befinden, folgende Namen verzeichnet:

Urich v. Arüns 1509, besaß ein Gut im Nützider Kirchspiel gelegen, „of Unfolta.“

Jheronimus von Arünßen Erben besaßen 1551 am Bürserberge „of valschennen gelegen“ ein Gut.

In der Bludenzer Amts-Raitlung kommen vor:

Valtin von Arüns 1555.

Veith und Valentin von Arüns haben 1579 zwey Luchse gefangen.

In den Gerichtsprotokollen der Herrschaft Bludenz und Sonnenberg vom Jahre 1555 und selbst später im Jahre 1602 wird ein Urban von Arüns genannt. Im Jahre 1619 geschieht eines Streites Erwähnung zwischen Caspar Püterich und Stefan von Arünßen. Stoffel von Arüns zinset 1619 von einem Acker zu Unngelin 1 Pfund Pfennig.

Im Anfange des 17. Jahrhunderts erscheint übrigens auch schon der Name Arünßer (statt des früher gebräuchlichen von Arünß) gleichzeitig mit dem Namen Lorünßer Larünser, während auch der Weiler Arünß schon Lorünß Larüns genannt zu werden pflegt. Im Urbarium der Herrschaft Bludenz wird im Jahre 1608 ein Gut des Christian Lorünßer erwähnt.

In den Amts-Raitlungen und Schuldbriefen sind verzeichnet:

Hans von Arünß — auch Arünser genannt — 1611.

Christian Arünser — auch Lorünser genannt — war Stadtknecht vom Jahre 1611 bis 1629.

Ein Lenhard Larünser ist 1617 bewörter Mußgaltierer zu Bürs.

Christian Lorünser, seßhaft zu Staler, verpfändet 1619 sein Hauß, Hof, Stallung, Wieswachs und Hofraite zu Staler gelegen.

Leonhard Lorünser besaß 1621 einen Acker im Bürschfeldl gelegen.

Stoffel Lorynser, Spitalvater und Hofjünger in Bludenz 1628.

Martin Lorinser von Lorinß (auch Martin von Arüns genannt) war 1628 und 1629 geschworner Einzieher des Vogelrechts.

Mathis Lorünser hat 1645 auf einem Hause am Bürserberge „75 Gulden Hauptguet in einem Brief liegen.“

Ein Michel Larünser ist 1659 Pfleger von St. Leonhard.

Ein Mathis Lorünser war auch vom Jahre 1650—1700 Säckelmeister in Bludenz.

Daß übrigens die Namen „von Arüns“, „Arünser“ und „Lorünser“ für eine und dieselbe Familie gebraucht wurden, und daß dieser Familienname auf ähnliche Weise wie der Name des Weilers allmälig verändert wurde, geht aus folgenden Thatsachen hervor:

1tens. Mit dem Namen Arünser und Lorünser wird bisweilen dieselbe Person bezeichnet. So erscheint in der Amts Raitlung der Herrschaft Bludenz vom J. 1611 bis 1629 ein Christian Arünser als mit dem Amte des Stadtknechtes betraut; derselbe hatte das Geschäft eines Gerichtsherolds und zugleich des Polizeimeisters, mußte Bürger von Bludenz sein und alljährlich seinen Amtseid erneuern; er bezog von der Herrschaft deßhalb: „daß er in der Herrschaft Blu-

denk den Underthanen umb alle khlaine und grosse frevel zum Rechten verkhündt, järlich 1 fl. 5 kr. und daß er sich sonst last brauchen mit gefangkhlichem einziehen und
in Malefizsachen zu handlen, item auch der Obrigkheit gepodt und bevelh in alle Ge-
mainden zu erfertigen 2 fl. thuet zusammen 3 fl. 5 kr."

Derselbe Stadtknecht, welcher in den Ambts Raittungen der Herrschaft
Bludenz durch mehrere Jahre als Christian Arünser angeführt wird, erscheint
zu derselben Zeit in den Büchern der Stadt Bludenz stets als Christian Lorünser bezeichnet.

2tens. In der „Gludenzer Ambtsraittung" vom Jahre 1611 wird ein Hans
von Arüns, welcher mit Hans Brunoldt einen Streit hatte, erwähnt, und weiterhin
ausdrücklich „Arünser" genannt.

3tens. Die zu Arüns noch lebende Familie der „von Arüns" oder Arünser
wurde später Lorünser genannt, als der Name des Weilers Arüns in Lorüns
umgewandelt worden war. So wird in der Ambts-Raittung der Herrschaft Bludenz vom J. 1628 ausdrücklich ein Martin Lorinser von Lorinß erwähnt,
welcher als „Geschworener Einzieher in den Alpen der Herrschafft Sonnenberg sampt den
Alpen in Nells, so in dem Thall Montafon gelegen, das Vogelrecht d. i. Schmalz und
Käse eingesamblet und geliesserrt hat."

Derselbe Martin Lorinser kommt in der Ambtsraittung vom J. 1629 als
Martin von Arinß vor, und es wird daselbst der Name Martin „Lorinser"
und Martin „von Arinß" abwechselnd gebraucht.

Nachdem endlich der Name des Weilers Lorüns allgemein angenommen
worden war — erscheint der Familienname Arünser nicht mehr.

Der neue Name Lorünser wird zuerst in dem Anno 1618 verfaßten Urbarium der Herrschaft Bludenz, Fol. 125, gefunden, und zwar in einer daselbst
angezogenen Urkunde vom J. 1608, woselbst die Gränzen des Forstes Gasündt
angegeben werden, welcher an das Gut des Christian Lorünser anstoßt.

Im 17. Jahrhundert finden sich die Lorünser zahlreich verbreitet, zuweilen
erscheint auch noch der Name Larünser als Anklang an Arüns—Larüns. Es
mögen nun die Auszüge aus einigen Kirchenbüchern hier folgen.

Ein Piß Larünser, wahrscheinlich derselbe, der bei einer Musterung der
Schützen in der Pfarre Bürs und Brand vom 24. September 1617 unter den
„Bewörtten Mußgattierern" verzeichnet erscheint, war nach den Kirchenbüchern der
Pfarre Bürs als Mathias Lorünser verehelicht mit Christine Reuz. Ihr Sohn
Mathias war geboren am 7. Juli 1636.

Ein Lenhart Larünser, der bei derselben Musterung unter den „mit Haus-
röhren" versehenen Personen genannt wird, erscheint im Taufbuche der Pfarre Bürs am
5. Dezbr. 1624 als Leonard Lorünser verzeichnet in der Eigenschaft eines Taufpathen.

Gleichzeitig lebte in der Pfarre Bürs:

Johannes L., verehelicht 8. Juni 1636 mit Anna Gomb.

Ihr Sohn Johannes war geboren 29. October 1637.

Außer Lorüns und Bürs war die Familie der Lorünser auch in den nahe
gelegenen Ortschaften, insbesondere in St. Anthoni, Vandans, Tschagguns, Schruns,
in Stalehr, Bludenz, Rungelin rc. zahlreich vertreten, die Mitglieder dieser Familie
vermehrten sich aber noch viel mehr in der zweiten Hälfte des 17. Jahrhunderts.

In St. Anthoni lebte in der ersten Hälfte und fast bis gegen Ende des

17. Jahrhunderts Michel Lorünser. Sein Sohn Michael war Zimmermann und wanderte nach Mühleareuthe in Würtemberg aus.

In den Kirchenbüchern von St. Anthoni, welche mit dem J. 1677 beginnen, finden sich verzeichnet:

Jörg Lorünser, geboren um 1627, verehelicht mit Maria Mathies, nach deren am 23. März 1683 erfolgten Tode er sich mit der Wittwe Maria Mutter am 15. Nov. 1683 verheirathete, letztere starb am 13. März 1716. — Jörg war Geschworener und starb am 13. Juli 1717, fast 90 Jahre alt.

Sein Sohn Michael, der schon 1684 als Taufpathe verzeichnet ist, verehelichte sich am 26. Juni 1710 mit Christine Polina aus der Pfarre Bandans.

Seit 1731 kommt der Name Lorünser in den Kirchenbüchern zu St. Anthony nicht mehr vor.

Die Kirchenbücher der Pfarre Schruns weisen zu dieser Zeit mehrere Abzweigungen der Familie nach, als:

I. Simon Lorünser, verehelicht mit Agathe Mablener,
    deren Söhne: Michael, geboren 11. Mai 1671,
        Matthäus, geb. 27. Mai 1675, verehelicht mit Maria Marendt,
        deren Sohn: Michael, geb. 28. Septbr. 1700.
II. Johannes L., verehelicht 1699 mit Barbara Bonbauth.
III. Mathias L., verehelicht 24. Novbr. 1697 mit Maria Stemer,
    deren Sohn: Simeon, geb. 28. October 1705.

In Tschaguns scheint um diese Zeit nur eine einzige Familie Namens Lorünser gelebt zu haben; nämlich:

Urban Lorünser, verehelicht mit Maria Schuchter,
    deren Söhne: Christian, geb. 14. Novbr. 1648,
        Mathias, geb. 10. Febr. 1657,
        Christian, geb. 29. Octbr. 1660, verehelicht mit Agnes Gasatz,
        deren Sohn: Michael, geb. 25. August 1688.

In Bandans lebten hingegen derzeit vier Familien, welche sämmtlich mit zahlreicher männlicher und weiblicher Nachkommenschaft gesegnet waren. Diese vier Abzweigungen der Familie Lorünser waren folgende:

1. Johannes Lorünser, verehelicht mit Katharina Frast:
    Söhne: Johannes, geb. 13. März 1619 †,
        Christian, geb. 2. Mai 1653,
        Johannes, geb. 10. April 1656,
        Caspar, geb. 4. Jänner 1659,
        Udalrich, geb. 4. Juli 1662,
        Michael, geb. 2. Septbr. 1665.
2. Christian Lorünser, verehelicht mit Magdal. Partenn,
    Söhne: Christian, geb. 2. Septbr. 1650,
        Severinus, geb. 22. Cltbr. 1651.
    Christian, zum zweitenmale verehelicht mit Magdalena Mutter,
    Sohn: Thomas, geb. 6. März 1653.
3. Thomas L., verehelicht mit Christine Liepert,
    Söhne: Christian, geb. 25. Cktbr. 1653,
        Adam, geb. 1. Novbr. 1655,

Johannes, geb. 30. Septbr 1659,

Thomas, geb. 12. Decbr. 1663,

Joseph, geb. 17. März 1668.

4 **Johannes L.**, verehelicht mit Katharine Wachter,

Söhne: Christian, geb. 20. Novbr. 1654,

Johannes, geb. 21. Juni 1656,

Thomas, geb. 14. Decbr. 1661,

Michael, geb. 27. Febr. 1673 †,

Michael, geb. 15. April 1674.

Weitere Nachkommen dieser vier in Vandans ansässigen Familien im 17. Jahrhunderte und im Anfange des 18. Jahrhunderts waren folgende:

Adam (Sohn des Thomas Lorünser und der Christine Liepert) verehel. mit Anna Ruch;

Söhne: Christian, geb. 27. Juli 1681,

Thomas, geb. 30. Juli 1683,

Simon, geb. 23. Octbr. 1690,

Balthasar, geb. 1. Jänner 1693,

Adam, geb. 5. Febr. 1695.

Christian L., verehel. mit Elisabeth Ruch;

Söhne: Christian, geb. 3. Octbr. 1689,

. Johannes, geb. 27. Mai 1691 †

Johannes, geb. 17. Novbr. 1697.

Johannes L., verehel. mit Katharina Rabamm.

Tochter: Anna Marie, geb. 21. Aug. 1682.

Caspar Lorünser, verehel. mit Anna Lorünser.

Töchter: Katharina, geb. 8. Juli 1697.

Christina, geb. 23. Octbr. 1698.

Michael Lorünser, verehel. mit Maria Zelse.

Söhne: Martin, geb. 9. Octbr. 1697,

Johannes, geb. 26. Septbr. 1698,

Christiau, geb. 19. Novbr. 1700.

Anton, geb. 17. Jänner 1712.

Michael L., verehel. mit Christine Pal.

Söhne: Johann Georg, geb. 15. Septbr. 1712.

Johann Baptista, geb. 8. April 1715.

Mathias L., verehel. mit Margaretha Wolf.

Tochter: Maria, geb. 29. Juni 1728.

Michael L., verehel. mit Katharina Graß.

Tochter: Marie Francisla, geb. 19. Jänner 1732.

Christian L., verehel. mit Maria Batlogg.

Sohn: Johann Michael, geb. 6. October 1738.

In Bludenz selbst und in dem zur Bludenzer Pfarre gehörenden Kirchspiele lebten schon in der ersten Hälfte des 17. Jahrhunderts mehrere Familien Namens Lorünser; die Kirchenbücher reichen jedoch nicht in diese Zeit zurück, da dieselben in der großen Feuersbrunst, die im Jahre 1637 am 31. October durch den Brandleger Martin Rathgeb verursacht wurde, verbrannt sind.

Nach den gegenwärtig noch vorhandenen Taufbüchern von **Bludenz** waren die Lorünser in der zweiten Hälfte des 17. Jahrhunderts im Bludenzer Kirchspiele sehr zahlreich. Es finden sich verzeichnet:

Anton Lorünser in Lorünß, verehel. mit **Margaretha Mark.**
Tochter: Margaretha, geb. 20. Juli 1669.
Stephan L., verehel. mit **Magdalena Hueber.**
Söhne: Andreas, geb. 6. Septbr. 1668,
Anton, geb. 15. Novbr. 1670,
Franz, geb. 6. April 1675,
Laurentius, geb. 11. Aug. 1678.
Florian L., verehel. mit **Katharina Zimmermann.**
Söhne: Anton, geb. 5. Decbr. 1672,
Johann, geb. 25. Octbr. 1682.
Georg L. in Rungelin*), verehel. mit **Barbara Paplon.**
Söhne: Joh. Udalrich. geb. 15. Juli 1671,
Josef, geb. 6. März 1673 †,
Josef, geb. 14. Septbr. 1674,
• Johann, geb. 19. Mai 1678.
Christoph L., verehel. mit **Katharine Rubersch.**
Söhne: Anton, geb. 29 Aug. 1669,
Franz, geb. 13. Mai 1671.
Mathias L., verehel. mit **Katharina Zöch.**
Söhne: Johannes. geb. Jänner 1672 †,
Johann, geb. 28. Febr. 1675 †.
Johann, geb. 26. Juni 1676 †,
Johann, geb. 22. Jänner 1683.
Adam L., verehel. mit **Maria Würbl.**
Sohn: Johannes, geb. 18. Febr. 1672.
Christian L., verehel. mit **Elisabeth Lorinser.**
Sohn: Wolfgang, geb. 29. Octbr. 1673.
Andreas L., verehel. mit **Maria Paplon.**
Sohn: Christian, geb. 14. Novbr. 1680.
Mathias L., aus **Rungelin,** verehel. mit **Maria Bidl.**
Söhne: Joseph, geb. 2. Nov. 1682.
Michael, geb. 29. Septbr. 1691.
Johannes L. aus Stalehr, verehel. mit **Katharina Rubersch.**
Sohn: Christian, geb. 12. März 1683.
Theobald L., verehel. mit **Margaretha Bernard.**
Sohn: Michael, geb. 26. Septbr. 1687.
Derselbe (?) Theobald, verehel. mit **Margaretha Mehr.**
Sohn: Johann, geb. 26. Septbr. 1690.
Anton L., verehel. mit **Eva Fluer.**

---

*) In den Gemeindebüchern von Bludenz wird erwähnt 1651 zu Rungelin: **Stoffel Lorünser** u. sein Hausfrau **Maria Döng.** Seines Gutes Gränzen stoßen an die von **Christian, Bascha (Sebastian) und Thöni Lorünser.**

Söhne: Johann Georg, geb. 18. April 1695,
Joh. Christopf, geb. 12. Jänner 1699.
Udalrich, verehel. mit Elisabeth Treßl.
Söhne: Johann Josef, geb. 10. Novbr. 1696,
Josef, geb. 6. Juli 1698.

Einen genauen Nachweis über die Abstammung jeder einzelnen Familie und über die Verwandtschaft der Familien unter einander zu liefern, liegt nicht in dem Endzwecke dieser Notizen, ein solcher Nachweis wäre auch schon dadurch unmöglich, daß die Kirchenbücher der Pfarre St. Anthoni, Schruns, Tschaguns und Vandans nicht bis zu Anfang des 17. Jahrhunderts zurückreichen, und die ältesten Kirchenbücher von Bludenz, zu welcher Pfarre früher alle diese Ortschaften gehörten, verbrannt sind.

(Die Pfarre Bartholomäusberg, die erste, welche im Montavon errichtet wurde, trennte sich, der Sage nach, von Bludenz schon 1100, wird jedoch erst 1350 als solche urkundlich genannt. In Tschaguns wurde 1452 eine Kirche gebaut, als Pfarre kommt Tschaguns erst im 17. Jahrhundert vor. Die Pfarre Schruns besteht seit 1597. Vandans gehörte anfänglich zur Kirche Tschaguns, und besteht als selbstständige Pfarre seit 1613. Die Pfarre St. Anthoni besteht seit 1646 (?), doch war die Curatie schon 1412 von Bludenz getrennt. Gallenkirch ist angeblich seit 1307 von Bludenz getrennt, wurde 1483 selbstständige Pfarre. Die Kirchenbücher von Schruns und Tschaguns reichen bis 1641 (?), die von Vandans bis 1643 zurück, die von St. Anthoni bis 1677.)

Ein zweites sehr großes Hinderniß einer genealogischen Zusammenstellung liegt, abgesehen von der Mangelhaftigkeit der Kirchenbücher, in dem Umstande, daß gewisse Taufnamen, die man mit einer gewissen Vorliebe zu wählen pflegte, sich in vielen, gleichzeitig lebenden Familien Lorünser wiederholen, wie z. B. Christian, Johannes, Josef, Michael, Anton, Christoph. so daß es unmöglich ist, den Faden der Abstammung genau zu verfolgen. Wenn wir sehen, daß Caspar Lorünser in Vandans sich mit einer Anna Lorünser, und Christian Lorünser in Bludenz sich mit einer Elisabeth Lorünser verehelichte, so mußte schon zu der Zeit die Verwandtschaft dieser Lorünser eine entferntere sein, da dieselbe kein Ehehinderniß mehr abgab.

Ueber den Ursprung des Dorfnamens Arüns oder, wie es bisweilen heißt, Aruns, lassen sich bestimmte Nachweisungen nicht liefern. Da jedoch die meisten Namen der Ortschaften, Berge, Alpen ꝛc. in Montavon romanischen Ursprungs sind, so könnte man vermuthen, daß dieß auch mit dem Namen Arüns der Fall ist. Nun kommt der Name Aruns als ein Vorname bei den Römern vor, es ist aber sehr unwahrscheinlich, daß der Weiler Lorüns oder selbst das sogenannte Lorünser Schlößle, dessen Ruinen nur noch mit Mühe aufzufinden sind, zur Zeit der römischen Herrschaft schon bestanden habe *). Vielleicht daß sich der Name Arüns von Arundo, Arundines (Schilf) ableiten ließe, da die Fläche, auf welcher Arüns liegt, in früherer Zeit mit Schilf bedeckt gewesen sein dürfte. Wollte man hingegen den Namen Arüns aus dem Deutschen ableiten, so ließe sich dieser Name durch „runs" — das Rinnen, Fließen, und durch das Vorwort „a" in der Bedeutung „ab", „aus" erklären, da bei Arüns die Ill das Montavon-Thal verläßt und also hier gewissermaßen ihr Ab- oder Ausfluß aus Montavon sich befindet.

---

*) Schon lange vor der Gründung Roms soll der hetrurische König Aruns (im J. 1867 vor Chr. Geb.) von dem Tyrannen Mezappus des Reiches beraubt worden sein, hierauf eine

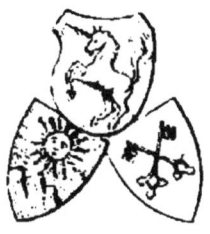

Culturhiſtoriſche Bemerkungen über die Herrſchaft Bludenz mit Montavon und Sonnenberg aus dem 16. und 17. Jahrhunderte.

Die Herrſchaft Bludenz, wozu auch Montavon gehört, und Sonnenberg kamen nicht gleichzeitig in Oeſterreichs Beſitz. Erſtere wurde zwar ſchon 1394 vom Grafen Albrecht von Werdenberg vom heil. Berg, dem ältern Herrn zu Bludenz, an den Herzog Albrecht III. von Oeſterreich verſchrieben, und dieſe Urkunde auch im J. 1413 von demſelben Albrecht v. Werdenberg beſtätigt, doch kam Oeſterreich wahrſcheinlich erſt nach dem Tode Albrechts v. Werdenberg in den factiſchen Beſitz der Herrſchaft Bludenz. Die Herrſchaft und Veſte Sonnenberg hingegen wurde erſt 1455 von den Grafen Wilhelm und Jörg von Werdenberg, Herren zu Sargans, an Graf Eberhard Truchſeß von Waldburg verkauft*), welch'

Colonie in die Gebirge geführt, und ſich in dem heutigen Velltelin (Vallis Vulturrena) niedergelaſſen haben. (Juccelin Rhætia. — Curtii Inghirami: Antiquitatum etruscar. fragmenta p. 19.) Unter den Mitgliedern der römiſchen Königsfamilien und zwar der Tarquinier, findet ſich ebenfalls der Name Aruns. So hieß der Bruder des Königs Tarquinius Priscus auch Aruns (Livius I, 34. Dionysius Hal. Antiq. Rom. III. 184) ebenſo der Sohn deſſelben Königs. Dieſer Aruns, Sohn des Tarquinius Priscus und Bruder des nachmaligen Königs Tarquinius Superbus, hatte Tullia, die Tochter des Königs Servius Tullius, zur Gemahlin und wurde auf Anſtiften dieſer ſeiner Gemahlin durch Gift hingerichtet (Livius I. 46.)

Der Sohn des Königs Tarquinius Superbus hieß ebenfalls Aruns, derſelbe, welcher ſammt ſeinem Vater aus Rom verjagt wurde (Liv. II. 6. Florus I. 10. Euterpius I. 10. Valerius Maximus V. 6, n. 1).

Livius (V. 33) erwähnt auch eines Bürgers der Stadt Clusium, welcher Aruns hieß und ſich mit den Galliern in ein heimliches Verſtändniß einließ, ſo daß letztere, durch die ihnen überſchickten italieniſchen Delikateſſen, beſonders Wein, gereizt, über die Alpen nach Italien zogen und Clusium belagerten.

Daß übrigens der Name Arnus ſich auch in Rhätien (wozu auch das Thal Montavon gehörte) bis nach Chriſti Geburt erhalten habe, geht daraus hervor, daß im Jahre 73 nach Chriſti Geburt ein eingeborner Rhätier Namens Arnus Maurus als Unterſtatthalter von Rhätien genannt wird.

*) Die betreffende Urkunde liegt im Bludenzer Herrſchaftsarchive, und conſtatirt, daß Graf Wilhelm und Jörg von Werdenberg, Herren zu Sargans, die Herrſchaft und Veſte Sonnenberg an Eberhard Truchſeß zu Waldburg um 15000 guter rheiniſcher Gulden verkauften am St. Magdalenentag 1455.

In einer zweiten daſelbſt erliegenden Urkunde thun Graf Wilhelm und Jörg v. Werdenberg Sargans kund allen Leuten, die zur Veſte und Herrſchaft Sonnenberg gehören, ſie ſeien eigen, Walſer oder Hinterſaſſen, daß ſie beide die Veſte und Herrſchaft Sonnenberg an Eberhard Truchſeß von Waldburg verkauft haben und gebieten ihnen allen, dem Waldburg Treue zu halten. — dat. Freitag vor heil. Kreuztag je Herpſt 1455. (Damit iſt die Angabe Weizeneggers, welche von Bergmann widerlegt wurde, bezüglich der Jahreszahl des Verkaufs gerechtfertigt.)

2

letzterer im J. 1463 (do. Neustadt am Samstag nach St Lorenzitag) von Kaiser Friedrich mit der Grafschaft Sonnenberg belehnt wurde. (Urkunde im Bludenzer Herrschaftsarchive.) Erst im J. 1471 wurde (am St. Verenen Abend) die Herrschaft Sonnenberg dem Erzherzog Sigmund von Tirol um 34.000 fl. überlassen. Die Stadt Bludenz führt im Wappen ein silbernes Einhorn im grünen Felde, das Thal Montavon zwei schräg gekreuzte schwarze Schlüssel im silbernen Felde. Die Wappen von Bludenz und Montavon kommen bereits an den Siegeln einer Urkunde vom J. 1413 vor, in welcher Graf Albrecht v. Werdenberg, der ältere Herr zu Bludenz, den Verkauf der Stadt Bludenz, der Veste Bürs und des Thales Montavon bestätigt, und in welcher die Bürger zu Bludenz und die „leut gemainlaich ze montasun" bekennen, daß diese laiding mit ihren Willen und Wissen geschehen ist, und zugleich geloben, nach ihres Herrn (des Grafen Albrechts v. Werdenberg) Tode der Herrschaft zu Oesterreich gehorsam, gewärtig und unterthänig zu sein. Das Siegel von Bludenz zeigt ein rechts springendes Einhorn mit der Umschrift: S. civitatis Bludentz, das von Montavon hat um die gekreuzten Schlüssel die Inschrift: Montafuner gemainstands insiegel. (Geheimes Staats-Archiv.) Die Herrschaft Sonnenberg führte ebenfalls ein eigenes Wappen und zwar über drei grünen Hügeln eine goldene Sonne im blauen Felde.

Die Herrschaft Bludenz (mit Montavon) und Sonnenberg wurden durch einen vom Landesherrn ernannten Vogt verwaltet. Derselbe hatte alljährlich über alle Einnahmen und Ausgaben Rechnung zu legen und war zugleich der Oberrichter in allen polizeilichen und strafgerichtlichen Verhandlungen. Die Besoldung des Vogts betrug für gewöhnlich 300 fl., eine für die damalige Zeit ziemlich hohe Summe; indessen sind die Nebeneinkünfte des Vogts zu manchen Zeiten noch viel höher gewesen, und dürfte das Vogteiamt von mehreren Verwesern so viel als möglich zu eigenem Vortheil ausgebeutet worden sein. So erscheint Se. Majestät der Landesherr nicht selten als Schuldner des Vogtes und diese Schuld nimmt im Verlaufe von mehreren Jahren bisweilen ziemlich große Dimensionen an. Die Einnahmen der Herrschaft bestanden größtentheils:

1. aus den von den Unterthanen zu entrichtenden Zinsen für Lehen.
2. den Zoll-Abgaben der Stadt Bludenz;
3. dem s. g. Vogelrechte, d. h. einer Abgabe an Schmalz und Käse, welche von den Alpen abgefordert wurde.
4 In den Strafgeldern für große und kleine Frevel.

Die Ausgaben bestanden meistens in den Besoldungen des Vogtes und der Gerichtspersonen, in den Unkosten der Gerichtsverhandlungen, Zinsen für verschiedene Darlehen und in Arbeits- und Botenlohn.

Da Graf Albrecht III. von Werdenberg, welcher im Jahre 1394 die Burg und Stadt Bludenz, die Veste Bürs, den Hof zu St. Peter und das Thal Montavon an das Haus Oesterreich verschrieb, schon früher alle seine Hörigen von der Leibeigenschaft entbunden hatte, so waren auch die mit der Leibeigenschaft verbundenen Bedrückungen des Volkes in Bludenz und Montavon von dieser Zeit an unbekannt, und es bildete sich schon frühzeitig durch den selbstständigen Besitz ein Unabhängigkeits-Bewußtsein des Volkes aus, welches insbesondere durch die sich entwickelnde landständische Verfassung, an welcher nur die Städte und Bauern, keineswegs aber Adel und Geistlichkeit Theil hatten, eine sichere Grundlage und reichliche Nahrung erhielt. Aus ganz Vorarlberg erschienen 24 Abgeordnete, welche abwechselnd zu Feldkirch oder Bregenz ihre Versammlungen hielten. Jeder Abgeordnete mußte mit einer Vollmacht versehen sein, welche sorgfältig geprüft wurde; dieser Abgeordnete jedes einzelnen Gerichtsbezirkes hieß Landammann; er wurde durch Stimmenmehrheit gewählt; wählbar war jeder Besitzer eines Hauses oder Bauerngutes innerhalb seines Bezirkes, der kein Verbrechen begangen hatte; dieselben Eigenschaften berechtigten ebenfalls zur Wahl. Der Landtag wurde von dem Landesfürsten einberufen und entweder von ihm selbst oder einem Stellvertreter eröffnet, letzterer mußte sich während der Berathungen über die Anträge und Forderungen des Landesfürsten entfernen. Bei der Umfrage wurde eine gewisse Reihenfolge beobachtet, Bludenz hatte die 3te, Sonnenberg die 4te, Montafon die 5te Stimme. Diese Landstände erhoben die Steuern selbst, bestritten damit die Auslagen des Landes und das Postulat des Landesfürsten; jeder Bezirk hatte seine eigene Kasse und führte seine eigene Rechnung, für gemeinschaftliche Auslagen bestand eine gemeinschaftliche Kasse und Buchhaltung. Nicht selten wurden die Forderungen des Landesfürsten verweigert; dabei bedienten sich die Stände meistens des Schlagwortes: Unmöglich. (Kaiser Joseph II. soll deßhalb die Vorarlberger seine „unmöglichen Stände" genannt haben.)

Die streitbare Mannschaft vom 16.—60. Jahre war zur Vertheidigung des Landes verpflichtet; man theilte sie in zwei Ausschüsse und den Landsturm. Der erste Ausschuß stellte sich auf die ersten Kreyschüsse; der zweite Ausschuß auf die zweiten Kreyschüsse; auf die dritten endlich kam der Landsturm. Bludenz stellte 52½ Mann, Montafon 210, Sonnenberg 277½ Mann zum einfachen Ausschuße. Den Oberbefehlshaber bestellte der Landesfürst, die Hauptleute und anderen Offiziere wurden von der Mannschaft gewählt.

Der Landammann eines Bezirkes konnte auch für unvorhergesehene Fälle Versammlungen halten, durch welche nach „altem Herkommen" Bestimmungen und Entscheidungen getroffen wurden. Ganz besondere Freiheiten und Gerechtsame waren schon im 14. Jahrhunderte oder noch früher den in Montavon und Sonnenberg wohnenden Wallisern oder Walsern verliehen worden. (Bergmann's Untersuchungen über die freien Walliser oder Walser). Diese bewohnten in Montavon hauptsächlich das Silberthal und trieben daselbst Bergbau. Indessen bestand eine Colonie derselben auch in Brand, wo sie das Thal Wallawier (vall-aviert, offenes Thal) als ein Zinslehen besaßen. Eine dießfalls ausgestellte Urkunde befindet sich in der Kirchenlade zu Bürs und ist deßhalb von Interesse, weil sie zeigt, wie gering die Walliser besteuert waren im Verhältnisse zu den andern Einwohnern:

Allen den, die diesen Brief ansehend allder hörent lesen, künden wir die Unterthan zu Bürs gemeinlich edel und unedel, arm und reich vergichent offentlich mit diesem brief, daß wir gemeinlich geliehen habend, vnd verleihent mit diesem brief den nachbenennten Wallisern: Wilhelmen Schwarzen und Martin seinem bruder, Wilhelmen salzgeber, Andresen dem Riner, Morizen Salzgeber, seinem bruder Johannsen und seinem bruder dem fischer, Martin Alaman, dem Geiger Peters seeligen Sohn und seinem Bruder Johansen und seinem bruder Peter, und Johannsen Gantenbeiren und seinem Brader Lorenzen das Thal, geheissen Wallawier, als die Marken zeigent, die hirnach geschrieben stond: Die erste mark heißt Jesrallgen, und dannen hinüber die

2*

groffen Ruefe am Chalois und dannen hinüber an den fpißigen Stein zu der fchigen, und dannenhin zu dem Stein zu dem rothen herd, und dannenhin in Palüder Bach gehen dem obern fpiß zu den mittleren weg, der gelegen ift zwifchend Cemigann und Brann, und dannenhin in Palüder bach ab, unz in das waffer, das da heifet Wallawier, und dannenhin die Ruefe uf, unz an den groffen Stain. Die ißt genannt gueter habent wir den vorgenannten Wallifern verliehen und ihren Erben und ihren Nachkommen mit allen Rechten, nußen und gewohnhaiten, als wir fie unzhero gehebt hond, als diefer Brief geben ift, zu einem rechten zinslehen mit dem gding, daß fie uns jährlicher geben fond an St. Martinstag eines und zwainzig viertel fchmalz, und ainen fchilling pfenning Conftanzer münz an die frühmeß ze Bürs, und welcher das unter den ehegenannten Wallifern das verfeffe, deß gut ift dannenhin zinsfällig worden an die frühmeß ze Bürs, den andern walliferen unfchädlich. Es fond auch die vorgenannten Wallifer ihr jedtlicher, welcher unter ihnen will, allder ihre Erben ob fie enwärent, ihre Recht von den genanten guetern verfehen allder verkauffen, der frühmeß ze Bürs unfchädlich. Wir fondt auch der ehgenanten Wallifer um das vorgefchriebene zinslehen gut, wenn die oder ihre Erben abfien wärent an gaiftlichen oder an weltlichen gerichten, wo fie feyn immer wollten, dürflig feyn werdent nach Recht. Und ift dieß alles befchehen vollfürt mit unfers gnädigen Herrn Grafen Hardtmanns von Werdenberg von Sargans gunft willen wiffen und verhängniß, der durch unfer Pett willen fein Jnfiegel an diefen brief gehenkt hat. Jch Graf Hardtmann von Werdenberg von Sargans vergich einer Wahrheit, was von mir an diefen brief gefchrieben ftatt, und daz ich durch Pettwillen mein Jnfiegl an diefen brief gehenkt han. Der geben ift an dem nächften freytag nach St. Nikolaustag, da man zält von Gottes gepurt drey zehen hundert und vierzig jar, dar nach in dem fiebenten jar. (Diefe Urkunde wurde von den Wallifern am 7. Junt 1580 bei dem Gerichte Sonnenberg vorgewiefen und gerecht befunden — laut einer Urkunde in der Kirchenlade zu Bürs.)

Noch im J. 1519 heißt es in der Bludenzer Amtsraittung: Die Waller in prann geben Stür VIII ℔. Pfennig.

Montavon erhielt fchon im Jahre 1382 vom Grafen Albrecht von Werdenberg vom heiligen Berg, dem älteren Herren zu Bludenz, ein eigenes Märzengericht, die alten Saßungen wurden fpäter gefammelt und 1601 wieder beftätigt. Der fogenannte Hofbrief, durch welchen der Graf Albrecht von Werdenberg den Hofjüngern in Montavon ganz befondere Freiheiten gewährte, und insbefondere die Erbrechte derfelben feftfeßte, lautet nach einer Abfchrift des Bludenzer Stadtarchivs folgenderweife:

Hoffbrief für die Hofjünger vnd Freygen ze Montafon.

Dieß Seind die Recht des Edeln wolgebohrnen Graf Albrechts von Werdenberg vom heilligen Berg, des ältern Herren zu Gludenz, unfers gnädigen Herren: Daß die Hofjünger, die in den Hof ze Sant. Petern gehörendt, und och die Freygen das Merzengricht Järlich haben fond, uf der Blatten ze Sant. Petern vor Gludenz, ze Jungehenden Merzen, drey Tag nach einander, umb aigen und umb Lehen, und wa der Hof-Jünger und der Freye wohnet und och ift, da hat an khain Herr für Gaß über Sie nit zegebiethen, dann der obgenant unfer gnädiger Herr Graf Albrecht von Werdenberg der Elter: und foll man rechten Uf der platten, und nit füro, man lüge es denn gern, es wer dann umb ander Anfprach, fo helt ein Richter ihnen zegebiethen allwegend wenn er will in dem Jar: es ftath och aber der Hof Jünger und der Freygen

Necht alfo: Wela aigen Güelher Inne hat ein Jar vnd drey Lag in nützlicher Gewähr unanfprechig nach dem Nechte, der foll dannenhin gerutet fin, Es wer dann, ob ain waiß Oeliben währ, dem fol es kainen fchaden bringen, untz daß Er zu feinen Lagen kumbt, als aber einen Vogt Nimbt, als ob Er urlenbt wurdt, dem foll es keinen fchaden bringen zwölf Jahr uub drey Lag; es fond och die Hof Jünger und die Freygen, die hußrödhj Hand, die drey Lag nacheinander zu dem Gricht kommen, ohn fürgebolh, vnd wela dz nit Chelj, der ift dem Nichter gefallen, die drey Lag alle Lag drey Schilling Pfennig Coftanzer Münz, die Hand och mehr rechts: wär aber einer an einem Dienft, es währ Frawe oder Mann, dem foll man fürgebielhen: es hand och die Hof Jünger und die Freygen das Nechl, Daß Sie das Jhr mügendl verfezen und verkoffen, wen Sie wend, ohn forfchen der Herrfchaft und ihr Ambt Leuth. So hond och die Hof Jünger und die Freygen das Nechl herbracht, ob ainer zween Kündt oder me hat, gath der aines ab Von Lodes wegen, uud Laht daffelbig Kihindl Lib Erben, das foll Erben mit den andern Kihindern, und an glichen Cheil ftahn, ob es uf dem Grab oder vor dem Nichter ofgenohmen ift zu aineu Kihindl, als hinnach Gefchrieben ftehl: die Hand och me das Nechl, ob Sie Man oder Fraw, wen das Kihindl ftirbt, ob Ers dann gern thut, daß ein Chelich Kindl ift, ob das auder Kindl laht, das mag er wohl zu einem Kihind nemen Uf dem Grab, und foll das Erben mit andern Kihindern: währ aber, daß Derfelbe Viderliman fich vergeffe, als er in Siechtag fumbte, und es uf dem Grab nit volfürt helte, fo mag ers hinnach thuu Vor dem Nichter, wenn er will, ob es in Luft und och es gern Chul, wär es aber ein gehebs Kihindl vor dem Vatter, fo foll es nit Erben, von der Mutter mag es wohl Erben; ftürb aber daffelb Kihindl ohne Lib Erben, fo foll das Erb hinwiderumb fallen an den rechten ftamb, dannenher es kommen ift. Es hond och die Hof Jünger vnd die Freyn das Nechl, wo ein Mann ein Ehweib Nimbt, oder ein Lochter oder ain Wittwe einen Ehermann Nimbt, ift das dann demfelben Man fin Vatter oder Mutter, oder Gefchwiftrigit abgand von Lodeswegen, diefelben foll derfelb Mann Erben an Ligenden Güthern, und foll das Wib kein Nechl darzu nit han; an fährend Haab foll Sie hau das Drittheil, und der Mann die zwei Theil; ift och, daß demfelben Wip Vatter oder Mutter oder Gefchwiftrigit abgond, die foll daffelb Wip Erben an Ligenden Güelhern, und foll der Man kain Nechl darau nit han, an der fahrend Haab foll der Mann han die zwailhail und das Wib den Drittheil: Eß hond och die Hof Jünger und die Freyen das Nechl, wo Eheliche Gefchwiftrigit find Von Vatter und Mutter, und einhalb nu von dem Vatter und nit von Mutter, alb von der Mutter und nit von Vatter, gath derfelben Gefchwiftrigit ains oder me ab von Lodeswegen, die Gefchwiftrigit find von Vatter und von Mutter, daffelb oder diefelben Gefchwiftrigit foll oder fond Erben diefelben Gefchwiftrigil, die von Vatter und von Mutter Gefchwiftrigil find, und nit das Gefchwiftrigit, das allein von dem Vatter oder von der Mutter gefchwiftrigit ift; es were dann, daß derfelben Gefchwiftrigit gueth aufiele von Erbs wegen deffelben Gefchwiftrigen Vatter oder Mueller, daß Einhalb gefchwiftrigel ift, das foll och und mag daffelb Gefchwiftrigel Erben daffelb gueth, das och von deffelben Kindts Vatter oder Muelter gefallen ift, daß Einhalb Gefchwiftrigil ift: wär aber, das die Gefchwiftrigil, die von Vatter und von Mutter gefchwiftriget find, gar abgingen von Lodeswegen, fo foll und mag das Gefchwiftrigil, das nu allein vom Vatter oder von Mutter gefchwiftrigit ift, diefelben Gefchwiftrigil Erben, wär aber, daß daffelbe Gefchwiftrigil och abgath ohn Lib Erben, So foll daffelb Gueth widerumb fallen an den rechten Stammb, dannen es herkommen ist. Es hand och die Hof Jünger und die Freyen das Recht, wa einem wib Ihr Ehemann abgath von Todswegen, da soll dasselb wib die Morgengaab fordern in Jahresfrist, mit dem Rechten oder ohne Recht an denselben Manns Erben, der ab ist gangen, Thut sie des nit, so sond sin Erben gar und gänzlich leedig und entrosten sin von ihr und ihren Erben, es wer dann, daß sie urlend wär, so soll es ihr keinen schaden bringen zwölf Jahr und drey Tag. Es soll auch das nachgericht sin je ußgehender Osterwochen an dem Montag: und sond och all die da Sin, Die die clag und antwort vormals begriffen hat, an dem Merzengericht: Es wer dann, ob jemand vf das Nachgericht wolltj und da rechten wolltj, der soll dann dem andern fürgebiethen. Es sond och die Hof Jünger und die Freygen das Gericht Niemal anderst wahinziechen, waun daß Sie es vf der Platten haben sond. Die Sach, Recht und articul, als hievor verschrieben ist, So bin ich Ulrich der Mayer von Brunnenseld daben gesessen, do man diese obgenandt Recht geöffnet hat, und och das wohl waiß Von Alter her, daß ihro Recht a so stand und herkommen sind, und zu niehrerer wissend, So bin ich Hardtman Pröz, der zu denen Ziten Vogt von Oludenz waß, och daby gesessen und gewest, da dise obgenandt Recht geöffnet wurdent, und diß alles wahr, Vessl und Stelh Velib, so hievor an diesem Orieff verschrieben Rath, so hand wir der vorbenembt Graff Albrecht von Werdenberg vom heilligen Oerg, der Elter Herr je Oludenz den obbenembten Hofjüngern und Freigen, gemeinlich dieß brieff zu urkundt Vesiegelten geben, mit unsern aigen anhangenden Insiegel, Sie daben zehalten und Lassen Oliben, für uns und all unser Erben und Nachkommen, Vogt und Ambt Leuth, der geben war je Oludenz in der Statt, des Jahrs, da man zellt von Gottes Geburth dreyzechen hundert Jahr, und darnach in dem zwey und achtzigsten Jahr In Ingehenden Merzen.

Die Hofjünger von Montafon und alle freien Leute mußten mit eingehendem März drei Tage nacheinander zu St. Peter (auf der Platten) Gericht halten; Jeder, der einen eigenen Herd besaß, mußte dabei erscheinen; wer nicht erschien, zahlte für jeden Tag 3 Schilling Pfennige (1 Pfund Pfennige = 20 Schilling). Das Gericht leitete der Vogt oder Untervogt, der Stadtschreiber und einige Räthe von Bludenz; die Hofjünger wählten aus ihrer Mitte so viele Beisitzer als sie wollten. Klagen über Glimpf und Ehre wurden durch Stimmenmehrheit entschieden und es fand keine weitere Berufung statt. In Klagen über Grund, Lehen, Erbschaften ꝛc. konnte an den Stadtammau und Rath in Feldkirch oder an den Landesfürsten appellirt werden. Am Montage der Osterwoche wurde ein Nachgericht gehalten; übrigens stand das ordentliche Gericht zu Bludenz jeden 14. Tag am Mittwoch offen. Wenn Gefahr im Verzuge war, wurde ein Gastgericht angeordnet. — Montavon blieb mit dem Gerichte zu Bludenz bis 1775 vereinigt, dann erhielt Montavon ein eigenes Gericht zu Schruus. Die Verhandlungen der Märzengerichte finden sich gegenwärtig noch im städtischen Archive zu Bludenz. — Die rechtgeborenen Hofjünger aus Montavon konnten sich in Bludenz niederlassen ohne Einzuggeld oder Bürgerrecht zu zahlen; ihre Kinder blieben im Bürgerrechte der Stadt, auch wenn die Aeltern nach Montavon zurückzogen. — In Bezug auf Jagdgerechtigkeit galten folgende Bestimmungen: Roth- und Schwarzwild gehörte der Herrschaft, die andere Jagd auf Geflügel war frei, ebenso, mit einigen Ausnahmen, die Fischerei in der Ill, Litz und Alfenz Für das s. g. Vogelrecht mußte jedoch jede Alpe der Herrschaft eine gewisse Abgabe an Schmalz und Käse einliefern; auch für die Fischerei mit Netzen war eine geringe Abgabe bestimmt, das Angeln stand Jedermann frei. Das Recht, in den s. g. Prunnen (d. i. Brunnbächen) zu fischen, behielt sich die Herrschaft vor. So erscheinen in einer Urkunde des Hans Wolf, Untervogt zu Bludenz, vom Jahre 1502, ausdrücklich folgende Brunnen der Herrschaft Bludenz angeführt:

Der St.-Petersbrunnen.

Der Brunnen in Pürser awen,

Arünser aw,

st. Anthony,

Vandans,

Rothenstein,

Gaueschier.

„Alle die Brunnen gehören der Herrschaft zue Pludentz zue, also das in denselben Niemanders alls die Herrschaft, oder deme sie es vergnndt oder verliehen würdet fischen darf. Es soll auch solliche Brunnen und Fischwasser Niemanders abschlagen versetzen oder verwüsten. In Kainerley weiß noch weg."

Das unzeitgemäße Fangen des Wildgeflügels war bei Strafe verboten. In dieser Beziehung finden sich im Archive des Schlosses zu Bludenz folgende „alte preuch und gerechtighkeiten" aus dem Jahre 1457 verzeichnet:

„Gybt yekliche Alpp der Herrschaft alle Jar je vogellrecht So vuill schmalz vnnd käss, Als Vj Ains tags machen mügen."

„Wer wißhet mit den Garnen (zur ersten Herbstzeit) gibt zu Straff Zehen tt. Pfennig."

Bei Einsammlung des Vogelrechtes pflegte übrigens die Herrschaft eine Gegenleistung zu gewähren, denn es heißt in der angeführten Schrift:

„Man gibt, so man das vogellrecht samlet in Alpen einem yeden menschen und Kind Ain broll, und den Zweyen Wayblen Als knechten, so dass vogel Recht sammeln zu lon yedem ij Gelden und off den Schloss Inen und denn Rossen ze essen und zu thrinkhen."

Eine andere Abgabe der Montavoner und Bludenzer war die s. g. Fastnachtshenne:

„Die Hofjünger in Montafun haben yeklicher Ain vaßnachts Hennen zu geben, wie dieß vom Alten herrkommen ist, item die Burger in Bludenz, den ir Hr. Grave Albrecht von Werdenberg genannt vom h. Berg hat si dafür gefreyt."

Für das Fischerrecht mußten die Hofbesitzer das Arch (Wehr) setzen und schlagen helfen: „Yeklicher Hofstall soll ein Archstekhen geben und so man das Arch schlecht, sol man den lüten uf dem Wasser Essen und trünkhen geben. Die Vischwand zu Bludenz zwischent baiden stainen trafaschinen*) und glatilstain gehört der Herrschaft zue."

Sowohl die Käufer als Verkäufer des Viehs auf den Jahrmärkten zu Bludenz hatten eine gewisse Abgabe zu entrichten, der Käufer überhaupt 2 Denar, der Verkäufer von jedem tt. Pfennig 2 Denar. Die Zinsen für Lehen waren zwar oft unbedeutend, wurden aber mit großer Strenge gefordert. In der Amtsraittung 1619 heißt es z. B.: „Die Müle zu Clösterle Zinst Järlich auf Marthini

---

*) Traferschina hieß der bewaldete Berg am linken Jllaser oberhalb des Arünser Brunnen.

Zween werth fünfzig Gludenzer Gewicht, dafür geraith 8 Schilling Pfennig (à Pfd. 4 kr. = 48 kr.) Hierbei ist zu merkhen, daß Man den Zinß antreen Caß biß auf Thome Apostoln, so muß man denselben dopplet bezahln und darzu hat man das Lehen verwürkht."

Eine der bedeutendsten Einnahmen der Herrschaft, d. h. des Landesfürsten, waren die Strafgelder: „puessen", welche von den Verurtheilten für große oder kleine Frevel gezahlt werden mußten. In den früher angeführten „alten preuchen" vom J. 1457 heißt es: „Ein großer Frevel wird mit 10 ℔., ein kleiner mit 3 ℔. gestraft, doch hat die Herrschaft und Jr Vogt und Amptleut allwegen genadt den Armen gethan." Auch wurde die Strafe bisweilen noch verschärft, indem der Verurtheilte überdieß „in die Keichen (Gefängniß) gesetzt", oder zu einer „geistlichen pueß" angehalten wurde; die Höhe der Strafgebühren ist übrigens einem großen Wechsel unterworfen gewesen, und scheint wohl hauptsächlich nach den Vermögensverhältnissen des Uebelthäters bemessen worden zu sein.

Zur Beurtheilung, welche Frevel zu der Zeit bestraft, und welche Strafen den Uebelthätern zuerkannt wurden, mögen hier beispielsweise einige Auszüge theils aus den Frevelbüchern, theils aus den Amtsraittungen der Herrschaft Bludenz mitgetheilt werden.

1596. David Bartle, daß Er dem Christian G. Etlichmalen die Troßung versagt hat, abgestrafft mit	2 fl. 17 kr.
Item Hans Mengen Ist mit aller Ungnad Abgestrafft das Er Ueber das Gethan Glibth das drittmal die Ehe brach mit der Katharina Wachterin	300 fl. — kr.
1610. Walthauser Oerchtill ain Juckh-freffel an H. Pfarrer zu Schrunß verschuldt, abgestrafft mit	— fl. 48 kr.
Christian Gallßer wirrth hat in seinem hauß Spilen Cassen Abgestrafft pr.	1 fl. — kr.
Georg Marendtens haußfrau hat an einem Sambßtag Jrem Pfleghaber Hanßen Sutter fleysch gespeißt. Ist deßwegen abgestrafft pr.	23 fl. — kr.
Hanns Sutter, So mit Jr der Marendtin fleysch geessen Ist abgestrafft worden pr.	10 fl. — kr.
Hans Gantner hat dem Hanß Durigen ungebürliche wort angehenkht — abgestrafft pr.	1 fl. 30 kr.
Petter Gralt wachter hat auf ungeheurendt wuecher gelt außgelichen Urban von Arünß hat am heiligen Sonntag Kohorn eintragen, abgestrafft pr.	30 fl. — kr. / — fl. 30 kr.
Christian Plangg, hanß Jakobs son hat den Hanß Planggen mit dem dolchen gestochen	2 fl. 38 kr.
Gorius Dämz hat Jber verbott schmalz auß dem Landt gefuert	3 fl. 30 kr.
Hannß Geer Aus dem hindern bregenzerwaldt ist von wegen, das er jne verbottener Zeit Reverend 5 Rinder Jn montasun kaufft abgestrafft	1 fl. 30 kr.
Anna Radamin ist wegen des Ehebruchs Abgestrafft pr.	30 fl. — kr.
Hans Zürcher ist wegen das er fl. umb ℔. außgelichen abgestrafft pr. 80 fl. hauptguet, zween Jar Zinß darvon jedes Jar 4 fl. Hauptguet und Zinß	88 fl. — kr.

1611. Chriſtian Ueher hat ſich als Wirt verwiedert, die Frevel anzugeben, abgeſtrafft deßwegen . . . . 1 fl. 24 kr.

Adam Ganal und Thönn Mugg haben den Pfarrer am Berge geſchlagen und ſonſt etliche Fauſtfrevel begangen, beide für die Straff bezalt . . . . 8 fl. 30 kr.

1618. Alt Hanß Humbl hat ſeinen Sohn Görgen Errürigt Worth zuegeſügt 3 fl. — kr.

do., für einen Forſtfrevel abgeſtrafft mit . . . . 100 fl. — kr.

(davon dem Waldmeiſter 33 fl. 20 kr., und den zwen Forſt- knechthen 6 fl. gebüren.)

Martin Gandtner und Georg Petruel haben einander mit gleſſer geworfen, in böſen überfallen . . . . 2 fl. — kr.

1619. Ludwig Lorennz drinkht überflüſſig wein, fluecht vb ſchwerdt . . 7 fl. — kr.

Erhardt Payer vnnd ſein weib ſeind Zigens willens nit Bey- ſammen, ſollen mit der geſengkhnus Abgeſtraſt werden, So bald es warm, ſols Geſchehen.

Ludwig Lorennz, Hannhens Sohn hellt die Feyrtag, ſo in Silber- thall Angeſetzt ſeindt, nit Necht — abgeſtrafft neben ainer Gayſſt- lichen Dueß pr. . . . . — fl. 24 kr.

Tentz Carnell geet auch ſelten in die Khirchen. do. neben einer Gayſſtlichen Dueß . . . . — fl. 24 kr.

Alt Chriſtian Jörig hat Khindlbeterrinnen, Alſten Leuthen und wer Ime nit wol gefallen, Khainen wein Umb Gahr gellt geben wolln. 1 fl. — kr.

Leonhart Lerch ſtehl unter werrenden Gottsdienſt Auſſerhalb der Kirchen — über eine gaiſtl. Quoß . . . . — fl. 24 kr.

Chriſtian Carbell ſchlegt den Armen Leuthen das ſchmalz umb bargell Ab . . . . — fl. 48 kr.

Hanns Neyer hats Ebenmäßig Armen Leuthen, wie auch den ge- ſchwornen zum khirchenbau (Schruns) abgeſchlagen . . . . . — fl. 48 kr.

Michel Walker und Georg Müller haben Uiber der Obrigkheit gepott Dannzet . . . . 2 fl. — kr.

Gorius Marendt hat zur öffterlichen Zeit nit gebeichtet iſt neben Ainer Gayſſtlichen Quoß abgeſtrafft mit . . . . 3 fl. — kr.

Thomas Salzgeber hänget den geſchwornen das Voßmaul an: Sy freſſen den Armen das Zrig.

1663. Wil Anna Vanierin dem Pfarrherrn den Öſterlichen Beichte-Zett nit aufgelegt, Alß ſoll ſy darumb zur ſtraff 1 Tag in die Keichen geſetzt werden.

Chriſtian Dageiner hat In etlich Jahr ſein gaiß andern zum ſcha- den herumb lauffen laſſen, ſoll der Obrigkheit 1 ℔. Pfennig ſtraff bezahlen.

1666. Georg Widenmann wegen Gotsläſterung und ausgoſſnen reden, daß Im der Teuffel freſſen ſoll, in das Geſenghnus erkhent.

Mehre Mans- und Weibsperſonen (folgen die Namen) weil ſolche den 18. 8bris. d. J. ein ungebürlichen Nachthengert gehalten, abgeſtrafft jede Mannsperſon pr. 1 fl. 30 kr. jede Weibsperſon 1 ℔.

Die meisten Strafen wurden wegen Faustfrevel, Zuckfrevel, Raufhändel mit „Erbfälligkeit", blutrünftig geschlagenen Wunden u. dergl. verhängt; nicht selten wurde auch vom Dolche Gebrauch gemacht, oder es wurde mit Gläfern geworfen; diesen Strafen stehen an Häufigkeit zunächst die Strafen wegen Vernachläffigung des Kirchenganges und der öfterlichen Beichte, wegen Entheiligung der gebotenen Feiertage und Nichtbeachtung der Fafttage. Wenn ein Mädchen oder eine Wittwe vor der Hochzeit zu Falle kam, wurde stets der schuldtragende Mann bestraft, eine ziemlich hohe Geldbuße traf denjenigen, der die Ehe gebrochen, dennoch kommen derartige Vergehen fehr oft vor; in allen diesen Fällen fo wie bei Uebertretungen der Kirchengebote wurde nebst der Geldstrafe gewöhnlich noch eine „geistliche Buße", eine Kirchfahrt u. dergl., über den Uebelthäter verhängt. Der Wucher, auch in dem kleinsten Maßstabe betrieben, wurde dergestalt hart bestraft, daß der Gläubiger den Betrag des ganzen ausgeliehenen Kapitals fammt den Zinfen als Strafe an die Obrigkeit zahlen mußte; eben fo hart wurde jeder Forstfrevel gebüßt. Selbst die verweigerte Ueberlaffung von Wein, Schmalz ꝛc. gegen baare Bezahlung an Bedürftige, ja selbst die Verweigerung von Almofen an Arme, von Beiträgen zum Kirchenbaue war mit einer Strafe belegt, beßgleichen Trunkenheit, Fluchen u. f. w. Höchst selten kommen hingegen Diebstähle oder gar Raubanfälle vor.

Die Gerichtstage waren indeffen jedesmal mit bedeutenden Unkosten für die Obrigkeit verbunden, weil fämmtliche Gerichtsperfonen fo wie die Geschworenen und Geistlichen dabei freie Zehrung genoffen; fo hielt z. B. der Vogt am 25. April 1601 in Montavon ein Gericht, wobei auch der Untervogt (der das Geschäft des öffentlichen Anklägers hatte), der Stadtschreiber und deffen Substitut, ferner der Stadtknecht, 2 Forstknechte, 2 Diener, endlich 4 Priester und 12 Geschworene anwefend waren, welche zufammen für Mittagsmal und Morgenfuppe 40 fl. 49 kr. 1 pf. verzehrten, eine für die damalige Zeit nicht unbedeutende Summe, die von der Obrigkeit als „Ämplzerung" bezahlt werden mußte. Es war daher eine nothwendige Confequenz, daß der Vogt darauf bedacht fein mußte, diese bedeutende Auslage wieder durch die Strafgelder hereinzubringen. Die Geschworenen wurden (amtsraillung 1579) aus allen Kirchfpielen zufammen beschrieben, und nachdem diefelben nach altem Herkommen erneuert und erfetzt worden waren, „umb frevel, Puffen, Straffen und Unzuchten verhört und examinirt".

Ueberdieß mußten nebst dem Vogt, auch die Gerichtsperfonen und der Scharfrichter von der Obrigkeit befoldet werden; der Vogt bezog jährlich eine Befoldung von 300 fl., eine verhältnißmäßig fehr bedeutende Summe, während der Untervogt, „daß er den Geschwornen hilft verhören und dann die Klag, wenn großer Frevel vor Gericht, von Obrigkheit wegen Ankhlagen thuet" nur jährlich 4 fl., der Stadtknecht nur jährlich 3 fl. und einige Kreuzer erhielt. Der Nachrichter zu Bregenz bezog an jährlichem Gehalt 13 fl. Bei Malefiz-Gerichten hatte letzterer nicht nur wie alle andern Gerichtsperfonen, Diener und Geschworenen während der ganzen Zeit der Gerichtsverhandlung freie Zehrung, fondern er wurde für feine Reife und für befondere Verrichtungen, die Tortur, das Hinausführen der Verurtheilten auf den Richtplatz, und für die Hinrichtung felbst noch befonders bezahlt.

Diese Auslagen für Gerichtsverhandlungen erreichten in manchen Jahren eine folche Höhe, daß das ganze Einkommen der Herrschaft Bludenz und Montavon nicht hinreichte, alle Ausgaben zu decken. Dieß war besonders der Fall, wenn außergewöhnliche Ausgaben in Kriegszeiten nothwendig geworden waren.

Für die Kirche wurde derzeit, d. i. im 16. und 17. Jahrhunderte nicht viel, für die Schule gar nichts gethan. Das Kloster St. Peter erhielt nur einen sehr spärlichen Beitrag von der Herrschaft, — von einer Ausgabe für eine Schule ist nirgends eine Spur zu entdecken. Dafür erhielten die gemainen Schießgesellen in beiden Herrschaften alljährlich 12 fl. „darumben Sy lhuosd Kauffen und Zur scheiben schiessen."

Die Unterthanen des Thales Montavou bekamen jährlich 10 fl., „daß Sy solliche mit der Mußgeelen verschiessen sollen."

Auch wurde (1619) dem Hans Eblig Oethbruodern sein Jars provision bezalt mit 15 fl.

Eine nicht unbedeutende Auslage bildeten in Kriegszeiten die Verproviantirung des Kriegsvolkes, die Reisen des Vogtes, der Botenlohn für Geleitung der Kriegsknechte u. s. w. Im J. 1619, nach Ausbruch des 30jährigen Krieges, war es vorzüglich Christian Neyer aus Bludenz, der als Geleitsmann der Krieger verwendet wurde; er erhielt dafür, „daß Er das Vyerle mal Löwenstainische khnecht von Bludenz aus über den Arlberg in Thoman Weyßkhopffen Haus ins stanzerthal gefüert, und begleidtet hat" als Lohn 4 fl. Im J. 1611 mußte wegen der damals herrschenden Infection durch 18 Wochen eine Wache auf dem Arlberge unterhalten werden, überdieß erfahren wir als weitere Sanitätsmaßregeln, daß nach abgelaufener Pest die Herrschaft auch den Pestmist ausführen ließ. Auch im J. 1589 mußten „mehre Doten wegen der sterbenden Leut" gegen Innsbruck geschickt werden.

Der Ertrag der Herrschaften Bludenz mit Montavon und Sonnenberg war in der Regel ein sehr geringer, die Gerichtskosten waren in einzelnen Jahren so groß, daß der Landesfürst dem Vogte noch eine Summe schuldig wurde. Beispielsweise möge hier der Ertrag und die Ausgaben von einigen Jahrgängen angeführt werden.

Im Jahre 1554—1555 (d. i. von Weihnachten 1554 bis Weihnachten 1555) betrugen

die Einnahmen 1296 fl.,	die Ausgaben 1412 fl.,	Defizit . . . 116 fl.		
1577/78 betrug das Defizit . . . . 166 fl.				
1588/89 Einnahmen 1987 fl.,	Ausgaben 1224 fl.,	Ertrag	763 fl.	
1602/3 —	2630 fl.,	—	1463 fl.,	— 1167 fl.
1610/11 —	1970 fl.,	—	1903 fl.,	— 67 fl.
1619/20 —	1329 fl.,	—	1513 fl.,	Defizit . . . 184 fl.
1629/30 —	3615 fl.,	—	2883 fl.,	Ertrag 735 fl.,

welcher Ueberschuß von dem Vogte als Burggehaltsgeld und Verdienst laut eines Accordes angesprochen wurde. Im J. 1596/97 betrugen die Einnahmen 1996 fl., die Ausgaben 3043 fl., somit blieb Se. Majestät an den Vogt noch schuldig 1047 fl.

Die Ursache, warum in diesem letztgenannten Jahre die Ausgaben so bedeutend stiegen, war ein großer Hexenproceß, bei welchem 8 Weiber gefänglich eingezogen, verhört und gefoltert, und fünf von ihnen zuletzt verbrannt worden waren. Derartige Hexenprocesse, deren im 16. und 17. Jahrhunderte eine bedeutende Anzahl zu Bludenz geführt wurden, verschlangen überhaupt den größten Theil der Einnahmen. Im Archive des Bludenzer Schlosses

3*

befinden sich mehrere Kästen mit den Akten derartiger Processe angefüllt. Die Akten bestehen übrigens bloß aus dem Protokolle, welches über die Geständ-nisse der s. g. Hexen aufgenommen wurde, und aus dem Urtheilsspruche; ein eigentliches Verhörsprotokoll scheint nicht aufgenommen worden zu sein. Die bedenklichste Seite dieser Hexenprocesse liegt offenbar in dem Umstande, daß sowohl der Vogt als das ganze Gerichtspersonale, welches nur sehr karg besoldet war, sowie die Geistlichen und Geschworenen, welche gar nicht besoldet waren, während der Dauer eines solchen Processes freie Zehrung genossen, von welchem Rechte dieselben auch reichlichst Gebrauch machten. Die eigentlichen Emolumente dieser Personen begannen also eigentlich erst dann, wann ein solcher Proceß anfing, und es ist erklärlich, daß es im Interesse der Gerichtspersonen liegen mußte, so viele Hexenprocesse als möglich zu Stande zu bringen. Wenn man übrigens bedenkt, wie leicht es zu der Zeit war, Jemanden in den Verdacht der Hexerei zu bringen, wenn man bedenkt, daß die auf eine bloße Denunciation hin eingezogenen, der Hexerei beschuldigten Personen so lange gefoltert wurden, bis sie in der Regel alles das zugestanden, wessen sie beschuldigt wurden, und daß die Folge eines solchen Geständnisses unausbleiblich der Feuertod war, so kann man sich des widerwärtigsten Schauers und Entsetzens über die dermaligen Rechts- und Ge-richts-Verhältnisse nicht erwehren. Wenn es betrübend und im höchsten Grade bedauerlich ist, daß sich der menschliche Geist jemals so weit verirren konnte, daß er dem Wahne der s. g. Hexerei tausende unschuldige Opfer darbrachte, so ist doch noch weit entsetzlicher der Gedanke, alle diese Opfer seien nicht allein durch den herrschenden Wahn einer irregeleiteten Bevölkerung, sondern vielleicht auch durch die Habsucht und den Eigennutz der Gerichtspersonen dem Feuertode über-liefert worden.

Die vielen in Bludenz verhandelten Hexenprocesse haben indessen eine große Aehnlichkeit mit einander; die Hexen bekannten fast immer dieselben Hexenkünste, und es ist dieß sehr erklärlich, wenn man weiß, daß ihnen von demselben Richter auch fast immer dieselben Fragen vorgelegt wurden, und daß jedes beliebige Ge-ständniß mit der Folter erpreßt werden konnte.

Es dürfte deßhalb zur Beurtheilung der damaligen Verhältnisse und Ge-pflogenheiten genügen, ein derartiges Bekenntniß-Protokoll sammt Urtheil hier wörtlich mitzutheilen.

Im Jahre 1597 wurden 8 Weiber als der Hexerei verdächtig eingezogen, und 5 davon zum Feuertode verurtheilt. Zwei dieser Verurtheilten waren aus der Herrschaft Sonnenberg, und über diese beiden Weiber wurde ein besonderes Protokoll aufgenommen, obwohl sie mit den übrigen der Bludenzer Herrschaft zugehörenden Weibern gleichzeitig verhört, gepeinigt und verbrannt wurden. Dieses Protokoll über die beiden der Herrschaft Sonnenberg zugehörenden Weiber möge hier Platz finden.

Malefiz-Gerichtsprotocolum de anno 1597.
Urgicht und Bekenntnus.

Elsa Bünserin uß Graz und Petronilla Gorlterin von Nenzigen, brid der Her-schafft Sonenberg, welche Gaid irer bösen verleumbdung halber, hernach vermelder laidiger sündlicher begangener übelthatten uf Mitwoch den 18. und Sambstag den

28. Tag des Monats Juni ano 97 senklich inkommen, und dieselbigen in Güettiger u. peinlicher Befragung bekandt:

1. Das allerhöchst und sündlichst Laster, so sy baide obermellte Weibspersonen begangen, das sy sich auf Anstifftung und Begerung des bösen Geists (der Jnen Gelt zu geben versprochen, der Dunserin Grist habe sich Oelzabub, und der Gortlerin — Dolderlinn genannt) Gottes allmächtigen, seiner würdigen lieben Mutter Maria und aller Hayliigen Gottes verleugnet, ime zugesagt und versprochen, weder Gott, seine liebe Mutter, noch die Hayliigen anzurueffen, sonder nit mer zu bethen, darauf auch sie Baid mit Jme reverent der Unkeuschheit pflegen. So sie aber hernacher oft und dick gar übel gereuwen.

Hinder solliches laidigs und verdamblichs Laster hat sich die Dunserin ungefähr vor 30 Jahren verschinen begeben. Und die Gortlerin vor 4 verschinen Jahren.

2. Item ungefähr in 8 Tagen nach irem Versprechen seye der böse Geist wieder zue der Dünserin kommen, abermals reverent der Unkeuschheit mit ihro pflegen, und ihro ein Heffele mit Salb geben. Dasselbig hab sie mit worten, so er sie underwiesen, an ein Muttele, das wie ein Schäffle geformiret gewest, gestrichen, und desselbigmals mit irem Quolen, genanntem Oelzebuob, in's roth Horn gefahren, daselbst sei ihr Schwester Barbara sambt irem Quolen, einem bösen Geist, zu ihr kommen. Damals haben sie die Reissen gmacht, hab aber wenig Schaden bracht.

3. item vor ettlich verschinen Jahren sei sie mit ihrem Quhlen in Lagandt gefahren. Daselbst haben sie dem Schedler in Orand ein kleines Rindle verzehrt.

4. item vor ettlich Jahren sein sie abermals mit ihrem Quhlen uf einen Spitz gefahren usserhalb bei dem vorder Land, müg aber nit wissen, wie der Spitz hanst, da sein ihrer zehn gwest, sie hab aber keine kannt. Da haben sie uf Gehaiß der bösen Gaister Wasser tragen und mit denen Worten, wie sie die bösen Geister underwiesen, usgeschaut. Darvon das groß Regenwetter erfolgt, darmit sie den Wein verderbt.

5. item sie und genannte ihr Schwester Barbara haben vor ettlich Jahren in Graz, in dem Keller genannt, ein Reissen gmacht, die hab wenig Schaden than.

6. item, wann sie von ihrem Mann hinweg gefahren, so hab sie ihme reverend ein alten Schweinstrog zuglegt, alsdann sei er nit erwacht, bis sie wieder komen.

7. item, einsmals sei sie auf den Heuberg am Reitlan gefahren. Da seien ihro drei Tisch voll gewest. Haben ein Rind daselbsten verzehrt, sie müg nit wissen, weß das Rind gewest sei und habe auch keine kannt.

8. item dem Hanns Schedler in Orand hab sie vielmalen seinem Viech die Milch genommen. Das hab sie mit Sach, wie sie ihr Quol underwiesen, zuweg bringen können, wann ainer sein Viech nit wol gesegnet gehabt.

9. item vor Jahren sei sie mit ihrem Quolen ins Palendt gefahren und den Bach angricht, da er groß angloffen; der hab aber kain Schaden than.

10. u. 11. item zwei unterschidliche mal sei sie mit Jhrem Quhlen, einmal ins Gruob-Cobel, und einmal ins Palend gefahren; jebwedersmal ein Hagel gemacht, der hab nit sonders großen Schaden thun, wann ein wenig ins Korn und Hauf.

12. item Regenwetter hab sie ohne Zahl gemacht, das sie hab thun müssen, ihr Buol Oelzabuob hab sie darzu zwengt.

13. item diese Jahr hab sie zwei gar bös Reiff ins Orand gemacht.

14. item oft genannter ihr Buol hab ihr ettlichmalen Geld geben, da sie nit anders

vermeint, recht Geld zu sein. Aber hernach, wann sie das brauchen wollen, sei es reverend nur Koth gewest.

15. item wann sie in Kirchen gangen und zu den österlichen Zeiten zu dem hochw. sacrament, alsdann hab sie der bös Geist übel mißhandlet u. geschlagen.

16. Geschlüßlich sei am Donstag zuvor, wie man sie am Samstag zu nacht gefangen, oftgedachter ihr Buol Beljabuob in ihren Mayenfüß zu ihr kommen, und ihr anzeigt, man werde sie fahen, sie solle aber nit weichen, er wolle ihnen wol helfen.

Item vorgedachte Petronilla Gortlerin bekennt: Als sie sich, wie vorstedt, in sündlichs Laster begeben, so hab desselbenmals ihr der bös Geist ein Büx mit Salb geben, und zno iro gesagt, wann sie das Salb an ein Steckle streich und mit denen Worten, wie er ihro dann auch anzeigt, an ein Dannen schlahe, so kumme ein Reiff oder Hagel. Das hab sie probiert, da sei in Camperdona schattenhalb ein kleines Hägelein kommen, das hab aber kein Schaden than.

Damalen hab er Jro auch Gelt geben; hab sie nit anders vermeint, denn es sei recht Gelt. Da er von ihro gwest, sei es reverend nur Koth gewest. Nachdem sei er der bös Geist nicht mehr, wann noch einmal zu iro kommen, und abermals mit iro reverend der Unkeuschheit pflegen. Da sey sie dermaßen in ein Reu gefallen, und Gott den allmächtigen so treulich angeruffen, daß er ferner iro nit mehr zue mügen.

Uff Samtstag den 5. Tag des Monats Juli anno 97 ist zu Bludenz uffen Tanz-Haus Malefiz-Rechten gehalten worden über fünf Weibs-Personen, die drei under Gricht' und Jurisdiction zu Bludenz gehörig, und die zwei ins Gricht Sonnenberg gehörig, aber von wenig Kostungswegen mit einander für Gricht gstellt, und ist dem Herrn Undervogt der Stab übergeben.

Judex: Hanns Ruedolf.

Rechtsprecher:
Hanns Martin.
Hanns Zürcher.
Mattheis Zürcher.
Jörg Fritz.
Hanns Wolf.
Anton Frey.
Lukas Felix.

Barttolome Rew.
Sigmund Bertoldt.
Thomas Fritz.
Thoni Purtscher.
Petter Cowen.

des Raths zu Bludenz.

Auf Anhörung und Verlesung geschriebnen Berichts dieser armen Weibspersonen, ihrer vollbrachten sündlichen Lastern, darüber rechtlich eingeführter Klag, Antwurtt, Red und Widerred, und endlich gethanen Rechtsatz ist mit einhelligem Urtl zue Recht erkannt: daß sie die armen Weibspersonen vermög ihrer selbsaignen Bekentnüß so viel gehandelt, als daß sie ihr Leib und Leben verwirkt und den Tod verschuldt, und sollen umb Laib und Leben gericht werden nach kayßerlichen Rechten.

Anf ferner gethanen Rechtsatz ist abermalen mit ainhelligem Urtell zue Recht erkannt, daß sie dem Scharfrichter sollen bevolhen werden, der sie binden, wol versorgen und hinauß füeren solle an die gewonlich Richtstat, alda jede uf ain Laittern schmiden, dann binden, also lebendig in's Feuer werffen, zue Bulwer und Esch verbrennen, folgends die Äschen ins Erdreich vergraben, damit weder Leudt noch Vih von inen nimmer mügen geschädiget werden, menigklich zue ainem erschreckenlich Exempel und Ebenbild, sich vor diesen und andern sündtlichen Lastern zu verhüetten.

Dieſes Urtheil wurde am 5. Juli 1597 an den fünf Weibern vollzogen, und es dürfte nicht ohne Intereſſe ſein, ſchließlich auch noch die Rechnung, welche der Vogt über die geführte Gerichtsverhandlung und Hinrichtung gelegt hat, hier folgen zu laſſen:

Auszug der Ambts-Raittung 1596—97.
Ausgaben: Auf Maleſiz.

Montag 16. Juni 1597. Zwo arme Weibsperſonen, Namens Maria Manallin und Kathrina Burkhartin des Hexens und unholden Werkhs angeklagt, beid aus Montafun, venklich Intzogen worden.

10 Perſon verzert	4 fl. — kr.
Als man die Weiber Geholt — verzert	8 fl. 12 kr.
Als man mit denen Weibern widerſt Montafun herauskhommen, vorgemelte 10 Perſon und der Schloſſer verzert	4 fl. 24 kr.
Denen, ſo die Weiber (einziehen) helfen, für Roß u. Futter zalt	1 fl. 52 kr.

Dienſtag 17. Juni ſind Erzelter Urſach halber in der Herrſchaft Sonnenberg Auch zwo Weibsperſonen, Petronelle Gortlrin und Kathrina Naſallin Geſenklich intzogen worden. Verzehrt durch die darzu verordneten Perſonen .... 4 fl. 56 kr.

Item in der Nacht, als man ſie venklich angenommen .... 1 fl. 24 kr.

Als die 4 gefangnen perſonen Güetlich und peinlich befragt ... 4 fl. 20 kr.

Mitwoch den 18. Zum Mittag Eſſen 12 Perſonen ..... 4 fl. 48 kr.

Donnerſtag Mittag 11 perſonen .... 4 fl. 24 kr.

Freitag Zum Mittag Eſſen 13 Perſ. .... 5 fl. 12 kr.

Als man nach dem Mittag wiederſten Schloß khommen u. mit denen armen Weibern Gehandelt .... 3 fl. 36 kr.

Samſtag. Zum Mittag Eſſen abermals mit Inen die Cortur fürgenommen, durch 21 Perſonen verzert .... 4 fl. 24 kr.

Sonntag zu Abends 22. Als man des St. Barbiſch und Caſpar Schlegels Weib venklich intziehn laſſen, durch 7 Perſ. in Nachteſſen verzehrt .... 2 fl. 48 kr.

Item: Als Sy am Sonntag In der Nacht mit St. Barbiſch Hausfraw heraus khamen, durch die, So Sy heraus geſüerdt, verzehrt 1 fl. 28 kr.

Item: Als man Am ſelbig Sonntag Anna Eſchugmellin, ſo dann durch Kathrina Burkhartin die Laſters halb angeben worden, venklich intziehen wollen, iſt verzert worden ..... 2 fl. 8 kr.

Montag. Als man die Eſchugmellin heraus Geſüerdt, zum Morgen Eſſen 2 fl. 24 kr.

Item: Als man des Caſpar ſchlegels Hausfrau heraus geſüerdt, 9 Perſ. zum Morgen Eſſen .... 3 fl. 36 kr.

Item: Als man am ſelbig Tag mit den Weibern Güetlich und peinlich Gehandlt, iſt aufgangen zum Morgen Eſſen ..... 3 fl. 36 kr.

Zeinſtag (Dienſtag). Am St. Johanstag hat Man abermals mit den Weibern Gehandlet, haben Irer 8 Perſon verzehrt ſampt der Quart Wein, ſo man mir (dem Vogt) für mein Malzeit heimbgeſchikht .... 3 fl. 36 kr.

Auf Sonſtag nach Johanni Abermals mit den Weibern Güetlich und

breinlich Gehandlet, zum Morgen Essen durch 18 Personen, da
man Etliche aus den Kirchspielen Moutasun und Sonnenberg darzu
genommen aus Beweglich Ursach — verzehrt . . . . 7 fl. 12 kr.

Auf Freitag darnach aber Jro Wegen zum Mittag Essen 15 Personen   6 fl. — kr.

Als man am selbig Tag wieder ins schloß gang, und verner mit
Jnen vortgefaren — verzehrt . . . . 3 fl. 20 kr.

Auf denselbig Tag Hat man den Stadl- und Bubenknecht Gebraucht
haben verzehrt . . . . — fl. 40 kr.

Samstag so deßhalben gehandlet, ist durch 11 Person verzehrt worden   4 fl. 24 kr.

Als man den 28. die Elßbeth Thünserin (Dünserin) Thomas Flikhens
Weib aus Oraz, so durch Jr aigene schwester Barbara Thünserin
des Lasters halb, angeben worden, Venklich intziehen wollen, ist
am Abend, als man sie aus Oraz heraus holen wollen, verzehrt worden   3 fl. 32 kr.

Sonntag 29, Als man des Flikhens Hausfrau ins Gesenkhnuß über
Antwurtel, ist durch 11 Personen, so sie haben geholffen, sach und
venglich herauszuführen, anfgangen . . . . 4 fl. 24 kr.

An selbig Sonntag, als wir der armen Weiber halb zu schaffen gehabt, das Morgenmal . . . . 1 fl. 36 kr.

Selbig Tag zum Nachtrunkh . . . . 1 fl. 12 kr.

Montag den letzten. Mit den armen Weibern abermaln peinlich
procediret . . . . 4 fl. 48 kr.

Jinstag abermals mit den armen Weibern gehandlet . . . . . . 5 fl. 4 kr.

Freitag den 4. Juli. Dem Gerichts-Waibl und Stallknecht Etwas
Rüstung zu dem Hochgericht auf die Richtstadt hinaus geordnet,
so sie verzehrt . . . . — fl. 36 kr.

Samstag 5. Als man die fünf Armen Weiber Namens: Katharina
Burkhardlin, Maria Manallin genannt schellerin, Barbara und
Elsa Dünserin zwo schwestern*), und Petronella Gortlrin Jrer
ver Würkhung und sindllich Lastern halb Malevitz Uechtens Gehalten, und Si kaisserl. Rechln nach Hinrichten lassen, ist zur Mor-
gensuppen von Etliche Gerichts-Leudl, So von verne Herzu kommen,
und 12 Hütter verzehrt . . . . 3 fl. 8 kr.

Am gehaltnen Malevitztag zum Morgen Essen ich (Vogt) und 12 Uich-
ter, 4 Oriester, 12 Hüter Gerichtsdiener und Schlosser Schnochler
44 Mäler . . . . 17 fl. 36 kr.

Auf Montag den 7. ist Abermals mit Cschugmellin und Nasallin
Alles Ernstes peinlich Gehandlet worden. Zehrung für 12 Personen   4 fl. 48 kr.

Item Morgen des Jeinstag den 8. Abermals deßhalben mit Zuen
peinlich tractirt, durch 12 Pers. . . . . 4 fl. 48 kr.

Zum Nachdrunkh aufgangen . . . . 1 fl. 24 kr.

Item: Durch die Hüeller, so die Armen Weibspersonen tag und Nacht
verwardt, da Jrer 4 seyn müessen, da Sj (die armen Weiber)
mit der Thorthur dermaßen zerstrekhl worden, daß man Sie Etzen
muessen, also durch Sy (die Hueller) verzehrt worden samt Et-

---

*) Die Barbara Dünserin war offenbar eine der am 22. Juni verhafteten Weiber.

lichen Wein, so die armen Weiber braucht, wie dann durch mich,
auch den Landamman und den Statt- und Landschreiber . . . 63 fl. 58 kr.
Vom 19. Juli bis 4. augustj den Hüetlern alle Tag eine halbe Maß Wein 1 fl. 25 kr.
Lohn den Hüetlern vom 17. Juni bis 11. Juli . . . . 8 fl. 20 kr.
Andere, so die armen Weiber 8 Tag und Nacht haben helfen verwaren 1 fl. 36 kr.
Die 3 armen Weiber Burkhartin Manallin und Gertlrin seynd vom
17. Juni bis 5. Juli in Gevenkhnuß gelegen, thuet 19 Tag, für
jede Ir underhaltung Tag u. Nacht 8 kr. thuot . . . . . 7 fl. 36 kr.
Der beiden schwestern Dünserin Underhaltung Tag und Nacht pr. 8 kr. 2 fl. 4 kr.
Item die 3 andern Weyber, so auf Angeben der Abgethanen Armen
Weiber aus bösem verleumben Venklich Inzogen und Aber über
die angewandte und fürgenommene Thortur und Allen Ernst —
nit bekehnen wollen, Sind unschuldig befunden worden. Unter-
haltung 44 Tag a 8 kr. . . . . 12 fl. 40 kr.
Für Thom Glarner, welcher vom 19. Juli bis 4. aug. der Anna Tschug-
mell aufgewartet . . . . 2 fl. 16 kr.
Stadt- und Landschreiber, Hausknecht, gsind . . . . 7 fl. 22 kr.
Item: dem Wolf Lanner dem Schmidt, umb Ein Er, Ein Hawen, schuflen
und feurhagen zum Brand zu Gebrauchen . . . . . . 1 fl. 8 kr.
Umb Strew In die Gefengkhnusse und zum Brand zu Gebrauchen . . 1 fl. 48 kr.
Dasselbig Strew Ins schloß und auf die Richtstadt zu thragen . . . — fl. 16 kr.
Item Umb Holz Zum Brand, auch dasselbig zuescheitlen u. auf die Wal-
stadt zu fuiren . . . . 2 fl. 24 kr.
Ein Wagen, die Armen Weiber darauf auf die Wallstadt zu fuiren . 1 fl. 12 kr.
Von dem Scharfrichter Maister Christof Hierl von Biberach samt sainen
Glaidsbotten und Gehilfen, als Meister Jakob Scharfrichter von
Bregenz und noch seinen ainen Vettern, so Ime haben geholffen
die 5 armen Weiber zu Richten, Von Anfang als 16. Juni bis
10 Juli verzehrt worden . . . . 100 fl. 48 kr.
Gemelter Meister Christof Besoldung 24 tag . . . . 48 fl. — kr.
Von Biberach herein 3 Tag und Wieder hinaus 3 tag . . . . 12 fl. — kr.
Item von Solichen 5 Personen zu Richten, von Jeder 10 fl. . . . 50 fl. — kr.
Von den fünf Personen auf die Richtstatt hinauszufüren . . . . 8 fl. — kr.
Für die Zerung von Haus und wider Haimb . . . . 14 fl. — kr.
Seinem Glaydsbotten von Biberach seinen verdienten Lidlon . . . . 3 fl. 28 kr.
Die Summe aller Ausgaben für die 8 Weiber, darunter 5 verbrennt
worden, macht . . . . 508 fl. 13 kr.

Familiennamen.

Die in den Büchern der Herrschaft und Stadt Bludenz vorkommenden Ge-
schlechtsnamen wiederholen sich sehr häufig, die Nachkommen vieler bereits im
15. Jahrhunderte daselbst lebenden Familien sind noch gegenwärtig in Vorarlberg verbreitet, ja sie haben nicht selten ihren Wohnsitz noch an demselben Orte,
wo ihre Ahnen vor 3—4 Jahrhunderten gewohnt und gehauset haben. Selbst
in Montavon, dessen männliche und weibliche Bewohner eine so große Wander-
lust zeigen, daß sie alljährlich zu gewisser Zeit nach allen vier Winden scharen-

4

weise oder einzeln dahinziehen, haben sich dieselben Familien viele Jahrhunderte lang erhalten. Mit wiederkehrendem Winter suchen immer wieder die zerstreut in der Welt herumirrenden Familienglieder den häuslichen Herd, und wiewohl ihnen die ferne Fremde mehr Verdienst und Lebensgenuß bietet, als das stille, einfache Heimathsthal, so zieht sie doch die unvertilgbare Liebe zur heimathlichen Scholle immer wieder an ihre Geburtsstätte zurück.

Die Familiennamen, welche im 16., 17. und 18. Jahrhunderte in Bludenz, Sonnenberg und Montavon am meisten vertreten sind, sind folgende:

Amman, Aman	Gilm
Aßmann	Graß
Bal, Bahl, Baal	Greussing
Barbisch	Hanggi
Bargehr	Hartmann
Battlog, Patllog	Hueber
Beron	Humbel, Hummel
Berthold, Bertold, Perchtold	Jenne, Jeung
Bertlin	Jochum
Bickel	Jon, Juen
Böck, Böckh, Beck	Joß
Bool, Boolh	Keßler
Brügel	Khoch, Koch
Brunold	Khuen
Buezerin	Khüng, Küng
Burger	Klehenz, Clehenz
Bürkle	Kleinhanns
Bürser	Kleinheinz
Butscher	Krast
Conzett	Lengle
Drexel, Trächsel	Lenitsch
Düngler	Lerch
Durig, Turig	Leu, Löw
Egger, Ekher	Linser
Fiel	Lorenzi
Filsch	Loretz
Frey	Lorünser
Fritz	Maklott
Gasauesch	Mangeng
Ganal, Ganahl	Marendt
Gandlner, Gautuer	Markh
Ganißer, Ganizer	Marquardt
Gapp	Marull
Garnutsch	Math
Gaßner	Michlot
Gäßner	Müller
Gau	Mutter
Geiger	Nassal

Ucker	Thoman
Neyer, Nayer, Neier	Tönn, Dönn
Nilsch	Toppler, Doppler
Nuderscher	Trinkwälder, Dringwälder
Nußbaumer	Tröll
Pilschnauner	Tschafol
Plank, Plankh, Blank	Tschan
Purtscher	Tschanun
Neckh	Tschofen
Nudiger, Rudiger	Tschol
Rudolf, Ruedolf	Tschugmel
Salzgeber	Tschütscher, Tschitscher
Sander	Valaster
Schappler	Vergud
Schedler	Versell
Schlegel	Vogt
Schoder	Vonbankh
Schueler, Schuler	Vonbun
Schwarzmann	Von der Halden
Seeger	Vonier
Sepp	Wachter
Staimer, Stemer	Walch, Walich
Stampfer	Walser
Stockher	Wolf
Stöckhl, Stöckhle, Stöckly	Würbel
Strolz	Zängerle, Zengerle
Sturm	Zech
Sudrell, Juderell	Zerlut
Sugg, Jugg	Zimmermann
Sulter	Zum Keller
Tagwercher	Zürcher.

Biographische Notizen*).

Amman. Der Name Amman war schon frühzeitig in Vorarlberg verbreitet; nach dem Urbar des Domcapitels zu Chur vom J. 1393 lebte ein Cunz Amman zu Feldkirch, ein Hanns A. zu Rankweil. (Bgm. B.) Wilhelm A., Land-

---

*) Abkürzungen: Bgm. W. J. Bergmann, Untersuchungen über die freien Walliser oder Walser. Wien 1844.

Bgm. U. Desselben Urkunden der 4 vorarlberg. Herrschaften (Archiv für Kunde österr. Geschichtequellen 1849. IV.).

Bgm. B. Desselben Beiträge zu einer kritischen Geschichte Vorarlbergs. Wien 1853.

B. H.-A. Bludenzer Herrschafts-Archiv.

B. St.-A. Bludenzer Stadt-Archiv.

Weiz. Weizenegger, Merkle: Vorarlberg. Innsbruck 1839.

Kais. P. Kaiser, Geschichte des Fürstenthums Liechtenstein. Chur 1847.

4*

amman in Bregenzerwald 1410. Peter und Hanns A. zu Bludenz erhielten 1584 einen Wappenbrief. Johann Josef A., Landesabgeordneter von Jagdberg im J. 1799, als sich die vorarlbergischen ständischen Deputirten in Feldkirch versammelt hatten

Bahl Johann Josef, aus Tschaguns, durch 36 Jahre Kanzler beim Hochstifte zu Chur, starb daselbst 93 Jahre alt 1843.

Barbisch Claus, Sendbote der Hofjünger von Montavon an das herzogliche Gericht zu Feldkirch 1447. (Bgm. W.) Hanns B. lebte 1624 zu Lorüns. Johann Michael B., Bürgermeister von Bludenz vom J. 1746—1751 und von 1757—1760. (B. St.-A.)

Bargehr Christian, Bürgermeister von Bludenz 1699, 1702. (B. St.-A.)

Battlog Christian, zu Vandans, erhält einen Wappenbrief 1704. Johann Josef B., geboren am 11. October 1751 zu Vandans, erster und letzter Landamman von Montavon; in der französischen Invasion schwer verläumdet, wurde er nach Innsbruck in schwere Haft abgeführt, hierauf von Kaiser Franz II. für unschuldig erklärt und 1798 mit der gelbenen Medaille beschenkt; er machte 1799 noch einen beschwerlichen Zug über die Alpen nach Graubündten im Rücken der Franzosen, und starb am 25. October 1800 zu St. Antoni in seinem Hause. (Bgm. W.)

Beron Jakob, Bürgermeister von Bludenz 1832, 1840. (B. St.-A.)

Berchthold Heusle, ein Walser, fiel in der Schlacht bei Fraslanz am 20. April 1499. (Bgm. W.) Ein Berchthold war Pfarrer zu Fischen 1391. Johann Josef B., Bürgermeister zu Bludenz 1776—1778. (B. St.-A.)

Bertlin Hensli, Bürger zu Bludenz 1500. Franz B., geboren 1665, Pfarrer zu Gaschurn, starb 1739, und ist zu St. Gallenkirch begraben.

Bickel. Die Familie Bückli kömmt im Urbar des Domcapitels Chur 1393 vor. (Bgm. B.) Bickel Christa, fiel in der Schlacht von Fraslanz 1499. (Bgm. W.) Bickhl Lienhart und Peter, Hofjünger zu Nützibers 1509. (B. H.-A.) Bickell Hanus, Amman zum Sonnentag 1513. (B. St.-A.) Georgius Piglell aus Feldkirch studirte 1517 zu Wittenberg. (Album acad. Viteberg.) Bilhel Hanns, zu Bürs besaß Aecker im Bürschfeld gelegen 1621. (B. H.-A.) Bikel Lorenz, Pfarrer in Fontanella 1702. (Bgm. W.)

Bök. Beck. Beck Henni, kömmt im Urbar des Domcapitels zu Chur vor 1393. Die Familie Böck besaß Güter in Aeschach 1427. (Archiv Hohenems). Bek Georg, ein Landmann von Legan, hatte vom Abte Fürsten Gerwig von Kempten Geld für verkauften Wein zu fordern; da der Abt nicht zahlen wollte, wendete sich Bek an die Schweizer, welche gegen Ende 1460, an 334 Mann stark, unter dem Hauptmanne Eberle über Lindau und Jsni an den Buchenberg zogen und die Kempten'sche Mannschaft schlugen, so daß der Abt 900 fl. an Bek zahlen und überdieß die Mühe und Zeitversäumniß der Schweizer mit 400 fl. büßen mußte. Bek Hanns, aus Appenzell, genannt Hotterer, gerieth mit dem Ober-Vogte von St. Gallen in Streit, erhielt bei der Stadtobrigkeit kein Gehör und sagte deßhalb der Stadt St. Gallen Fehde an; er lauerte im Sennwalde den Stadtbürgern auf, plünderte sie und verbrannte mehrere Häuser, entzog sich jedoch der Gerechtigkeit stets durch schleunige Flucht. Im J. 1475 schickte St. Gallen eine Truppe von 300 Mann über den Rhein nach Lustenau, um den Feind zu fangen, der sich indessen davon geschlichen hatte; später flüchtete er nach Bayern, wurde durch einen Bewohner von Kempten entdeckt und endlich zum Feuertode verurtheilt. (Weiz. III.) Beck Johann, bischöflicher Commissar zu Lindau und kaif. Notar 1522. Böckh Johann, Pfarrer zu Bölleuberg, und seine Brüder Bartholomäus und Martin aus Blumenegg erhielten 1688 einen Wappenbrief. Brügel Conrad, Amman zu Sonnenberg 1481. Hanns B., Amman zu Sonnenberg 1487—1515. (B. H.-A.)

Buezerin Tom Jos, Sendbote der Hofjünger an das herzogliche Gericht zu Felbkirch 1447.

Burger Caspar und Peter fielen in der Schlacht bei Frastanz 1499. Mathä B. aus Bandans schwört Urfehde 1509. (B. H.-A.) Johann Ulrich B., Amtsvorgesetzter in Montavon, erhielt 1709 einen Wappenbrief.

Bürfer Martin kommt in einer Urkunde der Stadt Felbkirch vom J. 1381 als Geisel und Bürge vor. Hermann B., Domdechant zu Chur 1439. Victor B., von Felbkirch, wird mit Zehenden zu Nüzibers, Braaz, Talaas und Klösterlin belehnt 1481. Das Siegel der beiden letzteren gleicht dem der Familie von St. Piner (Archiv Hoheneins.)

Butscher Heinrich, Bergrichter und Bürger in Bludenz 1457. Heinrich B., Untervogt zu Bludenz 1585. Anton B., in Dalaas, wird in die Acht erklärt, und verliert sein Besitzthum 1599. (B. H.-A.)

Conzett Rudolf, Alt-Landamman der Herrschaft Brandis im Wallgau (Blumenegg) 1458. (Kaif.) Paul C, Amtmann zu Bludenz 1481. (B. H.-A.) Lutz C. hatte 1551 eine Gerichtsverhandlung zu Bludenz, weil er eine Zollerin im Reiten niedergeworfen (B. H.-A.)

Drexel. Trechfel Christian erhält vom Vogte zu Bludenz einen Weingarten, genannt Butschmarscher, zu Lehen 1493. Hans T., aus Montavon, schwört Urfehde 1502. Drexel Christian, aus dem Klosterthale nach Montavon eingewandert, Gemeindevorstand in Tschaguns, starb 1802. Sein Sohn Mathias, Standesrepräsentant von Montavon, mit der großen goldenen Landes-Vertheidigungs-Medaille ausgezeichnet, starb 80 Jahre alt am 14. Juli 1847; dessen Söhne: a) Anton, Landtagsabgeordneter, gestorben 3. Oktober 1865. b) Christian, Bezirksvorsteher zu Neumarkt in Tirol, gestorben 1851. Drexel Franz Josef, geboren zu Nentzing, 1818—1823 Pfarrer in Tschaguns, später Landesvertheidigungs-Major in Hard, mit der großen goldenen Medaille dekorirt. Diese so wie sein Bildniß ist im Museum zu Bregenz aufbewahrt.

Egger, Egler. Eger Hanns, zu Nentzing, stellt einen Kaufbrief aus 1502. Egler Lutz erscheint auf einer Urkunde, welche der Abt Theodul zu Chur 1520 ausstellte, gleichzeitig mit Johann Gaßner als vollmächtiger Gewalthaber und Botschafter des Gerichts und der Gemeinde auf Tamüls. (Bgm. W.) Egger Johann Baptist, Landamman von Sonnenberg 1722.

Fiel Johann, der erste Pfarrer zu Gaschurn, schrieb interessante Daten über die Einfälle der Prätigauer in Montavon im J. 1622.

Fitsch Peter, Landes- und Milizen-Hauptmann in Montavon und Amtsvorgesetzter daselbst, erhielt im J. 1643 einen Wappenbrief, der jetzt noch im Besitze der Familie Fitsch in Schruns sich befindet. Christian F. schließt 1683 einen Vergleich wegen einer Wuhrung zu Gaschuru.

Frey. Die Familie Fry kommt schon 1393 im Urbar des Domcapitels zu

Chur vor; in einer Urkunde des Archivs zu Hohenems erscheint ein Oschwalt Frey zu Thorenbüren 1451. Jos Frey kauft 1567 mit mehreren andern vier Lehen zu Stiglingen los. (Vgm. U.) Paulus Frey, Stadtamman zu Feldkirch 1628. Er hatte als Stadtbaumeister während einer heftigen Feuersbrunst zu Feldkirch im J. 1603 das Gelübbe einer Pilgerfahrt nach Jerusalem gemacht. Da man der Flamme Meister geworden, so erfüllte er dieses Gelübde, entfernte sich heimlich ohne Wissen der widerstrebenden Frau und seiner 8 Kinder, und pilgerte über Venedig und Cypern nach Jerusalem, wo er am 2. August ankam; am 24. December traf er wieder in Feldkirch ein und gelangte dann zu solchem Ansehen, daß man ihn 1628 zum Stadtamman wählte. (Weiz) Anton F., Bürgermeister zu Bludenz 1610, 12, 13, 16—18. Anton F., Säkelmeister zu Bludenz 1656, Untervogt und Richter daselbst 1658—1663, im Jahre 1680 Bürgermeister.

Fritz Thomas, Landamman zu Sonnenberg, Mathias F., Amman zu Mitteles, und Georg F., Untervogt zu Bludenz, erhielten 1608 von Erzherzog Maximilian einen Wappenbrief für sich und ihre Verwandten. Salomon F., Pfarrer zu Bürs, gestorben 1714. Christian F., Säkelmeister zu Bludenz, gestorben 1712. Joseph F., Deputirter des Standes Montavon im J. 1799. Johann Theodor F., Administrator der Stadt Bludenz 1807—1809. Ignaz Tiburtius F., von 1814—1840 Pfarrer zu Balgach im Rheinthale

Ganal Lenz, Sendbote der Hofjünger zum herzoglichen Gerichte nach Feldkirch 1447, da die Hofjünger steuerpflichtige Güter an die Walser verkauft hatten, und letztere vermöge ihrer alten Freiheiten steuerfrei bleiben wollten. (Vgm. W.) Ganal Bernhard, zu Schruns 1567. Ganahl Josef, Dr. b. Rechte, Beamter zu Dornbirn, wurde 1803 von Kaiser Franz II. geadelt mit dem Prädikate „von Zanzenberg" und starb als Präses des Collegialgerichtes zu Bozen. Johann G., Dr. der Medicin, Stadt- und Landgerichtsarzt zu Bludenz, wurde 1804 geadelt mit dem Prädikate „von Bergbrunn".

Ganuzer Jörg, Amman der Walser, und deren Sendbote zum herzoglichen Gerichte in Feldkirch 1447 (mit ihm Berchthold Thoman und Thoman auf der Egt). (Vgm. W.)

Gapp Gabriel, Felix und Johann Georg, drei Brüder, gossen 1698 die große Glocke des Stadtthurmes zu Feldkirch um, welche während einer Feuersbrunst herabgestürzt war. (Weiz.) Gap Franz Josef, kommt auf einem alten Epitaphium an der Kapelle auf dem Bludenzer Friedhofe, jedoch ohne Jahreszahl, vor. Georg G., Münzerschmied zu Hall 1625.

Garuutsch Josef, Keller zu St Gerold 1188. Hanns Martin G. kommt auf einem alten Epitaphium an der Kapelle des Bludenzer Friedhofes vor, woselbst auch sein Wappen abgebildet ist, seine Frau Waldpurga war geboren 1529. Oswald G., Untervogt zu Bludenz 1533 (B. H.-A.)

Gaßner. Genßner Paul, Victor und Leonhart, fielen in der Schlacht bei Frastanz 1499. Claus Gaßner, Bürger zu Bludenz 1506. Jos G. erscheint auf einer Urkunde, welche der Abt Theobul von Chur 1520 ausstellte, als Amman „vollmechtig gwalthaber und pollschaffer des Gerichts und der ganzen Gemaynd auf Tomüls." (Vgm. W.) Linhart G. erhielt 1532 von Kaiser Carl V. einen Wappenbrief. Caspar G., Landamman der Herrschaft Blumenegg 1560. Ulrich Gaßner, Forstmeister zu Nellenburg, erhielt 1558 einen Wappenbrief.

Jeremias Gaßner wurde 1606 von Kaiser Rudolph geadelt und erhielt das Prädikat „von Safrintzli" (ein Weingebirg). Andreas G., Bürgermeister von Bludenz 1847—48, 1859—1861.

Gätzner. Burkhart und Hans Gecziner werden als „edel Lüte" genannt, die zur Nüvenburg gehören, als diese Veste von Hugo Tumb von Neuenburg an Herzog Rudolf IV. von Oesterreich im J. 1363 verkauft wurde. (Bgm. U.) Leonhard und Anna Gätzner stifteten im J. 1426 eine Kapelle zu Tüns und widmeten diesem Zwecke ihr Haus und den anliegenden Grund. (Bgm. W.) Gau. Die letzte Priorin von Valbuna war eine Gau.

Geiger Johann und Peter, erhielten mit mehreren andern Wallisern (siehe: Salzgeber) das Thal Wallawier zu einem Zinslehen 1317. (Bürser Kirchenlade.) Hanns G., gräflich Fugger'scher Haushofmeister im J. 1648. (St. Christoph. Bruderschaftsbuch.)

Gilm Franz Josef, war früher Amtschreiber und Rentmeister zu Bregenz, später Untervogt von Bludenz und Sonnenberg, und wurde am 23. Mai 1739 von Kaiser Karl VI. geadelt mit dem Prädikate „von Rosenegg." Seine Voreltern waren ein altehrbar Geschlecht aus Bregenz, wo ein Urahn Thomas mehr als 100 Jahre früher eine Rathsstelle bekleidet hatte. (Wiener Adels-Archiv.)

Greußing Martin, geboren zu Mellau im Bregenzerwalde, von 1626 bis 1665 Abt des Klosters Schlägel in Oberösterreich. (Bgm. U.)

Hartmann. Ulrich, Kunz und Jakob Hartmann werden in der Verkaufs-urkunde der Veste Neuenberg 1363 als zu Neuenburg gehörende „edel Lüte" genannt. Hanns H., Landamman zu Rankweil 1427. Jakob H., von Rank-weil, Fürsprecher beim Gericht zu Müsinen am 15. Juli 1431 für Barbara Schroveustein, geborne v. Ems. — Hanus Hartmann, Vogt zu der Nüwen-montfort und Landamman zu Rankweil, erscheint ferner in einer Urkunde der Elisabeth Gräfin von Toggenburg vom J. 1436. (Bgm. U.) Hanns H., Am-man zu Sonnenberg 1575—1605, erhielt von Erzherzog Maximilian einen Wappenbrief. Michael H., Rath des Gerichtes Sonnenberg 1644. (B. H.-A.)

Hinteregger Johann, war nach absolvirten juridischen Studien durch 15 Jahre Amts- und Stadtschreiber zu Bludenz, später (1704) Vogteiverwalter der Herr-schaft Bludenz und Sonnenberg, und wurde sammt seinen Brüdern Franz, Mit-glied des innern Rathes zu Bregenz, und Johann Georg, Hauptmann im spanischen Kriege, der sich besonders vor Philippsburg ausgezeichnet hatte, von Kaiser Leopold I. am 3. Juli 1686 mit dem Prädikate „von Grienholzegg" geadelt. Johann erhielt auch das Palatinat gegen Erlag von 600 fl. Der Vater dieser drei Brüder bekleidete zu Bregenz eine Stelle des innern Rathes.

Hueber Lienhart, Stadtschreiber zu Bludenz 1512. (B. H.-A.) Huber Hi-larius, kauft 1567 mit mehreren Andern vier Lehen zu Stiglingen los. (Bgm. U.) Hueber Blasius, ein Bauer aus Oberperfuß in Tirol, verfertigte eine vor-treffliche Karte Vorarlbergs, die in 2 Blättern 1783 erschienen ist.

Humbel Hans, wird 1618 in die Acht erklärt und seine Güter werden dem Christof Löw zu Bürs als eigen zuerkannt. (B. H.-A.) Hummel Magdalena, aus Feldkirch, widmete 1723 ihr Vermögen von 5000 fl. zur Gründung einer selbstständigen Pfarre zu Novels; sie starb 1751 und ist in Feldkirch begraben.

Jänne Rudolf, aus Nützibers, schwört Urfehde 1502.

32

Jochum, ein Walliser Geschlecht zu Schröcken. Georg Joachimus (Jochum) geboren 1514 zu Feldkirch, studirte zu Wittenberg und lehrte 1540 daselbst Mathematik und Astronomie; er war ein Schüler des Copernicus, hielt 1554 in Wien Vorlesungen über Mathematik und starb zu Kaschau am 4. Dezbr. 1576, (Bgm. W.) Sebastian J., Deputirter von Damüls in der ständischen Versammlung zu Feldkirch im J. 1799. Jakob J., der vorletzte Amtsvorgesetzte von Montavon.

Jon, Juen, ehemals Jonas. Jakob Jon, Vicekanzler des Kaisers Ferdinand I., wurde vom Kaiser Karl V. im J. 1541 sammt seinem Bruder Benedikt geadelt; er starb zu Abensberg 1558 und ist in der Stadtkirche zu Ingolstadt begraben. (Bgm. U.) Jun Wolfgang zu Montavon schwört Urfehde 1553. (B. H.-A.) Penaß Jon wurde vom Erzherzog Ferdinand zum Forstknecht der Herrschaft Bludenz und Sonnenberg bestellt 1566. Jon Wolfgang, Verwalter der Herrschaft Neuburg um das Jahr 1600. Jakob Juen, Steuerwaibel von Sonnenberg 1654. (B. H.-A.)

Keßler Hanns, Untervogt zu Bludenz 1514. Franz Andreas K., Stadtamman zu Feldkirch 1752. Josef Melchior K., Bürgermeister von Feldkirch, wurde von Kaiser Franz II. im J. 1803 geadelt mit dem Prädikate „von Fürstentreu"; im J. 1799 war er ständischer Protokollist bei der Deputirten-Versammlung in Feldkirch.

Khüny. Ein Kün wird vom Grafen Albrecht von Werdenberg-Bludenz als Leibeigener abgetreten an den Bischof Hartmann von Chur und den Grafen Heinrich von Werdenberg-Sargans 1354. (B. H.-A.) Hanns Küny zu Nüziders erhielt einen halben Weingarten (genannt der Getz) zu Lehen 1493. (B H.-A.) Johannes Khüny, Bürgermeister zu Bludenz 1773—1775.

Klehenz. Clehenz Christian, geboren zu St. Gallenkirch am 4. Dezbr. 1790, Medic. und Philof. Dr., Professor der deutschen Litteratur und Dekan an der philosophischen Fakultät zu Padua, Ritter des Ordens der eisernen Krone, gestorben am 21. Octbr. 1855, begraben zu St. Gallenkirch. Sein älterer Bruder Johann Anton, Dekan für Montavon, war geboren zu St. Gallenkirch am 26. Novbr. 1753 und starb daselbst am 9. Mai 1815.

Kleinhans Gabriel, Hauptmann und Obristwachtmeister im Balbironischem Regimente wurde gleichzeitig mit seinen Brüdern Hanns, Ulrich und Burkhart am 28. Febr. 1626 von Kaiser Ferdinand II. geadelt.

Kraft Leonhart, Sr. k. k. Majestät Hauptmann über ein Fähnlein hochdeutschen Kriegsvolkes in Ungarn 1604. Anton K., geboren 1664, Pfarrer zu St. Gallenkirch, gestorben im J. 1737.

Lew, Löw. Dieser Familienname kommt bereits im Urbar des Domcapitels zu Chur vom J. 1393 vor. Cunrad Lew erhält 1515 dat. 11. Juni vom Kaiser Maximilian I. einen Wappenbrief. Hanns L., Amman zu Sonnenberg 1524—1551. Leonhart L., Amman zu Sonnenberg 1559—1573. Christoph Leu, Schützenlieutnant von Bürs 1630. Hannibal Leu, geboren zu Bratz, ein sehr geschätzter Maler.

Lorenzi Franz, städtischer Rath zu Bludenz 1811.

Loretz Rudolf, Amman zu Sonnenberg 1574—1577.

Lorinſer, Larünſer, Arünſer, von Arüns. Paul und Lenz von Arüns, Grundbeſitzer in Arüns 1487—95. (B. St.-A.) Urich von Arüns, Grundbeſitzer zu Nützibers 1509. Hieronimus von Arüns, Grundbeſitzer am Bürſerberg 1551. Veit und Valentin von Arüns, Grundbeſitzer in Arüns 1555—1579. Hans von Arüns (Arünſer) zu Arüns 1611. Diß (Mathias) und Leonhart Larünſer erſcheint bei der Muſterung „der bewörlten Mußgallierer“ der Pfarre Bürs und Brand 1617. Chriſtian Arünſer (Lorünſer, von Arüns), Stadtknecht zu Bludenz 1611 bis 1629. Stoffel Lorynſer, Spitalvater in Bludenz und Hofjäger 1625. Martin Lorinſer von Lorins (Martin von Arins) geſchworner Einzieher des Vogelrechts in der Herrſchaft Sonnenberg und in den Alpen zu Rells 1629. (B. H.-A.) Thomas Lorinſer, geboren auf der Bludenzer Herrſchaft um 1629, wanderte nach Schwaben aus und ſtarb als Müller in Schuſſenried 1715; ſein Urenkel Franz Anton, geboren zu Schuſſenried 1739, war öſterr. Feldarzt im 7jährigen Kriege und ſtarb zu Niemes in Böhmen 1787. (Archiv und Kirchenbücher zu Schuſſenried und Niemes.) Michel Larünſer legte 1663 „wegen des anno 1659 und 1660 getragenen St. Lenharts Pflegerambts“ ſeine Rechnung. Mathias Lorünſer, Säkelmeiſter zu Bludenz 1680—1700. (B. St.-A.) Chriſtian L., Gerichtsſchreiber der Herrſchaft Sonnenberg, geboren 1684, geſtorben 1759. Deſſen Enkel Chriſtian L., Landamman und Schützenhauptmann von Sonnenberg, mit der goldenen Medaille dekorirt, geboren zu Bludenz 1745, geſtorben zu Bürs 1806.

Marth Anton, Wirth und Gaſtgeber zu Bratz, erhielt einen Wappenbrief 1639.

Marquard. Ein Marquard von Nungal wird von Hanns von St. Viner, dem Amman im Wallgau, als Leibeigener verkauft an Graf Heinrich von Werdenberg-Sargans 1389. Hanns M., Amman zu Sonnenberg 1507—24. Balthaſar M., Amman zu Sonnenberg 1515—58. (B. H.-A.)

Mat Hanns, „uf dem Stein“, fiel in der Schlacht bei Fraſtanz 1499. Lucius Mat, von Bludenz, ſtudirte 1513 zu Wittenberg. (Album acad. Viteberg.) Siegmund Math, Amman zu Sonnenberg 1534. Chriſtian M., Bürger zu Feldkirch, erhielt einen Wappenbrief von Erzherzog Maximilian 1613.

Michlot aus Montafun, wird vom Ludwig dem Abte zu Churwalden an Eberhard Truchſeß von Waldburg als Leibeigener verkauft 1464. (B. H.-A.)

Müller. Dieſer Familienname erſcheint im Urbar des Domcapitels zu Chur 1393. (Bgm. V.) Ein Müller war Landamman in Davos 1536. (Bgm. V.) Stoffel M., Grundbeſitzer zu Bürs 1551. Joſef M., Bürgermeiſter zu Bludenz 1752—56 und 1761—72. Deſſen Sohn Andreas Chriſtian war Major der Bludenzer Schützen im franzöſiſchen Kriege 1809.

Mutter. Jörg M., „Pfaff zu Bludenz“, erkauft 1 W. ewigen Zins- und Pfennig-Geldes, welches ſpäter 1495 an Se. M. Kaiſer Maximilian wieder verkauft wird. Chriſtian M., Bürgermeiſter zu Bludenz 1844—46, 1849—58, 1862—66.

Naſſal. Hanns, aus Feldkirch, Leibtrabant des Kaiſers Karl V., und ſein Bruder Sebaſtian erhalten wegen ihrer treuen Kriegsdienſte in Ungarn vom Kaiſer Karl V. einen Wappenbrief 1552. Johann Naſall, Landamman zu Sonnenberg 1647—1659.

Neyer Anton, aus Tſchaguns, hat eine Gerichtsverhandlung im Jahre 1588. (B. H.-A.) Felix Nayer, Bergwerks-Verwalter in Montavon, erhält ſammt ſeinen Brüdern Peter und Chriſtian vom Kaiſer Rudolph einen Wappenbrief mit der Krone 1601. Franz Meier, Bürgermeister zu Bludenz 1725 bis 1726, 1729, 1731—33. Mr. Johannes Meyer hat ein Grabesbild an der Friedhofscapelle in Bludenz; sein Sohn Johann Anton starb als Diacon zu Linz 1768. Josef Andreas, Bürgermeister zu Bludenz, geboren 1765, gestorben 1835.

Nilsch Paul Raphael, Canonicus zu Wien, wurde sammt seinen Brüdern Fabian, Michael und Andreas von Kaiser Ferdinand II. 1624 geadelt.

Nuderser Hanns lebte zu Bratz 1577. (B. H.-A.)

Nußbaumer. Nußbom Cünzli und Ulli, kommen im Urbar des Domcapitels zu Chur 1393 vor. Johann und Ludwig Nußbaumer, kaiserl. Leibtrabanten, erhielten 1616 vom Kaiser Mathias einen Wappenbrief.

Plangg Mathä, von Bandans, schwört Urfehde 1509. (B. H.-A.) Plank, (Blank) J., Professor der Mathematik in Wien, geboren auf Sulzberg bei Bregenz, wurde im J. 1827 von einem seiner Schüler (Jaroschinsky) ermordet.

Purtscher Hanns, Amman auf Raggthal 1551. (B. H.-A.) Blasius und Johannes P., Gebrüder, von Dalaas, bekommen 1643 einen Wappenbrief.

Reck. Der Name dieser Familie kommt im Urbar des Domcapitels Chur im J. 1393 vor. Jakob und Vestlin zu St. Gallenkirch schwören Urfehde 1509 und 1511. (B. H.-A.)

Rudigier Peter schließt 1653 bei einem Märzengerichte auf der Ebene vor Schruns einen Vergleich wegen einer Wuhrung zu Gaschurn. (B. H.-A.) Johann Rudiger, churfürstlich Mainz'scher Rath und Kammermeister, wird 1610 von Kaiser Rudolph geadelt. Rudigier Jof. Franz, gegenwärtig Bischof zu Linz, dessen Bruder Joseph Pfarrer zu Bürs 1866.

Ruedolf Hanns, Untervogt zu Bludenz und Sonnenberg 1570, 82, 84. (B. H.-A.) Er erhielt am 22. Juli 1576 von Erzherzog Ferdinand einen Wappenbrief. Hanns Jakob, Bürgermeister zu Bludenz 1614, 15, 19, 21, 22, 24. Ulrich R., Bürgermeister zu Bludenz 1651, 52, 56, 59. Johann Christoph, Bürgermeister zu Bludenz 1670, 73, 76. (B. St.-A.)

Salomon Hanns, aus der Herrschaft Sonnenberg, erhielt von Erzherzog Maximilian am 3. August 1605 einen Wappenbrief. Hanns Adam Salomon, Untervogt und Richter zu Bludenz 1649—1663.

Salzgeber Wilhelm, Moritz und Johann erhielten in Gemeinschaft mit noch 9 andern Wallisern das Thal Wallawier (bei Brand) von der Gemeinde Bürs mit Gunst und Willen des Grafen Hartmann von Werdenberg-Sargans zu einem Zinslehen im J. 1347 gegen jährliche Abgabe von 21 Viertel Schmalz und 1 Schilling Pfennig Constanzer Münze an die Frühmeß zu Bürs (Kirchenlade in Bürs).

Sannder Bartelmee, Sendbote der Hofjünger zum herzoglichen Gerichte in Feldkirch 1447. (Bgm. W.)

Schedler. Ein Schedler war 1416 Bürgermeister von Bludenz und gewährte dem Herzoge Friedrich, Grafen von Tirol, welcher, in finsterer Nacht der Haft zu Constanz entflohen, vor die Thore von Bludenz kam, welches ihm erst wenige Jahre vorher zugeschworen hatte, freundlichen Einlaß.

Schlegel. Ein Schlegel war Landammann der Landschaft Davos 1410. (Bgm. W.) Theodul Sch. Abt zu St. Lucii in Chur 1520. Jakob, Gastgeber zu Mühlbach, erhielt 1593 einen Wappenbrief.

Schober Jakob, aus Montavon, von Bartholomäberg, schwört Urfehde 1520.

Schueler. Ein Schuoler war Landamman auf Davos 1498. (Bgm. W.) Hanns Schuler aus Glaris zeichnete sich 1499 durch seine Tapferkeit im Kampfe gegen die kaiserlichen Truppen am linken Rheinufer (bei Sax und Gams) aus. Von seinen Kampfgenossen getrennt, gerieth er unter 20 feindliche Reiter, lehnte sich, um seinen Rücken zu decken, an ein Gebäude, und hob mit seinem Spieße drei derselben nacheinander aus dem Sattel. Bewundernd sah dieß Nikolaus von Brandis und forderte ihn auf, sich zu ergeben. Schuler wurde hierauf nach Feldkirch geführt, dort gut bewirthet, erhielt ein ehrenvolles gesiegeltes Zeugniß seiner Tapferkeit, und zog ungehindert zu den Seinen. (Weiz. III.) Albrecht S., Vogt in Reams 1498. Hanns und Conrad auf Davos wurden von Kaiser Maximilian geadelt. (Bgm. W.) Christian Schueler, Zoller zum Kloster am Arlberg, erhielt 1612 von Erzherzog Maximilian einen Wappenbrief. Anton (Schueller), Kaplan in Bludenz, gestorben 1709. (Grabstein im Kapuzinerkloster zu Bludenz.)

Schwarzmann Thoma und jung Hanns fielen in der Schlacht bei Frastanz 1499. (Bgm. W.)

Seeger. Im Urbar des Domcapitels Chur vom J. 1393 kommt der Familienname Säger vor. Jakob Seeger, Bürger zu Bludenz 1567. Caspar S., Bürgermeister zu Bludenz 1690, 1693. Michael S., Bürgermeister zu Bludenz zu wiederholten Malen in den Jahren 1705—1736.

Steemer Peter, aus Montavon in St. Gallenkirchspiel, schwört Urfehde 1511, 1513, 1517. Franz Joseph Steemer, jetziger Amtsvorgesetzer von Montavon.

Stölly Hanns, Ammann und der erste freigewählte Stadtammau von Feldkirch 1382, erhält das Hubmeisteramt in den Landen „dießhalbig des Arlpergs" 1394, gestorben 1405 im Treffen am Stoß. Sein Bruder Franz, Canonicus zu Chur 1374. Leonhard S. war 1425—1429 Stadtammau von Feldkirch. Paul Stöckhl, Landschreiber an der Etsch, erhält 1593 einen Wappenbrief von Kaiser Ferdinand I. Jakob Stökhl, Pflegverwalter der Herrschaft Laudegg 1649. (St. Christoph. Bruderschaftsbuch.) Joseph Stöckhle, Bürger und Gastgeber zu Bludenz, gestorben 1733.

Sudrell, Zudrell. Hanns Sudrell, Untervogt zu Bludenz 1487—1502, wurde nach der Schlacht von Frastanz als Rechtsfreund und Bote von Bludenz an Kaiser Max abgesandt. Lucius, Baumeister zu Bludenz, erhielt 1580 einen Wappenbrief von Erzherzog Ferdinand. Gabriel, Bürger zu Bludenz 1649. (B. H.-A.) Johann Christoph, vom Jahre 1680 bis 1699 Pfarrer zu Loosdorf bei Melk in Oestreich, resignirte die Pfarre, zog nach Weiler bei Rankweil, und stiftete dort eine eigene Seelsorge, die 1708 vom Bischofe zu Chur bestätigt wurde. (Weiz.)

Sug Fr. fiel in der Schlacht bei Frastanz 1499. Ludwig (Sugg), Grundbesitzer zu Aruns 1495. (B. St.-A.) Johann Zugg von Bludenz besaß mit Wolfgang Netzer die ersten Alpen zu St. Gallenkirch (daher der Name Netzer und Zugger Alpe).

Thoman Simon, Untervogt zu Bludenz 1509—1522.

Topler. Tobler Steffa fiel in der Schlacht von Frastanz 1499. Tobler Leonhard, Landammau des Standes Damüls 1561. (Bgm. U.)

Johann T. von Sonntag fiel am 22. März 1799 in dem scharfen Treffen bei der Frastanzer Letze ob Feldkirch.

Tschan. Henni Tschann kommt in einer Urkunde vom 3. 1415 als Angränzer eines Gutes auf Planken vor. (Kaiser.) Machel Zschaun, Sendbote der Hofjünger zum herzoglichen Gerichte in Feldkirch 1447. (Vgm. W.) Thöni Tschan kommt 1499 auf einer Bludenzer Urkunde als Zeuge vor. (B. H.-A.) Marquard T., von Montavon aus St Gallenkirch, schwört Urfehde 1511. (B. H.-A.) Andreas T, Bürgermeister zu Bludenz in den J. 1674, 77, 79, 1681, 85. Franz (Tschaun), Landschreiber des Canton Solothurn, und sein Bruder Victor, gewesener Lieutnant eines Schweizer-Regimentes in spanischen Diensten, wurden von Kaiser Joseph II. 1782 geadelt.

Tschofen Lukas, Gerichtsgeschworner zu Gaschurn, Amtsvorgesetzter von Montavon, erhielt 1636 einen Wappenbrief; Lukas (fein Sohn?) schloß im Jahre 1683 bei einem Märzengerichte auf der Ebene zu Schruns einen Vergleich in Betreff einer Wuhrung. Der ältere Lukas Tschofen, Gerichtsgeschworner in Gaschurn, ist wahrscheinlich derjenige, welcher in der „Europäischen Fama 1714" als der Stammvater einer außerordentlich zahlreichen Nachkommenschaft angeführt wird; er war 1612 geboren und starb 1679; er hatte 4 Söhne, Johann, Lukas, Peter, Ullrich (später Amtsvorgesetzter von Montavon), und eine Tochter Maria, verehelicht mit Thomas Fritz. Von diesen feinen fünf Kindern waren bis zum Jahre 1714 entsprossen: 87 Enkel, 456 Urenkel und 543 Ururenkel, zusammen 1091 Nachkommen; sämmtliche Sprößlinge waren laut des Berichtes der „Fama" nicht nur ohne Tadel und Mackel geboren, sondern es sind auch alle zur heiligen Taufe gebracht worden. Engelbert Tschofen, Handelsmann zu Wien, wurde 1789 von Kaiser Joseph II. wegen seiner und seiner Vorfahren Verdienste geadelt.

Tschol Hanns Christoph, gewesener Landammann der Herrschaft Blumenegg 1635. (St. Martins Capelle.) Oswald, Med. Dr. zu Schruns, Amtsvorgesetzter von Montavon (zu Anfang des 19. Jahrh.)

Tschütscher Jörg, Vogt zu Bludenz 1452, wird von Hanns Tumb von Neuburg, Gemahl der Kunegund von Altstetten, in deren Namen mit denselben Zehenden belehnt, welche vormals Eberhart von St. Viner zu Lehen getragen. (Kirchenlade zu Nüziders.) Als Gemeinmann und Schiedsrichter entscheidet Jörg Tschütscher gegen Jos. Tscherf, welcher den Stoffel Schuhmacher von Neuburg erschlagen hat: Tscherf solle in Jahresfrist eine Romfahrt machen und eine Fahrt gen Einsiedeln, und soll mittragen 400 Kerzen, von denen eine werth sei 3 Pfennige, im Jahre 1458. (B. H.-A.) Johannes Tschitscher, der freien Künste Magister und Pfarrer zu Clausen, erhält sammt seinem Bruder Paul einen Wappenbrief 1583. Paul T., Hubmeister zu Feldkirch, begab sich 1616 mit dem Herrschafts-Vogte Grafen Caspar von Ems nach Chur, um das Begehren Venedigs, welches mit Oesterreich überworfen, in Graubündten freie Werbung und Durchmarsch erkaufen wollte, zu hintertreiben. (Weiz. 111.)

Valaster M., von Montavon, erscheint 1512 als Zeuge auf einer Urkunde. (B. H.-A.)

Vonbank. Im Frevelprotokolle zu Vaduz 1605 ist verzeichnet: das Weib des Jörg von Bank habe am Sonntage vor dem Gottesdienste ein Tuch voll Laub nach

Hanse getragen. (Kaiser.) Caspar von Baudh zinset von der Hammerschmiede zu Bürs „Wasserfahl 1 *l.*“ (B. H.-A 1611.)

Bonbun. Peter von Bun fiel in der Schlacht bei Frastanz 1199. Claus von ponn, aus Montavon, schwört Urfehde 1510. (B. H.-A.) Jakob von Bun, aus Feldkirch, wurde am 13. Juni 1512 an der Universität zu Witten- berg immatriculirt. (Album Academiae Vitebergensis von C. E. Förstemann 1841.) Jörc von Bun „uff Ungal“ (Rangal) kommt in einer Verkaufsurkunde vom J. 1515 vor. (Bgm. U.) Jörg von Bunn, Ammann zu Sonntag 1511. (B. H.-A.) Aubrä Bonbun, zu Nüziders, Landschreiber und Deputirter des Standes Sonnenberg 1799; sein Sohn Anton war Vorarlbergischer Abgeordneter in der Frankfurter Nationalversammlung 1848, und im J. 1850 Bürgermeister von Feld- kirch, gestorben 1864. Franz Anton, geboren zu Nüziders 1784, lernte das Sattlerhandwerk, und arbeitete einige Jahre als Geselle, widmete sich dann den Studien, absolvirte in Wien die Theologie und starb zu Röthis 1863 als jubi- lirter Pfarrer und Senior des Vorarlbergischen Clerus. Johann Anton B., Stadtrath zu Bludenz 1811, gestorben 1844 im Alter von 53 Jahren. (Blu- denzer Friedhof.) Carl B., Communalverwalter in Feldkirch, gestorben 1831, Franz Josef B., Doctor der Medicin und Schriftsteller, praktischer Arzt zu Schruns.

Bonderhalden Barbara, Zöllerin und Wirthin zu Bludenz, erhält vom Erzherzog Leopold v. Oesterreich anstatt Zahlung für Zehrung des während der Engadinschen Kriegsunruhen in Vorarlberg gelegenen Regimentes des Grafen Alwig von Sulz die Einkünfte der Vogtei Bludenz, bis Hauptgut und Zinsen getilgt sein würden. 1624. (B. H.-A.) Johann Rudolph, Obervogt des Gottes- haus Weingarten und der Herrschaft Blumenegg, erhielt vom Erzherzog Leopold 1626 einen Wappenbrief, durch welchen das alte Wappen der Familie Bonder- halden mit dem Wappen der Familie Lötscher vereinigt wird; seine Gemahlin war Agatha, geborne Fritz. Wegen seiner besonderen Verdienste während der Prätti- gau'schen Rebellion wurde er von Kaiser Ferdinand II. am 27. März 1630 in den Adelstand mit dem Prädikate „zu Haldenegg“ erhoben (Wiener Adels Archiv), aber erst 8 Jahre später, nämlich 1638, wurde er vom Abte Dominicus zu Wein garten in Anerkennung seiner vorzüglichen Dienstesleistungen der Leibeigenschaft entlassen. (liber. docum. Blumenegg.) Joh. Rudolph Von der Halden zu Hal- benegg der Jüngere, Untervogt (Vicepraefectus) von Blumenegg, ließ 1651 seiner verstorbenen Gemahlin Maria Veronika, gebornen Frey, einen Grabstein zu Blu- besch setzen. Ein Johann von der Halden berichtet am 26. April 1653 an den Abt Dominicus in Weingarten, wie er nach Innsbruck gereist sei, um die Wegbringung von 2 Compagnien Dragoner zu erzwecken, und wie ihm dieses der Jesuit Grafenegg, der alles regieret, gegen einige Fuder Wein zugesichert habe. (lib. Doc. Blumenegg.) Christoph Bonderhalden, Hubmeister, ließ im J. 1657 dem frommen Wunsche des Volkes entsprechend, die Gnadencapelle der Pfarrkirche zu Rankweil erbauen und das wunderthätige Marienbild dahin übertragen.

Wachter. Ein Wachter aus Montavon wird von Ludwig Abt von Chur- walden als Leibeigener an Eberhard Truchseß von Waldburg verkauft 1161. (B. H.-A.) Viner W., zu Bludenz und Frastanz 1557. (B. H.-A.) Blasius W., zu Naturns, erhält 1618 einen Wappenbrief.

Walch. Nach dem Urbar des Domcapitels zu Chur 1393 war ein Hanns Walch in Feldkirch seßhaft und zinspflichtig, ein anderer Walch zu Campätsch bei Gäsis.

Walser Nikolaus und Bertsch (Bartholomäus) besaßen 1408 einen Hof, der zur Pfarre Zützers gehörte. Hans W., Landammann zu Rankweil 1513. (B. St.-A.) Balthasar W., von Braz, schwört Urfehde 1517. (B. H.-A.) Balthasar W., von Chur, studirte 1531 zu Wittenberg (Album Academiae Vitebergensis von C. E. Förstemann)? Gorius W., Geschworner zu Braz 1577. Thomas W., Landammann des Gerichts Rankweil und Sulz, erhielt 1626 einen Wappenbrief. Gabriel W., geboren 1695 zu Wolfhalden im Canton Appenzell, gestorben 1776 zu Berneck, schrieb eine Appenzeller Chronik bis zum J. 1772. Johann Josef W. (von Walsegg), Rittmeister, fiel 1746 bei Lick in den Niederlanden durch eine Stuckkugel. (Bild in der Bludenzer Friedhofskapelle.) Christoph, geboren zu Bregenz 1783, Stadtpfarrer daselbst.

Wolf Hanns, Untervogt zu Bludenz 1499—1520. Albrecht W., Landamman zu Vaduz 1505. Rudolf W., Alt-Untervogt zu Bludenz 1529. (B.H.-A.) Ulrich W., Bürgermeister zu Bludenz 1631, 34, 36, 38, 43. (B. St.-A.) Franz Xaver W., Landschreiber im Bregenzerwalde 1735. Josef W., gegenwärtig Bürgermeister und Postmeister von Bludenz.

Zängerle Hanns Jakob, Bürger u. Handelsmann in Bludenz, gestorben 1717. (Grabmal in Bludenz.) Martin Josef Z., Deputirter der Stadt Bludenz 1799.

Zech Franz, Bürgermeister zu Bludenz 1737 bis 1745. Joh. Ulrich Z., Rath und Säckelmeister zu Bludenz, gestorben 1781, 74 Jahre alt. (Grabmal in Bludenz.)

Zerlut. Der Name Lutt kommt im Urbar des Domkapitels Chur 1393 vor. Josef Zerlautt zu Braz 1577. Johann Ulrich Zerlut Landammann zu Ludesch.

Zimmermann. Andres Zimbermann zinset an die Veste Neuenburg im J. 1363. (Bgm. U.) Andres, Heinrich und Hanns Z. kommen im Urbar des Domcapitels Chur vor 1393. Felix Zimmermann, Deputirter von Tannberg 1799.

Zürcher. Ein Johann Guldenpöck soll nach Bucelin (Rhaetica) aus der Schweiz nach Vorarlberg eingewandert sein, daselbst den Namen Zürcher angenommen haben, und der Stammvater der Familie Zürcher sein. Hanns Zürcher war 1434 Bürger in Ravensburg. (Archiv Hohenems.) Cunrad Z., Untervogt zu Bludenz 1553—1562 (B H.-A.) Im 17. Jahrhunderte erscheint eine zahlreiche Reihe von Bürgermeistern in Bludenz, die der Familie Zürcher angehören, als: Theobald Zürcher, Bürgermeister in Bludenz 1606. Ein Zacharias Z., Bürgermeister in Bludenz 1609, ferner 1620, 23, 25, 26, 27, erhielt 1610 einen Wappenbrief von Erzherzog Maximilian. Ein Adam Z., Bürgermeister in Bludenz 1628, ferner 1664, 67, 69, 72, 75, 78, 83. Ein Theobald Z., Bürgermeister in Bludenz 1632—35, Untervogt und Richter zu Bludenz 1642. Wolf Dietrich Z., Bürgermeister zu Bludenz 1639, 47, 49, 50, 53, 57. Conrad Z., Bürgermeister zu Bludenz 1640, 41, 45, 48. Hieronimus Z., Bürgermeister zu Bludenz 1655, 58, 60, 62, 65. David Z., Bürgermeister zu Bludenz 1661, 1663, 66, 68, 71. Zacharias Z., Bürgermeister zu Bludenz 1684, 87. Franz Josef Z., Bürgermeister zu Bludenz 1686, 88, 89, 92, 99, 1703, wurde wegen seiner eigenen und seiner Vorfahren Verdienste 1715 geadelt mit dem Prädikate „von Bürdeha". In dem Adelsbriefe wird ausdrücklich der vielen getreuen Dienste erwähnt, welche von vielen Jahren her durch seine Voreltern geleistet worden sind, letztere seien aus Zürich aus Liebe zum katholischen Glauben mit Hinterlassung des Ihrigen hinweg nach Bludenz gezogen, auch daselbst über 100 Jahre in österreichischen Pflichten und Diensten gestanden, und haben sich im Militär und Civil, besonders im 30jährigen Kriege, hervorgethan. (W. Ab.-A.) Ein Zürcher war Hauptmann des vorarlbergischen Landesregimentes im 30jährigen Kriege 1613. (Weiz. III.) Wunibald Z. war Abt des Klosters Hirschau, er starb 1661 und ist in der Pfarrkirche zu Thüringen begraben; auf dem Fußboden dieser Kirche befindet sich sein marmorner Grabstein mit dem Wappen des Klosters Hirschau, in welchem Wappen das Familienwappen der Zürcher als Herzschild angebracht ist; die Inschrift lautet: Hic posuit mortales exuvias Rndmus. Dn. Dn. Wunibaldus, sacrae Hirsaugiae abbas opt. Vivat Deo. obiit XV Cal. Nov. MDCLXIV. Ulrich Z., Canonicus in Augsburg, starb 1662. Michael Z., Beneficiat der St. Leonhards-kirche in Feldkirch 1681. (Weiz. II.)

Bürgerliche Wappen der Familien von Bludenz, Sonnenberg und Montavon.

Eine Eigenthümlichkeit der Bewohner Vorarlbergs überhaupt, speciell der von Bludenz und Sonnenberg, besonders aber der von Montavon, liegt in der frühzeitigen Annahme bürgerlicher Familienwappen, die mit einer großen Pietät von den Nachkommen fortgeführt wurden. Die frühzeitige Annahme von Familienwappen dürfte theils durch die frühzeitige Emancipation der Hofjünger in Montavon, theils durch die Nähe der Schweiz veranlaßt worden sein. In der That waren die Bürger von Bludenz und die Hofjünger von Montavon derzeit freier und unabhängiger als der niedere Adel, der in der Eigenschaft von Dienstmännern von den Grafen von Montfort belehnt war. Es wird selten eine der alteingebürgten Familien zu finden sein, welche nicht ihr eigenthümliches Wappen geführt hätte, und in den älteren Urkunden siegelten die Zeugen in der Regel nur mit ihrem Wappen, dem bisweilen die Anfangsbuchstaben ihres Namens hinzugefügt waren.

Die große Menge der in den Urkunden vorkommenden Wappen Montavoner und Bludenzer Familien veranlaßte mich, eine Sammlung derselben anzulegen, zu welchem Ende ich mich auch auf den Friedhöfen umsah, und mich um die noch vorhandenen Wappenbriefe erkundigte. In diesen meinen Forschungen wurde ich insbesondere durch meinen verehrten Freund und Collegen Herr Med. Dr. Franz Jos. Vonbun in Schruns, sowie durch Herrn Jos. von Ganahl, Apotheker in Bludenz, auf das zuvorkommendste unterstützt.

Die ältesten Wappen vorarlbergischer bürgerlicher Familien fand ich indessen in „Sancti Christophori auf dem Arlperg Brueberschafft Buech" vom Jahre 1386, welches sich in dem k. k. geheimen Haus-, Hof- und Staatsarchive in Wien befindet. Diese Bruderschaft war von einem Findlinge — Heinrich von Kempten — zur Rettung der durch Wetter und Ungemach auf dem Arlberge Verunglückten gestiftet worden; Herzog Leopold IV. nahm dieses christliche Unternehmen 1386 in seinen Schutz, mehrere hundert Wohlthäter sicherten eine jährliche Gabe und ein Geschenk nach ihrem Tode zu, und die Namen aller dieser Wohlthäter sammt ihren Wappen und Beiträgen wurden in ein Pergamentbuch eingetragen, welches eben das Bruderschaftsbuch des heil. Christofs auf dem Arlberge war.

Schon in den ersten Jahren des Bestandes dieser Bruderschaft finden sich in diesem Buche mehrere Wappen Walliser und Montavoner Familien. In der 2. Hälfte des 15. Jahrhunderts und im 16. Jahrhunderte scheint indessen das Unternehmen auf dem Arlberge minder eifrig unterstützt worden zu sein, bis endlich im J. 1647 unter der Erzherzogin Claudia die Bruderschaft wieder von Papst Innocenz X. erneuert wurde. Aus dieser späteren Zeit finden sich ebenfalls mehrere Wappen vorarlbergischer Familien verzeichnet. Die Wappen aus der älteren Zeit sind meistens sehr einfach, aber immer strenge nach den Gesetzen der Heraldik construirt.

Im 16. und 17. Jahrhunderte kamen in Vorarlberg die Wappenbriefe in Aufnahme. Der Kaiser und die Erzherzoge belohnten treue Dienste nicht selten mit solchen sehr zierlich auf Pergament geschriebenen und gemalten Wappenbriefen, zudem hatten auch die s. g. Comites palatini das Recht, derartige Briefe auszustellen und Wappen zu verleihen. Doch liegen mir mehrere Beweise vor, daß die Familien diese Wappen schon früher geführt hatten, ehe die Wappenbriefe ausgestellt wurden, so daß durch letztere das Wappen eigentlich nur legal bestätigt, confirmirt zu sein scheint.

In mehreren Kapellen pflegten die Wappen und Namen der Wohlthäter an den Fenstern als werthvolle Glasgemälde angebracht zu werden, von denen noch einige wenige in Vorarlberg existiren, die meisten sind von Antiquitätenhändlern aufgekauft und ins Ausland gebracht worden. An den Altären einzelner Kirchen finden sich auch die gemalten Wappen der Stifter und Wohlthäter. In der St. Martinskapelle zu Ludesch finden sich nebst wirklichen Wappen auch eine größere Anzahl von s. g. Hauszeichen, und zwar meistens an den Wänden, einzelne auch an den Altären gemalt; es sind dieß gleichsam Monogramme (schwarz auf farbigem Schilde), deren sich Jene bedienten, welche kein eigentliches heraldisches Wappen besaßen oder es nicht kannten.

Die Familienwappen pflegte man ferner fast regelmäßig an den Porträtbildern, gewöhnlich auch an Grabsteinen und den s. g. Epitaphien anzubringen. Die älteren Epitaphien bestehen meistens aus einem auf Holz gemalten Bilde, welches eine Scene aus der Bibel darstellt, und in einer Nische des Friedhofs angebracht ist. Im Vordergrunde sind die verstorbenen Mitglieder der Familie, die männlichen (vom Bilde aus) rechts, die weiblichen links, zumeist in knieender Stellung betend, abgebildet, und nebenbei an den beiden Ecken auch das Familienwappen des Mannes und der Frau gemalt. Unter jeder Person steht der Name und der Jahrestag des Todes.

Die genaue Sichtung und Feststellung der auf diesen mannigfaltigen Wegen gefundenen Wappen, die Bestimmung, welcher Familie das eine oder das andere Wappen ausschließlich zukomme, war übrigens in jenen Fällen, in denen kein Wappenbrief vorlag, fast immer mit Schwierigkeiten verbunden

Die Wappen waren sehr häufig — ähnlich wie beim Adel — am Besitze haften geblieben, so daß z. B. der Schwiegersohn, der den Besitz seines Schwiegervaters ererbt hatte, auch des letzteren Wappen führte, wodurch natürlich ein und dasselbe Wappen zuweilen an mehrere verschwägerte Familien gelangte; zuweilen wurde auch das Wappen der einen Familie mit dem einer andern (des Mannes und der Frau) durch Einpfropfung vereinigt, und dieses zusammengesetzte Wappen dann von den Nachkommen fortgeführt; an den Siegeln oder den in Stein gehauenen Monumenten waren die Wappen oft undeutlich oder unvollständig abgebildet, und ließen sich die Farben entweder gar nicht oder nur theilweise daraus entnehmen; selbst an gemalten Wappen hatten die Maler nicht selten die Farben willkürlich verwechselt, oder es war die Farbe bereits so verwittert, daß sie zweifelhaft bleiben mußte. Eine weitere Quelle, die ich benützen konnte, war eine Abschrift der von Pater Anicetus, Capuziner in Bregenz, verfaßten Chronik, in welcher auch die Wappen der alten Geschlechter von Bludenz abgebildet sind. Das Original soll sich in der Bibliothek der PP. Capuziner in Bregenz befinden, die Abschrift ist in den Händen des Herrn Teutsch zu Bregenz.

Zur Aufklärung mancher übriggebliebener Zweifel wurde es daher nothwendig, in dem Wiener k. k. Adelsarchive, in welchem die Concepte nicht nur der Adels, sondern auch der Wappenbriefe aufbewahrt werden, die in Bludenz, Montavon und Sonnenberg vorkommenden Familiennamen bezüglich der an diese Familien verliehenen Wappen und Adelsbriefe nachzusehen In diesem Archive, in welchem mir die Benützung des daselbst befindlichen Materiales bereitwilligst zugestanden worden war, fand ich eine große Zahl von diesbezüglichen Wappen, die mir bisher unbekannt geblieben, oder doch in Bezug auf Figuren und Farben zweifelhaft waren. Die Wappenbriefe, welche von den Kaisern oder den Erzherzogen verliehen worden sind, lassen sich in folgende Categorien bringen: 1. die einfachen Wappenbriefe; 2. Wappenbriefe mit dem Lehensartikel (d. i. Lehensbesitzfähigkeit); 3. Wappenbriefe mit der Krone, welche schon der Verleihung des niedersten Adels gleichgehalten werden; 4. Wappenbriefe mit Verleihung des ritterlichen Adelsstandes oder des höhern Adels. Die von den Erzherzogen von Tirol verliehenen Wappenbriefe bilden allein 15 voluminöse Foliobände.

Die Feststellung der zweifelhaften Wappen konnte erst dann erfolgen, nachdem schon eine größere Anzahl von Wappen durch Wappenbriefe und genaue Abbildungen vollkommen bekannt geworden war, und überdieß zahlreiche Siegelabdrücke und andere bildliche oder plastische Wappendarstellungen zur Vergleichung und gegenseitigen Vervollständigung zu Gebote standen. Trotz allen diesen Hilfsmitteln konnten jedoch mehrere Wappen nicht mehr vollständig aufgefunden werden, und während die Farben einzelner Wappen ganz unbekannt geblieben sind. mußten manche Farben anderer Wappen — wenigstens zweifelhaft bleiben. Mit Zuhilfenahme der heraldischen Gesetze sowie gewisser Analogien und landesüblicher Gebräuche dürften übrigens die zweifelhaften (in der nachfolgenden Beschreibung mit ? bezeichneten) Farben ziemlich richtig angedeutet worden sein.

Es folgt nun hier eine kurze Beschreibung und nebstdem auch die Abbildung derjenigen Wappen, welche ich bisher gesammelt habe, und welche sich auf solche Familien beziehen, die auf der ehemaligen Herrschaft Bludenz, Sonnenberg oder in Montavon gelebt haben.

Abkürzungen.

W. A. A. — Wiener Adelsarchiv im k. k. Ministerium des Innern.

T. W. B. — Tiroler Wappenbuch (im Wiener Adelsarchive).

St. Ch. B. B. — Sancti Christophori auf dem Arlberge Bruderschaftsbuch (in dem k. k geheimen Haus-, Hof- und Staatsarchive).

B. H. A. — Bludenzer Herrschafts-Archiv.

NB. Die Bezeichnung rechts, links ist vom Schilde aus zu verstehen, daher der vordere Schildrand rechts, der hintere links liegt. Schräg auf- oder abwärts, auf- oder absteigend ist in der Richtung von rechts nach links (von vorn nach hinten) zu verstehen. Wenn mehrere Farben genannt werden, so bezieht sich die zuerst genannte immer auf die Stelle oben oder rechts.

Amman. Am Grunde des goldenen Schildes ein blauer Dreiberg, auf demselben bis an die Kniee sichtbar ein naturfarbiger, gewappneter Mann, seine Linke am Schwerte, in der Rechten eine Hellebarde mit rothem Schafte haltend, auf dem Haupte ein Barett mit einer rothen und zwei seitlichen silbernen Federn; auf dem Helme eine von Gold und Roth gewundene Wulst mit gleichfarbigen fliegenden Bändern. Darüber ein geschlossener Flug, der eine Flügel roth mit einem silbernen Längenpfahl, die Kehrseite des andern Flügels silbern. Helmdecken golden und roth. (Wappenbrief von Erzherzog Ferdinand an Peter und Hanns Amman zu Bludenz am 2. Juli 1584. T. W. B. VI. 322.)

Bahl, Bal. Im gold. (?) Schilde 3 blaue Sterne (zwei oben, einer unten), in der Mitte ein blauer Herzschild mit einem gold. Sterne. Helmdecken blau und gold.; auf dem Helme eine von Blau und Gold gewundene Wulst mit gleichfarb. flieg. Bändern. Darüber zwei Büffelhörner, rechts in Blau und Gold, links in Gold und Blau quergetheilt, zwischen denselben der gold. Stern. (Siegel.)

Barblsch. Im goldenen Schilde ein (stahlblau) bewaffneter Mann, in der Linken einen Spieß haltend. Auf dem Helme der Mann mit dem Spieße wachsend wiederholt. Helmdecken golden und blau. (Wappen der alten Geschlechter von Bludenz im Manuscripte des P. Anicetus, Vicarius der Kapuziner in Bregenz 1614.)

Battlog. Schild in Silb. und Blau geviertheilt, rechts oben und links unten ein rothes Herz mit 3 blauen Vergißmeinnicht, links oben und rechts unten ein gold. Löwe. Auf dem Helme eine von Roth und Silb., Blau und Gold gewundene Wulst mit gleichfarbigen fliegenden Bändern; darüber der goldene Löwe wachsend, das Herz mit den Blumen in seinen Pranken haltend; zu beiden Seiten Büffelhörner, rechts blau mit einem aufsteigenden gold. Schrägebalken, links roth mit einem absteigenden silb. Schrägebalken, Helmdecken rechts roth und silbern, links blau u. golden. (Wappenbrief von Joh. Hinteregger von Grünenholzegg, Vogtei-Verwalter von Bludenz u. Sonnenberg, Comes palatinus, an Christian Battlog zu Vaubans. 1704.)

Beron. Im silbernen Schilde ein schwarzer Bär; auf dem Helme der schwarze Bär wachsend. Helmdecken schwarz und silbern. (Wappen der alten Geschlechter von Bludenz im Manuscripte des P. Anicetus in Bregenz.)

Bertlin. Im schwarzen Schilde ein rechts springender goldener Bock. Helm gekrönt, zwei goldene Steinbockhörner tragend. Helmdecken schwarz und golden. (Grabdenkmal in St. Gallenkirch.)

Berthold, Berchtold, Bertoldt. Schild in Gold und Roth geviertheilt, rechts oben und links unten ein schwarzer Adler, links oben und rechts unten ein schwarzer Steinbock. Auf dem Helme ein halber schwarzer Adler rechts gekehrt, und ein halber schwarzer Steinbock links gekehrt, beide in der Mitte verwachsen. Helmdecken golden und roth. (Wappen der alten Geschlechter von Bludenz im Manuscripte des P. Anicetus in Bregenz.)

Bickel. Im Schilde zwei schräggekreuzte Schlüssel. (Siegel des Hanns Bickel, Amman zum Sonnentag 1513. Farben unbekannt. Bludenzer Stadtarchiv.)

Böckh, Beck. Schild in Silb. u. Roth quergetheilt, in der Mitte ein blauer Stern, umgeben von einem gold. Kranze. Auf dem Helme ein entblößter naturfarb. Arm den gold. Kranz haltend, in dessen Mitte der blaue Stern erscheint. Helmdecken silbern und roth. (Wappenbrief von Andreas Felbinger, Comes palatinus zu Roggenburg am 24. Mai 1698 an Johann Böckh, Pfarrer zu Böllenberg und seine Brüder Bartholomäus und Martin aus Blumenegg.)

Boot, Both. Im goldenen Schilde ein naturf. Hirsch, darüber ein blaues Schildhaupt mit 3 gold. Sternen belegt; auf dem Helme eine silberne Sirene, in der Rechten einen Spiegel haltend. Helmdecken rechts schwarz und golden, links roth und silbern. (Dieses Wappen der Familie Boot wurde für Carl Franz Boot, Amtmann zu Corbeck und Velthem, als derselbe von Kaiser Ferdinand III. am 29. März 1642 in den Ritterstand erhoben wurde, mit einem offenen [adeligen] Turnierhelme und einer gold. Krone geziert. W. A. A.)

Brügel. Im Schilde ein schwebendes Kreuz. (Siegel des Hanns Brügel, Amman zu Sonnenberg 1487. Farben unbekannt. B. II A.)

Buezerin, Buczerin. Schild in Roth und Silb. schräg abwärts getheilt, mitten ein goldener Kranz. Auf dem Helme ein Flügel in Roth und Silber schräg-abwärts getheilt, darin der goldene Kranz. Helmdecken roth und silbern. (St. Ch. B. B. im J. 1356—1414.)

Burger. Schild in Silb. und Roth quergetheilt, oben ein rechts schreitender blauer Löwe, unten ein goldener Stern; auf dem Helme eine von Silb., Blau, Gold und Roth gewundene Wulst mit gleichf. fliegenden Bändern, darüber zwei Büffelhörner, rechts in Roth und Gold, links in Blau und Silb. quergetheilt, zwischen denselben der goldene Stern. Helmdecken rechts silbern u. blau, links golden und roth. (Wappenbrief von Johann Hinteregger von Grünenholzegg, Vogteiverwalter von Bludenz u. Sonnenberg. Com. pal., an Johann Ulrich Burger, Amtsvorgesetzten in Montavon 1709.)

Bürkel, Bürckl. Schild in Roth und Silb. quergetheilt, darin auf grünem Dreiberge ein Birkenbaum; Helm bekrönt, darüber ein naturf. Birkhahn zwischen zwei Büffelhörnern, rechts in Silber u. Roth, links in Roth und Silber quergetheilt. Helmdecken roth u. silbern. (Wappenbrief von Kaiser Mathias an Johann Bürkel am 25. Juni 1614. W. A. A.)

Bürser. Schild silbern, darin ein grüner vielhügeliger Berg, an den Spitzen rothe Flammen auswerfend. Auf dem Helme der Berg mit den Flammen wiederholt. Helmdecken grün und silbern. (Dasselbe Wappen wie von Sanct Viner, nach einem Siegel von 1491, aus dem Archive zu Hohenems.)

Butscher. Im Schildesgrunde ein Dreiberg, darauf ein Bergknappe, mit einer Hacke an einen Felsen schlagend. (Siegel des Bergrichters Heinrich Butfcher zu Bludenz vom J. 1187. Farben unbekannt, wahrscheinlich schwarz in Silber. B. II. A.)

Connzett, Conzet. Mitten im Schilde ein Querbalken, an welchen unten ein senkrechter und ein mit diesem spitzwinklig verbundener, schrägaufsteig. Balken anschließt. (Siegel des Paul Connzett, Amtmann zu Bludenz 1484. Farben unbekannt. B. II. A.)

Drexel, Drächsel, Träxel. Schild in Roth und Silber geviertheilt, links oben ein rechts springender rother Löwe, ein Schwert haltend, rechts unten eine rothe Rose. Auf dem Helme zwei Büffelhörner, rechts roth, links silbern, zwischen diesen der rothe Löwe wachsend mit dem Schwerte. Helmdecken roth und silbern (angeblich nach einem Wappenbriefe).

Egger, Ekher. Schild geviertheilt, rechts oben in Roth, Schwarz und Silber quergetheilt, in der Mitte des schwarzen Balkens ein goldenes Kreuz; links unten in Silber, Schwarz u. Roth quergetheilt, im schwarzen Balken ein gold. Kreuz, links oben u. rechts unten ein silb. Einhorn im rothen Felde. Helm mit einem goldenen Kettlein u. Kleinod behängt, bekrönt, auf demselben ein geschlossener Flug in Silber, Schwarz und Roth quergetheilt, im schwarzen Balken das gold. Kreuz. Helmdecken rechts golden u. schwarz, links roth u. silbern. (Wappenbrief des Erzherzogs Ferdinand Karl an Bartolomäus Egger am 6. Dez. 1654. T. W. B. XV. 518.)

Fiel. Schild in Blau und Gold längsgespalten, darin ein Landmann, ein Netz an einer Stange über der rechten Schulter tragend. Auf dem Helme der Mann mit dem Netze wachsend. Helmdecken blau und golden. (Siegel.)

Fitsch. Schild in Schwarz und Roth geviertheilt, rechts oben u. links unten auf grünem Dreiberge ein rechts springender gold. Löwe ein Schwert schwingend, links oben und rechts unten ein schwarzer Mann mit einem Schwert an der linken Seite und einem Pfeil in der rechten Hand. In der Mitte des Schildfußes ein schwarzer Nebenschild mit einem rothen absteigenden Schrägebalken, der mit einem schwarzen Schlüssel belegt ist. Helmdecken rechts schwarz u. golden, links roth u. silbern, auf dem Helme eine Wulst mit fliegenden Bändern von denselben Farben, darüber zwei Büffelhörner rechts in Schwarz u. Gold, links in Roth und Silber quergetheilt, zwischen denselben der goldene Löwe mit dem Schwerte wachsend. (Wappenbrief von Ferdinand Graf Thasteleth, Obristhofmeister der Erzherzoge Karl und Sigismund Franz an Peter Fitsch zu Schruns. ddo. Innsbruck 1643. Siegel des Peter Fitsch 1655.)

Frey. Schild quergetheilt, oben ein rechts springendes silb. Einhorn wachsend im schwarzen Felde, unten in Silber u. Schwarz schräg aufsteigend sechstheilig. Helm bekrönt, darüber das silb. Einhorn wachsend wiederholt. Helmdecken schwarz und silbern. (Bruderschaftsbuch im Feldkircher Stadt-Archive 1628. Grabstein in Bludesch 1651.)

Fritz. Im gold. Schilde am Grunde ein grüner Dreiberg, auf dem mittleren Hügel steht ein grüner Tannenbaum, zu beiden Seiten ein schwarzer Spielhahn. Auf dem Helme eine schwarz-goldene Wulst, darüber der Spielhahn wiederholt. Helmdecken schwarz u. golden. (Wappenbrief von Erzherzog Maximilian an Thomas Fritz, Landammann zu Sonnenberg, Mathias, Amman zu Mitteles, Georg, Untervogt zu Bludenz, ferner an Conrad Rochus und Hanns Fritz am 12. Mai 1608. T. W. B. XII 501. Friedhof zu Bludenz, Martinskapelle bei Ludesch.)

Ganal. Im rothen Schilde ein schwarzes Zeichen, bestehend aus 6 unter einander verbundenen Dreiecken. (Altes Hauszeichen, in eine Glasscheibe einge-brannt zu Schruns, mit der Jahreszahl 1608.)

Ganltzer. Im rothen Schilde ein goldenes Scheermesser; auf dem Helme ein geschlossener rother Flug mit dem golb. Scheermesser. Helmdecken golb. u. roth. (St. Ch. B B. 1386—1414.)

Gantner. Schilb in Roth u. Silb. schrägabwärts getheilt, unterhalb der Theilung ein rothes, oberhalb ein silbernes längliches Holzviereck; auf dem Helme eine von Roth und Silb. gewundene Wulst mit fliegenden Bändern gleicher Farbe, darüber ein rother Greif, ein silb. Holzviereck (von Gestalt eines Ganters) haltend. Helmdecken roth u. silbern. (Wappenbrief des Erzherzog Ferdinand an Andreas Gantner u. dessen Sohn, bestellten Hof- u. Stabtläsel dat. 4. Octbr. 1568. T. W. B. I. 348.)

Gapp. Im rothen Schilde eine vom Grunde ausgehende, bis an das Schildhaupt reichende silb. Spitze, und in dieser ein rother springender Löwe, zu beiden Seiten der Spitze eine silberne Rose mit goldenen Putzen, auf dem Helme ein Kranz von 4 Rosen silbern u. roth, darüber 3 Federn, die mittlere silbern, die seitlichen roth. Helmdecken silbern u. roth. (Wappenbrief von Erzherzog Leopold an Georg Gapp, Münzerschmidt zu Hall 11. Oft. 1625. T. W.B. XIV. 123.)

Garnutsch. Im rothen Schilde zwei von einander abgewendete silberne Einhornsköpfe sammt dem Halse, auf dem Helme eine von Roth u. Silber ge-wundene Wulst, über dieser die Einhornsköpfe wiederholt, Helmdecken roth und silbern. (Grabesbild zu Bludenz aus der 2. Hälfte des 16. Jahrhunderts; Wappen der alten Geschlechter von Bludenz im Maunscripte des P. Anicetus in Bregenz.)

Gassner. Schild in Blau u. Silber schräg abwärts getheilt, oben ein silberner, unten ein blauer Stern; auf dem Helme eine von Blau u. Silber ge-wundene Wulst, darüber ein Flügel, auf demselben die Theilung, Farben und Figuren des Schildes wiederholt. Helmdecken blau u. silbern. (Wappenbrief des Kaisers Karl V an Linhart Gaßner 22. Juni 1532. W. A. A. Das einfachste älteste Wappen der Familie Gaßner. Der Forstmeister zu Nellenburg Ulrich Gaßner sammt seinem Bruder Wolfgang nahm 1558 einen Hirsch im silbernen Schrägeballen auf, u. veränderte die Farbe des Schildes in roth. Jeremias Gaßner wurde 1606 geadelt und veränderte den Hirsch in einen Steinbock, den silbernen Schrägeballen in einen goldenen, die Sterne in Rosen, die Farbe des Schildes in schwarz. W. A. A.)

Gau. Im rothen Schilde ein geharnischter silb. Mann, an der linken Seite ein Schwert, in der rechten Hand einen Spieß tragend. Helm gekrönt, darüber ein rother kegelförmiger Hut mit silbernem Stulp, an der Spitze 3 silberne u. dazwischen 2 rothe Federn tragend. Helmdecken roth und silbern. (Bild in der Friedhofscapelle zu Feldkirch.)

Geiger. Schild schräg aufwärts in Gold u. Schwarz getheilt, darin eine Geige mit gewechselten Farben schräg abwärts gestellt. Auf dem Helme ein Flügel, in welchem die Theilung, Farbe u. Figur wie im Schilde wiederholt ist. Helmdecken golden u. schwarz. (Wappenbrief von Kaiser Karl V. an Georg Geiger vom 21. Septbr. 1530. W. A. A.) Dieses einfachste älteste Wappen der Familie Geiger wurde später mannigfaltig complicirt. Im St Christophori Bruderschaftsbuche erscheint

aus dem J. 1648 ein Wappen des Hanns Geiger, gräfl. Fugger'schen Säckel-
meisters, in welchem auf zwei schwarzen Feldern des geviertheilten Schildes die
goldene Geige von einem gold. Löwen gehalten wird, während in den zwei
andern silb. Feldern ein rother Sparren mit 3 rothen Kugeln sich befindet, als
Kleinod ist der Löwe mit der Geige zwischen Büffelhörnern wiederholt. St. Ch. B. B.

Gilm. Zwei goldene Querballen im schwarzen Schilde, darin eine blaue
Spitze, enthaltend einen goldenen Drachen. Auf dem Helme der goldene Drache
wachsend wiederholt. Helmdecken schwarz und golden. (Wappen der alten Geschlechter von Bludenz im Manuscripte des P. Anicetus in Bregenz.) Der am
23. Mai 1739 mit dem Prädikate „von Rosenegg" geadelte Franz Jos. Gilm, Untervogt zu Bludenz u. Sonnenberg, nahm ein anderes Wappen an.

Greussing. Schild silbern, darin auf grünem Schildesgrunde ein grün-
bekleideter Mann wachsend, in der rechten Hand eine blaue Lilie haltend. Auf dem
Helme eine von Grün u. Silber gewundene Wulst mit gleichfarbigen flatternden
Bändern. Darüber zwei Büffelhörner in Silber u. Grün quergetheilt, zwischen
denselben der Mann mit der Lilie wachsend wiederholt. Helmdecken grün und
silbern. (Siegel.)

Hartmann. Schild quergetheilt, oben eine naturf. Gemse wachsend im gold.
Felde, unten in Silber u. Roth quergetheilt; auf dem Helme eine schwarz-gold-
roth-silb. Wulst, darüber ein wilder Mann wachsend, einen grünen Kranz auf
dem Kopfe, in der Rechten einen Streitkolben (Pusikan) tragend, den Schaft desselben in die Seite stemmend. Helmdecken rechts schwarz u. golden, links roth
u. silbern. (Wappenbrief von Erzherzog Maximilian an Hanns Hartmann, Landamman zu Sonnenberg am 3. Aug. 1605. T. W. B. XII. 258. Siegel des
Michael Hardtmann, Rath des Gerichtes Sonnenberg 1614. B. II. A.)

Hueber. Schild blau, in der Mitte ein rother Querballen, oberhalb ein
rechts springender silb. Löwe wachsend, unterhalb zwei goldene Sterne über einem
grünen Dreiberge, der sich vom rothen Schildesfuße erhebt. (Nach einer Abbildung.)

Hummel. Im rothen Schilde ein grün-goldener Kranz, auf dem Helme
ein rothbekleideter Mann wachsend, den Kranz in der rechten Hand haltend. Helmdecken roth und grün-golden. (Wappen der alten Geschlechter von Bludenz im
Manuscripte des P. Anicetus in Bregenz.)

Jenne, Jenny. Im silb. Schilde ein blauer Löwe. Auf dem Helme zwei
blaue Hörner. Helmdecken blau und silbern. (Wappen der alten Geschlechter
von Bludenz im Manuscripte des P. Anicetus in Bregenz.)

Jochum. Schild längsgespalten, rechts eine goldene Sonne im blauen
Felde über einem grünen Berge, links ein naturf. Kranich im goldenen Felde.
Helm mit einem goldenen u. blauen Wulst und gleichfarb. flatternden Bändern;
darüber der Kranich wiederholt. Helmdecken golden u. blau. (Nach einem Siegel.)

Jon, Juen. Im goldenen Schilde auf 3 naturf. Felsen eine schwarze
Gemse stehend, den rechten Vorderfuß erhebend. Auf dem Helme die schwarze
Gemse wachsend wiederholt. Helmdecken golden u. schwarz. (Wappenbrief von
Kaiser Maximilian I. an Thomas u. dessen Bruder Niklas Jon [sonst Jonas];
die Söhne des ersteren, Jakob und Benedikt, wurden von Kaiser Karl V. am
15. März 1541 geadelt, erhielten das Freisitzrecht, und wurden der Leibeigenschaft,

in welcher sie sich zu den Herren von Hohenems befanden, entbunden; sie behielten das bürgerliche Wappen bei, nur der Stechhelm wurde in einen offenen Turnierhelm verwandelt. W. A. A. Denkmal an einer Säule im Chore der obern Stadtpfarrkirche zu U. L. Frauen in Ingolstadt des Jacob Jonas, Doctors der Rechte, geheimen Rathes und Hofvieckanzlers des Kaisers Ferdinand I., gestorben zu Abensberg in Baiern 28. Dezbr. 1558. — Siegel des J. Juen 1753.)

Jos. Schild der Quere nach dreitheilig, oben und unten ein grüner Rosenstock mit zwei weißen Rosen im schwarzen Felde, im mittleren silb. Querballen ein rechts schreitender golbener Löwe; auf dem Helme eine von Gold, Schwarz u. Silber gewundene Wulst, darüber der golb. Löwe wachsend. Helmdecken rechts schwarz und golden, links schwarz u. silbern. (Wappenbrief des Erzherzogs Ferbinand an Gabriel Jos, Richter zu Nauberaberg, und Thomas Jos am 21. Oktbr. 1594. T. W. B. IX. 364.)

Kessler. Das älteste einfachste Wappen der Familie Keßler besteht aus einem goldenen Schilde, darin ein schwarzer Bär, einen rothen Ast zwischen den Füßen haltend; auf dem Helme der Bär mit dem Aste wachsend wiederholt. Helmdecken golden und schwarz (Wappenbrief von Kaiser Maximilian I. an Andreas, Georg und Wolfgang Keßler, dat. Innsbruck am 30. Oktbr. 1499. In späteren Wappenbriefen wurde der Bär in einen Löwen verwandelt, der einen kupfernen Kessel hielt. Johann, Stephan und Andreas Keßler erhielten von Kaiser Karl V. am 8. Febr. 1540 einen schräg aufwärts getheilten Schild, Georg u. Hanns Keßler erhielten von Erzherzog Ferdinand am 10. Mai 1586 einen quergetheilten Schild, in beiden sind die Farben golden u. schwarz beibehalten, und der den kupfernen Kessel haltende Löwe erscheint im getheilten Schilde mit gewechselten Farben. Der im J. 1803 geadelte Josef Melchior Keßler, Bürgermeister von Feldkirch, nahm ein ganz neues Wappen und erhielt das Prädikat „von Fürstentreu". W. A. A.)

Khuen. Schild in Roth und Silber längsgespalten, darin eine Rose mit gewechselten Farben; auf dem Helme eine von Roth und Silber gewundene Wulst mit gleichfarb. fliegenden Bändern, darüber ein offener Flug in Roth und Silber längsgespalten und darin die Rose mit gewechselten Farben. Helmdecken silbern und roth. (Wappenbrief von Kaiser Karl V. an Jörg Khuen am 8. Jänner 1546. W. A. A.)

Klehenz, Clebenz. In silb. Schilde vier rothe Querballen, auf dem Helme zwei Büffelhörner, rechts in Roth u. Silber, links in Silber u. Roth quergetheilt. Helmdecken silbern und roth. (Grabdenkmal zu St. Gallenkirch.)

Kleinhans. Schild in Silber u. Gold geviertheilt, links oben und rechts unten drei aufsteigende blaue Schrägebalken, in der Mitte des Schildes eine gold. Sonne, rechts oben und links unten ein blauer doppelköpfiger Adler. Auf dem Helme ein offener gold. Flug mit je drei rechts absteigenden, links aufsteigenden blauen Schrägeballen, zwischen den Flügeln eine goldene Sonne. Helmdecken golden und blau (Die Abbildung des Schildes etwas verändert im Bruderschaftsbuche des Stadtarchivs zu Feldkirch. Wappen der alten Geschlechter von Bludenz im Manuscripte des P. Anicetus in Bregenz. Als Gabriel Kleinhans, Hauptmann und Obristwachtmeister im Baldironischen Regimente dat. 28. Febr. 1626, sammt seinen Brüdern Hanns, Ulrich und Burkhart von Kaiser Ferdinand II.

48

geabelt wurde, wurde das alte Wappen mit einem offenen Turnierhelme u. einer goldenen Krone versehen, statt der gold. Sonne auf dem Helme ein blauer Löwe mit einer Hellebarde aufgenommen. W. A. A.)

Koch. Am Grunde des gold. Schildes ein grüner Dreiberg, auf demselben steht ein Mohr, an den Schultern u. Lenden roth u. silb. behängt, in der Linken einen Pfeil, in der Rechten eine springende Granate haltend, auf dem Kopfe einen von Roth u. Silber gewundenen Pausch mit fliegenden Bändern tragend. Auf dem bekrönten Helme der Mohr, wie im Schilde, wachsend wiederholt. Helmdecken rechts golden und schwarz, links silb. und roth. (Wappenbrief von Erzherzog Ferdinand und Claudia an Georg Koch, Hofprofoß, der dieses Wappen schon von seinem Vater ererbt, den Wappenbrief aber während der „im röm. Reich entstandenen Kriegsempirung" verloren, im Felde aber als Offizier dreimal mannhaft gedient hatte, dat. 31. Aug. 1643. T. W. B. XV. 41.)

Kraft. Im blauen Schilde ein links springender golb. Löwe, eine eiserne Stange haltend, auf dem Helme eine golden u. blau gewundene Wulst mit fliegenden Bändern, rechts golden, links blau, darüber der goldene Löwe mit der Eisenstange wachsend. Helmdecken golden und blau. (Wappenbrief von Kaiser Karl V. an Hieronimus Kraft am 18. April 1549. W. A. A.) In der Kirche zu St. Gallenkirch befindet sich auf einer Tafel das Wappen des Anton Kraft, Pfarrers in St. Gallenkirch [geboren 1661, gestorben 1737], wiewohl zum Theile unrichtig in Stein gehauen.

Lentsch. Schild in Schwarz und Silber geviertheilt, rechts oben und links unten ein einwärts springender golb. Löwe einen silb. Schlüssel haltend; rechts oben und links unten ein einwärts gewendeter Türke mit rothem Kleide, goldener Verschnürung, gold. Schuhen, einem schwarzen Turban mit rothem Knopfe, einen goldenen Bogen mit dem Pfeile spannend, Helm bekrönt, darüber ein goldener Löwe wachsend — in seiner Pranke ein Schwert haltend, zur Seite ein offener Flug — rechts in Roth und Silber, links in Schwarz und Gold quergetheilt. Helmdecken rechts schwarz u. golden, links roth u. silbern. (Wappenbrief von Joh. Adolf Veithoffen, Com. pal., an Peter Lentsch und seine Brüder Rudolf, Hanns und Ulrich, dat. Wien 1641.)

Lew, Leu, Löw. Schild quergetheilt, oben im silbernen Felde ein blauer rechtstehender Löwe wachsend, in der rechten Pranke ein Schwert haltend, unten in Blau u. Silb. quergetheilt, auf dem Helme der blaue Löwe mit dem Schwerte wachsend wiederholt. Helmdecken blau u. silbern. (Wappenbrief von Kaiser Maximilian I. an Conrad Lew, dat. Schwaz 11. Juni 1515. Der Schützenlieutnant Christof Lew von Bürs erhielt am 3. Juni 1630 eine Abschrift dieses Wappenbriefes vom Gerichte zu Nüziders. W. A. A.)

Linser. Schild längsgespalten, der Vordertheil silbern mit einem halben schwarzen Adler, der Hintertheil in Silber und Schwarz schräg abwärts viertheilig, auf dem Helme eine von Schwarz, Silber und Roth gewundene Wulst, darüber ein schwarzer Adler. Helmdecken rechts schwarz u. silbern, links silbern u. roth. (Wappenbrief des Erzherzogs Leopold an Hanns Linser und seine Brüder Oswald u. Jakob am 8. Oktbr. 1621. T. W. B. XIV. 52.)

Loretz. Schild in Blau u. Silber geviertheilt, rechts oben und links unten ein schwarzer einköpfiger Adler mit rothen Füßen, links oben und rechts unten eine goldene Krone. Auf dem Helme ein schwarzer Adler mit einem gold. Krönchen. Helmdecken rechts schwarz u. golden, links blau u. silbern. (Nach einem Glasgemälde zu Bartholomäberg.)

Lorinser (von Krüns). Im blauen Schilde quer ein silberner Fluß, oberhalb eine goldene Sonne, unterhalb zwei gold. Sterne. Auf dem Helme eine von Blau u. Silber gewundene Wulst, darüber drei Federn, die mittlere silbern, die zwei seitlichen blau. Helmdecken blau u. silbern. (Nach einer Urkunde von 1487. Siegel von 1629. Abbildung von 1724.)

Lorünser (zu Bürs). Schild in Blau und Silber quergetheilt, oben eine silberne, eine rothe u. eine gold. Scheibe (1. 2), unten auf grünem Dreiberge eine rothe Rose mit grünem Stengel u. Blättern. Auf dem Helme 5 goldene Federn, Helmdecken blau u. golden. (Wappenbrief von Dr. Joh. Jof. Rudolfi, Com. pal. caesar. an Christian Lorünser zu Bürs und die Söhne seines Bruders Johann. Bregenz 1735.)

Maklott. Schild quergetheilt, oben ein rechts springendes schwarzes Pferd wachsend im gold. Felde; unten in Roth und Silber schräg abwärts 6-theilig. Auf dem mit gold. Kettchen und Kleinod behängten Helme eine schwarz u. gold., roth u. filb. Wulst mit gleichfarbigen fliegenden Bändern, darüber das schwarze Pferd wachsend wiederholt. Helmdecken rechts golden u. schwarz, links silbern u. roth. (Wappenbrief. — Glasgemälde des Thomas Magglott, Crulenampl 1630.)

Mangeng. Im silbernen Felde stehen auf einem purpurnen Dreiberge zwei (rothe?) gegen einander gewendete Greife, welche eine auf langem Stiele befindliche Scheibe halten. Helm bekrönt, auf demselben ein offener Flug (roth und silbern), dazwischen die Scheibe mit dem Stiele wiederholt. Helmdecken roth u. silbern? (Nach einer Zeichnung. Die Farben zweifelhaft.)

Marent. Schild in Schwarz u. Roth geviertheilt, rechts oben und links unten ein einwärts springender gold. Löwe, ein Schwert schwingend, links oben und rechts unten ein gerüsteter Mann, in der rechten Hand eine Hellebarde haltend. Helmdecken rechts golden u. schwarz, links silb. u. roth; Wulst u. fliegende Bänder von gleichen Farben, darüber ein offener Flug, rechts in Gold u. Schwarz, links in Silber u. Roth quergetheilt, dazwischen der gold. Löwe mit dem Schwerte wachsend. (Nach einem Wappenbriefe an Lorenz u. Hanns Ulrich Marent 1659. Grabdenkmal in Schruns.)

Markh. Schild in Silber und Gold schräg aufwärts getheilt, darin ein Steinbock, dessen oberer Theil bis an die Theilung roth, und dessen unterer Theil schwarz ist, auf grünem Dreiberge stehend. Helmdecken rechts golden u. schwarz, links roth u. silbern, auf dem Helme eine schwarzgold. Wulst mit gleichfarbigen fliegenden Bändern, darüber der rothe Bock wachsend. — Glasgemälde 1630. Wappenbrief von Christof Cabus, Com. pal., an Anton Markh, Hofjünger und Gastwirth zu Braz. Innsbruck 1639.

Marquart. Im gold. Schilde auf blauem Dreiberge ein Mohr mit einer silb. Leibbinde, in der Rechten einen Stab haltend. Helmdecken, Wulst u. fliegende Bänder schwarz u. golden, darüber zwei Büffelhörner in Gold u. Schwarz quergetheilt, dazwischen der Mohr wachsend, mit den Händen an den Büffelhörnern sich anhaltend. (Wappenbrief von Kaiser Maximilian II. an die Vetter Marquart, dat. Wien 15. Mai 1572. W. A. A.) Das Siegel des Hanns Marquard, Land-

7

ammans von Sonnenberg (1502) zeigt einen Schild, in welchem sich einen Kreis, durch einen senkrechten Balken getheilt, befindet. (B. II. A.)

Marull. Im silb. Schilde ein grüner Querbalken, auf dem Helme eine silb. mit grünen Kelchblättern versehene Rose. Helmdecken grün u. silbern (?) (Siegel 1763.)

Math. Schild in Gold u. Schwarz quer fünftheilig, darin eine vom Grunde ausgehende bis an das Schildhaupt reichende blaue Spitze, in derselben am Grunde ein goldener Dreiberg, und darauf ein goldener springender Löwe mit einer golb. Krone. Auf dem Helme eine aus Blau, Gold u Schwarz gewundene Wulst, darüber der gold. bekrönte Löwe wachsend zwischen zwei Büffelhörnern, das vordere in Gold u. Schwarz, das hintere in Gold u. Blau quer fünftheilig. Helmdecken rechts schwarz u. golden, links blau u. golden. (Wappenbrief von Erzherzog Maximilian an Christian Math, Bürger zu Feldkirch, 22. Jänner 1613. T. W. B. XIII. 277.)

Müller. Schild geviertheilt, rechts oben und links unten ein rothes Mühlrad im gold. Felde, links oben und rechts unten in Roth u. Silber schräg abwärts sechstheilig. Auf dem Helme zwei Büffelhörner, rechts in Gold u. Schwarz, links in Silber und Roth quergetheilt. Dazwischen ein nackter Mann mit gold. Leibbinde wachsend, das rothe Mühlrad über dem Kopfe haltend. Helmdecken rechts silbern u. roth, links schwarz u. golden. (Grabgemälde auf dem Friedhofe zu Bludenz.)

Mutter. Schild der Länge nach in Roth u. Schwarz gespalten, am Grunde ein silb. Dreiberg. Auf dem Helme der silb. Dreiberg wiederholt, auf demselben zwei schwarze an der Mündung roth verbrämte Schalmeien, welche nach aufwärts von einander abstehen und an der Mündung mit einer silberweißen Feder besteckt sind. Helmdecken schwarz u. roth. (St. Ch. B. B. vom J. 1386—1414. Wappen des Hanns Mutter.) Auf dem Friedhofe zu Bludenz befindet sich ein viel jüngeres Wappen der Familie Mutter, bestehend aus einem längsgespaltenen Schilde, rechts in Blau u. Roth schräg abwärts sechstheilig, links über einem Dreiberge ein Küraß, der mit einem 3 Sterne tragenden Bande belegt ist, und darüber ein Adler im roth. Felde.

Nassal. Schild längs gespalten, rechts ein halber schwarzer Adler im gold. Felde, links quergetheilt in Silber u. Roth, oben ein rother rechts springender Löwe, unten ein silb. Steinhaus auf 4 runden Säulen ruhend, mit einer Wölbung aus Quadern, einem langen Dache u. einem Giebelfenster; auf dem Helme eine von Roth u. Gold gewundene Wulst mit gleichfarbigen fliegenden Bändern, darüber ein offener Flug rechts in Schwarz u. Gold, links in Gold u. Schwarz quergetheilt, dazwischen ein burgundisches Kreuz aus zwei rothen Stämmen, an der Kreuzungsstelle durch einen gold. Feuerstahl zusammengehalten. Helmdecken rechts golden u. schwarz, links roth u. silbern. (Wappenbrief von Kaiser Karl V. an seinen Leibtrabanten Hanns Nassal aus Feldkirch u. dessen Bruder Sebastian. Gegeben im Feldlager zu Metz am 15. Dezbr. 1552.)

Netzer. Im silbernen (?) Schilde eine rothe Mohnblume(?) mit Blättern u. Stengel. Auf dem Helme ein rothgekleideter Mann mit silb. Feder an der Mütze, in der Rechten einen silb. Schlüssel haltend. Helmdecken roth u. silbern. (Siegel.)

Nayer, Neyer. Im rothen Schilde ein mit einem naturfarb. Schlüssel belegter absteigender silberner Schrägebalken, auf dem Helme eine golb. Krone, darüber ein geschlossener rother Flug, in welchem der silb. Schrägebalten mit dem Schlüssel wiederholt ist. Helmbecken roth u. silbern. (Wappenbrief mit der Krone von Kaiser Rudolf an Felix Nayer, Bergwerksverwalter in Montavon, und seine Brüder Peter und Christian, dat. Prag 20. Septbr. 1601.)

Nitsch. Im schwarzen Schilde eine aufrechte, vom Grunde bis zur Schildes- mitte reichende blaue Spitze, in derselben auf naturfarb. Dreiberge ein silberner Kranich einen Stein haltend. Rechts im Schilde ein golbener Löwe, links ein golb. Greif, beide zusammen mit ihren Vorderpranken eine golb. Kugel haltend. Helmbecken rechts schwarz u. golden, links roth u. silber; auf dem Helme ein offener Flug, der rechte Flügel in Silber u. Roth, der linke in Gold u. Schwarz schräg aufwärts getheilt, in beiden ein Stern mit gewechselten Farben. Dieses alte Wappen der Familie Nitsch wurde auch von Paul Raphael Nitsch, Canonicus zu Wien, der sammt seinen Brüdern Fabian, Michael und Andreas von Kaiser Ferdinand II. am 18. Novbr. 1624 geadelt wurde, beibehalten, und nur mit offenem Turnierhelm u. Krone versehen. W. A. A.

Nussbaumer. Schild quergetheilt, oben ein golb. Löwe, einen grünen Nußbaum haltend, im schwarzen Felbe, unten eine silb. Mauer mit 3 Zinnen, und drei absteigenden rothen Schrägeballen, zu beiden Seiten des mittleren eine golb. Nuß. Helmbecken rechts golden und schwarz, links roth und silbern; auf dem Helme eine Wulst von gleichen Farben, darüber der golb. Löwe wachsend, den grünen Nußbaum haltend. (Wappenbrief von Kaiser Mathias an die Brüder Johann und Ludwig Nußbaumer, kais. Leibtrabanten, am 12. April 1616. W. A. A.)

Plank. Mitten im rothen Schilde ein silberner Eber, — auf dem Helme ein rothes Kissen, darauf der silb. Eber wiederholt. Helmbecken silb. u. roth. (St. Ch. B. B. vom J. 1386—1414. Wappen des Georg Plank.)

Purtscher. Schild silbern, geviertheilt, rechts oben und links unten ein golb. rechts springender Löwe, ein Schwert in der rechten Pranke haltend, links oben und rechts unten ein blauer Sparren. Helm mit golb. Krone, darüber auf silb. Polster sitzend ein golb. Löwe das Schwert haltend, seitlich ein offener Flug, rechts in Blau u. Silber, links in Silber u. Blau quergetheilt. Helmbecken blau u. silbern. (Wappenbrief von Jos. Adolf v. Veithoven, Com. pal., an Blasius und Johannes Purtscher zu Dalas. Wien 1643.)

Reckh. Im golb. Schilde ein schwarzes rechts springendes Wildschwein (Recke), auf dem Helme ein offener golb. Flug, in welchem das schwarze Wild- schwein wiederholt ist. Helmbecken schwarz u. golden. (Dieses alte Wappen der Familie Reckh wurde von Wolfgang Christof, Hieronimus und Erasmus Reckh, welche von Kaiser Ferdinand I. am 18. Aug. 1562 geadelt wurden, beibehalten und nur mit einem offenen Turnierhelme und der Krone geziert. W. A. A.)

Rudiger, Rudigier. Im golb. Schilde ein blauer aufrechter Sparren, in diesem zwei silb. Rüden mit schwarz-golb. Halsbändern, gegen einander gekehrt. Auf dem Helme ein offener golb. Flug mit blauem Sparren, dazwischen ein silb. Rübe wachsend. Helmbecken golden u. blau. (Dieses alte Wappen der Familie Rudiger (Rudigier) wurde auch von Johann Rudiger, churfürstl. Mainz'scher Rath u. Kammermeister, beibehalten und nur mit dem offenen Turnierhelme und der

7*

Krone geziert, als er von Kaiser Rudolf, dat. Prag 18. Juli 1610, geadelt wurde, und auch das Palatinat, die rothe Wachsfreiheit, die salva quardia und das privilegium de non usu erhielt. W. A. A.)

Ruedolf, Rudolph. Am Grunde des silbernen Schildes drei grüne Berge, aus jedem derselben eine rothe Flamme emporschlagend. Helmdecken roth und silbern; auf dem Helme eine Wulst von gleichen Farben gewunden, mit fliegenden Bändern; darüber zwischen einem rothen u. einem silbernen Büffelhorne ein rothes Einhorn mit silbernem Horne wachsend. (Wappenbrief des Erzherzogs Ferdinand an Hanns Ruedolf, Untervogt der Herrschaft Bludenz u. Sonnenberg, dat. 22 Juli 1576. T. W. B. III. 376.)

Salomon. Schild in Roth u. Silber quergetheilt, darin auf schwarzem Dreiberge ein goldener Greif. Helmdecken rechts schwarz u. golden, links roth u. silbern; auf dem Helme eine von gleichen Farben gewundene Wulst; darüber der goldene Greif wachsend. (Wappenbrief des Erzherzogs Maximilian an Hanns Salomon aus der Herrschaft Sonnenberg, dat. 3. August 1605. [T. W. B. XII. 254.] Siegel des Hanns Adam Salomon, Untervogts und Richters zu Bludenz 1649.)

Salzgeber. Schild in Blau u. Silber schräg aufwärts getheilt, darin ein schwarzer einköpfiger Adler, über dessen Kopfe ein golb. Stern. Auf dem Helme der schwarze Adler mit dem gold Sterne wiederholt. Helmdecken golden und schwarz. (Stickerei auf einem Meßkleide.)

Sander. Im silbernen Schilde eine blaue geschweifte Spitze, in dieser ein goldener Greif, eine Sanduhr haltend, zu beiden Seiten der Spitze ein rothes mit golb. S bezeichnetes Fähnchen. Auf dem Helme der goldene Greif mit der Sanduhr wachsend, zu beiden Seiten die rothen Fähnchen wiederholt. Helmdecken rechts golden und blau, links silbern und roth. (?) (Der an Thomas Sander 1703 verliehene Wappenbrief ist im J. 1806 verbrannt. Siegel des Bonifaz Sander, Bezirkshauptmanns in Bludenz. Farben zweifelhaft.)

Schappler. Schild in Gold, Silber u. Roth quergetheilt. oben im golb. Felbe ein schwarzer einköpfiger Adler; im mittleren silb. Felbe ein blauer mit 3 goldenen Sternen belegter entgipfelter Sparren, im unteren rothen Felbe 3 schräg aufsteigende grüne Ballen. Helm bekrönt, mit einer blauen, einer goldenen und einer rothen Feder. Helmdecken rechts golden u. schwarz, links silbern u. blau. (?) (Wappenbrief und Wandgemälde.)

Schedler. Im blauen Schilde ein schwarzes Zeichen, bestehend aus den lateinischen Buchstaben X. S. A., welche unter einander stehen und durch einen senkrechten in der Mitte verlaufenden Strich verbunden sind. (Wandgemälde in der Martinskapelle bei Ludesch.)

Schlegel. Schild schräg abwärts getheilt, oben links ein golb. Löwe einen golb. Schlegel haltend im schwarzen Felde, unten rechts in Roth u. Silber schräg aufwärts fünftheilig. Helmdecken rechts schwarz u. golden, links roth u. silbern, Wulst u. fliegende Bänder von gleichen Farben, darüber der golb. Löwe mit dem Schlegel wachsend. (Wappenbrief des Erzherzogs Ferdinand an Jakob Schlegel, Gastgeber zu Mühlbach, und Abraham Schlegel am 16. Novbr. 1593. T. W. B. IX. 216.)

Schueler, Schuler. Im silb. Schilde auf rothem Dreiberge ein goldener

Greif, einen rothen Granatapfel haltend, auf dem Helme eine von Silber u. Roth gewundene Wulst, darüber der gold. Greif mit dem roth. Granatapfel wachsend. Helmdecken silb. u. roth. (Wappenbrief von Erzherzog Maximilian an Christian Schueler, Zoller zum Kloster am Arlberg am 31. Dezbr. 1612. T. W. B. XIII. 266. Auf dem Grabdenkmale des Anton Schueller, Kaplanes in Bludenz, vom J. 1709, welches sich in dem Bludenzer Kapuzinerkloster befindet, kommt auf einem geviertheilten Schilde wohl auch der gold. Greif und der Granatapfel vor. Die Farben der Felder aber und das Kleinod auf dem Helme ist verändert.)

Seeger. Im schwarzen Schilde zwei schräg gekreuzte goldene Aeste in Form eines burgundischen Kreuzes, auf dem Helme ein offener Flug in Gold u. Schwarz quergetheilt, dazwischen ein rothbekleideter Mann wachsend, eine silberne Mütze mit silb. Feder auf dem Kopfe, eine silb. Binde um den Leib, u. in der Rechten das burgund. goldene Kreuz haltend. Helmdecken schwarz u. golden. (Im Manuscripte des P. Anicetus: Wappen der alten Geschlechter von Bludenz. Grabdenkmal zu Bludenz.) Auf einem Bilde des Johann Ignaz Seeger zu Ludesch vom J. 1734 ist ein anderes jüngeres Wappen abgebildet, in welchem die gekreuzten Aeste (der Sägebock) nur noch im offenen Fluge zu beiden Seiten des Helmes erscheinen, während im silb. Schilde ein rother Löwe mit einer Säge, umgeben von 3 Sternen, dargestellt ist. Das ältere Wappen ist nicht nur das ehrwürdigere, sondern auch das schönere und heraldisch richtigere.

Stemer. Stalmer. Im blauen Schilde auf einem grünen Hügel eine goldene Stange mit einer grünen goldverbrämten Flagge u. schwarzen Bande. Auf dem Helme ein rothbekleideter Mann wachsend mit einem gold. Krönchen auf dem Haupte, in der Rechten einen grünen Zweig mit goldener Blüthe haltend. Helmdecken golden u. blau. (Nach einer Abbildung.)

Stockher. Schild in roth u. grün längsgespalten, rechts ein grüngekleideter Mann mit goldverbrämter Mütze, silbernem Gürtel u. blauen Strümpfen, in der Rechten einen silb. Hammer haltend, links ein silberner u. ein gold. Schlüssel schräg gekreuzt, an der Kreuzungsstelle ein rothes Herz, oberhalb u. unterhalb ein gold. Stern. Auf dem Helme eine goldene Wulst, darüber zwei Büffelhörner, rechts in Silber u. Gold, links in Gold u. Silb. quergetheilt, dazwischen der Mann wachsend mit dem Hammer. Helmdecken rechts blau u. silb., links roth u. golden. (Grabesbild in St. Gallenkirch.)

Stöckhl, Stöckhle. Schild in Roth u. Schwarz geviertheilt, rechts oben u. links unten ein silb. Thurm (Stöckl), links oben ein gold. Halbmond, rechts unten ein gold. Stern. Helm bekrönt, auf demselben ein rothes burgundisches Kreuz (schräg gekreuzte Aeste) zwischen zwei Büffelhörnern, rechts in Roth und Silber schräg aufwärts viertheilig, links in Gold und Schwarz schräg abwärts viertheilig, aus den Mündungen gehen je 3 Pfauenfedern hervor. Helmdecken rechts schwarz u. golden, links roth u. silbern (Wappenbrief von Erzherzog Ferdinand an Paul Stöchl, Landschreiber an der Etsch, und seine Brüder Hanns, Abraham und Marx am 1. Septbr. 1593. Dasselbe Wappen war schon von Kaiser Ferdinand I., des Erzherzogs Vater, an die Vetter des Paul Stöckel verliehen worden, und wurde wegen der großen Verdienste der Vorfahren nun auch auf die Verwandten ausgedehnt. T. W. B. IX. 165. Das Wappen findet sich auch im St. Ch. B. B., als das des Jakob Stöckhl, Pflegverwalter der Herrschaft Landegg 1649, und auf dem Grabmale des Josef Stöckhle, Bürgers zu Bludenz 1733.

Strolz. Im goldenen Schilde auf grünem Dreiberge ein naturfarb. Tannenbaum und ein gegen denselben springender Gemsbock. Auf dem Helme ein von Schwarz, Gold, Silber und Blau gewundener Bausch mit fliegenden Bändern, darauf der Gemsbock wachsend. Helmdecken rechts golden und schwarz, links silbern und blau. (Wappenbrief von Friedrich Altstetter zu Keltenburg, geheimen Rathe, Vogt und Pfleger der Herrschaften Bludenz, Sonnenberg u. Ludesch an die Familie Strolz, dat. Innsbruck 29. April 1617.)

Sturm. Schild in Silb. u. Roth quergetheilt, darin ein Greif mit gewechselten Farben; auf dem Helme der rothe Greif wachsend. Helmdecken silbern u. roth. (St. Ch. B. B. 1647. Wappen des Priesters Jakob Sturm.)

Suderell, Zuderell. Im schwarzen Schilde eine vom Grunde ausgehende, bis zum Schildeshaupt reichende, in Silber u. Roth quer viertheilige Spitze, auf jeder Seite derselben ein goldenes einwärtsspringendes Einhorn. Auf dem Helme ein Herzogshut, darüber zwei Büffelhörner, rechts in Gold u. Schwarz, links in Roth u. Silber quer viertheilig, die Mündungen mit je drei Pfauenfedern besteckt. Helmdecken rechts schwarz u. golden, links roth u. silbern. (Wappenbrief von Erzherzog Ferdinand an Luclus Suderell, Baumeister zu Bludenz, den 3. Jänner 1580. T. W. B. V. 1.) Hanns Suderell, Untervogt zu Bludenz 1487—1502, führte im Siegel einen Schild mit einem Längs- u. zwei Querbalken, die Enden des oberen Querbalkens waren durch zwei schräge Balken mit dem obern Ende des Längsbalkens verbunden.

Sutter. Schild golden, am Grunde ein silb. Wasser, darin stehend ein aufgerichter brauner Wolf. Auf dem Helme eine schwarz-golden-roth u. silb. Wulst, darüber der braune Wolf wachsend, zwischen zwei, rechts in Gold u. Schwarz, links in Roth u. Silber quergetheilten Büffelhörnern, deren Mündungen je mit 3 Pfauenfedern besteckt sind. Helmdecken rechts schwarz u. golden, links roth u. silbern. (Wappenbrief von Kaiser Rudolph an Peter Sutter, Küchenschreiber des Erzherzogs Mathias, 4. Mai 1592. W. A. A.)

Tagwercher. Im gold. Schilde ein rother, rechts schreitender Löwe unter einem grünen Palmbaum. Auf dem Helme der grüne Palmbaum wiederholt. Helmdecken golden u roth. (Siegel.)

Thoman. Im Schilde ein Sparren, dessen Spitze bis an den oberen Schildesrand reicht. Auf dem Helme eine gewundene Wulst, darüber ein Greif mit ausgebreiteten Flügeln, wachsend. Farben unbekannt, wahrscheinlich golden. (Sparren u. Greif) und schwarz. Die Wappen zweier Familien Thoman in Tirol aus dem Jahre 1617 haben ebenfalls die Farben schwarz und golden. Siegel des Simon Thoman, Untervogts zu Bludenz 1512.

Topler, Doppler. Im silb. Schilde zwei schwarze erniedrigte Spitzen. St. Ch. B. B. 1356—1414. Wappen des Lukas Topler.

Trinkwälder. Im rothen Schilde ein goldener Längspfahl, in jedem Felde eine Rose in gewechselter Farbe, die mittlere roth, die zwei seitlichen golden. Auf dem Helme eine von Gold u Roth gewundene Wulst mit flieg. Bändern, darauf 3 Federn, die mittlere gold., die seitlichen roth, Helmdecken roth u. gold. (Siegel.)

Tschann. Schild in Roth u. Silber geviertheilt, rechts oben und links unten ein goldener aufrechter Sparren, daneben oben zu beiden Seiten ein gold. Stern, unten ein gold. Kleeblatt, — rechts unten u. links oben ein grüner Drei-berg, darüber ein blauer Stern. Helmdecken rechts golden u. roth, links silbern u. blau. Auf dem Helme der grüne Dreiberg nud darüber ein gold. Stern. — Die Brüder Franz Tschann, Laubschreiber des Canton Solothurn, und Victor Tschann, gewesener Lieutnant eines Schweizer Regimentes in spanischen Diensten, wurden von Kaiser Josef II. geadelt am 15. Mai 1752, behielten jedoch das alte Wappen bei, nur wurde der Stechhelm in einen offenen Turnierhelm mit der Krone verändert. W. A. A.

Tschitscher, Tschütscher. Am Grunde des rothen Schildes ein blauer Dreiberg, über demselben ein silb. Panther mit Feuerflammen aus Mund und Ohren. Helmdecken, Wulst und fliegende Bänder silbern und roth. Auf dem Helme zwei rothe Büffelhörner, aus deren Mündungen beiderseits 3 Pfauenfedern hervorstehen, zwischen den Hörnern der silb. Panther wachsend. (Wappenbrief des Erzherzogs Ferdinand an Johannes Tschitscher, der freien Künste Magister, Pfarrer zu Clausen, und an seinen Bruder Paul am 13. März 1583. T. W. B. VI. 53. Jörg Tschütscher, Vogt zu Bludenz 1458, führte im Siegel einen Schild, der in der Mitte einen mit 3 übereinandergestellten Kronen belegten Längspfahl hatte.

Tschofen. Schild der Länge nach in Schwarz und Roth gespalten, am Grunde ein fünfhügeliger grüner Berg, rechts ein links springender gold. Löwe, ein bloßes Schwert haltend, links ein geharnischter Mann mit silberweißem Feder-busch, eine Partisane haltend. Helmdecken rechts golden u. schwarz, links silbern und roth. Auf dem Helme eine Wulst mit fliegenden Bändern von gleichen Farben. Darüber der goldene Löwe mit dem Schwerte wachsend zwischen zwei Büffelhörnern, das rechtsseitige in Gold u. Schwarz, das linksseitige in Roth u. Silber quergetheilt, aus jedem Mundloche gehen zwei blaue und eine silberne Straußfeder hervor. (Wappenbrief von Dr. Joh. Werudle, Comes palat. an Lukas Tschofen, Gerichtsgeschwornen zu Gaschurn, dat. Innsbruck 4. Novbr. 1636. Als der Handelsmann Engelbert Tschofen zu Wien am 26. März 1789 von Kaiser Josef II. wegen seiner und seiner Vorfahren Verdienste geadelt wurde, behielt er das alte Wappen bei, nur nahm er einen offenen Turnierhelm mit der Krone auf, und veränderte die Farben der Straußfedern. W. A. A.)

Tschol. Ueber dem silb. Schildfuße ein silb. Hirsch wachsend im rothen Felde. Auf dem Helme ein silb. Hirschgeweihe, dazwischen ein grünbeblätterter Zweig mit einer in Roth u. Silber gespaltenen Blüthenknospe. Helmdecken roth und silbern. (Abbildung am Altarsockel der Martinskapelle bei Ludesch 1635.)

Vogt. Schild schräge geviertheilt, oben u. unten in Silber u. Roth quer viertheilig, rechts ein gold. Löwe u. links ein gold. Greif im blauen Felde. Helm-decken rechts golden u. blau, links silbern u. roth; auf dem Helme eine von gleichen Farben gewundene Wulst, darüber ein gold. Löwe wachsend zwischen einem offenen Flug, der rechts in Roth u. Silber, links in Gold u. Blau geviertheilt ist. (Wappenbrief von Kais. Maximilian II. an Heinrich Vogt, 17. Mai 1570. W. A. A. In St. Ch. B. B., 1356—1414, besteht das Wappen des Rudolfus Vogt aus einem in Silber u. Schwarz der Länge nach gespaltenem Schilde, darin ein goldener Pilgerstab.)

Vonbun. Schild in Grün u. Silber geviertheilt, rechts oben u. links unten ein silb. Pferdefuß, links oben u. rechts unten ein grüner Kranz. Helmdecken grün u. silbern. (Friedhof in Bludenz, Grabesdenkmal des Johann Anton Vonbun, Stadtrathes in Bludenz, gestorben 1814.)

Vonderhalden. Schild durch einen absteigenden Schrägebalken in Roth u. Silber getheilt, der Schrägebalken selbst in Silber u. Roth schräg abwärts getheilt, darin 3 Rosen mit gewechselten Farben. Helmdecken roth u. silbern, auf dem offenen Turnierhelme eine Wulst mit fliegenden Bändern von gleichen Farben, darüber ein geschlossener Flug, in welchem die Theilung, Farben und Figuren des Schildes wiederholt sind. Dieses Wappen wurde der Familie Vonderhalben von Carl Rudolf Grafen von Sulz, Landgraf in Cleggau 1584 verliehen. Johann Rudolf von der Halden, Obervogt des Gotteshaus Weingarten und der Herrschaft Blumenegg, vereinigte damit das vom Hauptmann Leonhard Lötscher aus Bludenz herrührende und „gänzlich abgestorbene" Wappen, welches einen rothen Löwen im blauen Felde enthält; er erhielt von Erzherzog Leopold 16. Septbr. 1626 einen Wappenbrief, in welchem beide Wappen in einem geviertheilten Schilde zusammengestellt sind, auf dem Schilde stehen zwei gegen einander gelehrte offene Helme mit einem Pausch geziert. T. W. B. XIV. (Martinskapelle bei Ludesch.) Als Johann Rudolf Vonderhalben wegen seiner Verdienste in der „Prättigeurischen Rebellion" am 27. März 1630 von Kaiser Ferdinand II. mit dem Prädikate „zu Haldenegg" geadelt wurde, so wurden die Helme des bisherigen Wappens mit goldenen Kronen versehen.

Wachter. Schild in drei Querfelder getheilt, das obere golden, das mittlere blau, das untere bildet eine silberne Mauer mit drei Zinnen und einem offenen Thor, auf derselben steht ein rother geharnischter Mann, in der rechten Hand ein blankes Schwert, in der Linken eine Tartsche haltend, auf der sich 3 kleine silberne Schildchen befinden (2. 1), auf seiner Sturmhaube 3 Federn, die mittlere roth, die seitlichen silbern. Auf dem Helme die silb. Mauer wiederholt, darauf steht ein weißer Kranich auf einem Fuße, mit dem andern einen Stein haltend. Helmdecken rechts silbern u. roth, links golden u. blau. (Wappenbrief von Erzherzog Maximilian an Blasius Wachter zu Naturns und dessen Brüder am 31. Jänner 1618. T. W. B. XIII. 751.)

Walch, Wallch. Schild von Silber, Schwarz u. Roth in Form eines Schächerkreuzes getheilt, auf dem Helme ein geschlossener Flug, in welchem die Theilung und Farben des Schildes wiederholt sind. Helmdecken rechts roth u. schwarz, links silbern. (St. Ch. B. B. 1386—1414.)

Walser. Schild in Gold u. Roth quergetheilt, darin auf grünem Dreiberge ein Steinbock aufrecht, oben schwarz, unten silbern. Helmdecken rechts gold. u. schwarz, links silbern u. roth. Auf dem Helme eine Wulst von gleichen Farben, darüber der schwarze Steinbock wachsend, eine Partisan mit rothen Fransen haltend. (Wappenbrief von Erzherzog Leopold an Thomas Walser, Landamman des Gerichts Rankweil und Sulz, am 20. Mai 1626. T. W. B XIV. 132.) Die Walser in Feldkirch führten im rothen Schilde zwei goldene Halbmonde, welche auch auf dem offenen rothen Fluge über dem Helme wiederholt erscheinen. Helmdecken golden u. roth. (Friedhofkapelle in Feldkirch.)

Wolf. Im silb. Schilde auf grünem Dreiberge ein rother links schauender Wolf wachsend. Auf dem Helme der grüne Dreiberg u. der rothe Wolf wachsend wiederholt. (St. Ch. B. B. 1386—1414. Wappen des Hanns Wolf.) Helmdecken roth u. silbern. (?)

Würbel. Im rothen Schilde ein silb. Querbalken, unten eine, oben zwei silb. Rosen. Auf dem Helme ein silb. Schwan mit ausgespreizten Flügeln. Helm= decken roth u. silbern. (Hausbild zu Bartholomäberg.)

Zängerle. Schild in Blau u. Gold geviertheilt, mit einem silb. Herzschilde. Rechts oben u. links unten ein Tannenbaum, links oben u. rechts unten ein ein= wärts springender Hirsch; im Herzschilde eine eiserne Zange. Auf dem Helme eine blau und golden gewundene Wulst, darüber der Tannenbaum wiederholt. Helmdecken blau und golden. (Bludenzer Friedhof. Grabesdenkmal des Hanns Jakob Zängerle † 1717.)

Zech. Schild in Blau u. Silber quergetheilt, oben ein silb. Hahn, unten eine blaue, mit einem gold. Sterne belegte geschweifte Spitze, zu beiden Seiten derselben ein goldener Stern. Auf dem Helme ein geschlossener blauer Flug, darin ein goldenes Z. Helmdecken rechts blau u. silbern, links golden u. blau. (Bludenzer Friedhof. Grabdenkmal des Johann Ulrich Zech, Rathes und Säckel= meisters zu Bludenz 1751. Wappen der alten Geschlechter von Bludenz im Ma= nuscripte des P. Anicetus in Bregenz.)

Zerlut. Schild der Quere nach viertheilig, roth, silbern, blau u. golden; vom linken Schildrande her ein bloßer Arm, einen Degen senkrecht haltend, auf dessen Spitze ein grüner Kranz (im silb. Querbalken), zu beiden Seiten des Kranzes ein gold. Stern. Im rothen Schildeshaupte ein silb. Streif mit Schriftzeichen. Helmdecken rechts blau u. silbern, links golden u. roth (?), auf dem Helme eine Wulst mit fliegenden Bändern von gleichen Farben, darüber der Degen mit dem Kranze wiederholt. (Siegel des Johann Ulrich Zerlut, Landamman von Ludesch.)

Zimmermann. Schild der Länge nach gespalten, rechts silbern, links in Blau u. Roth schräg aufwärts sechstheilig. Vom linken Schildrande her ein gewappneter Arm bis ins vordere (silb.) Feld reichend und ein Schwert haltend, um welches sich eine goldene Schlange windet. Wahlspruch: Virtus omnia vincit. (Bludenzer Friedhof.) Als Kleinod auf dem Helme dürfte wahrscheinlich ein ge= schlossener Flug mit der Theilung und den Farben des Schildes anzunehmen sein, Helmdecken silb.=blau, gold=roth? Christof Zimmermann, Bürger in Botzen, erhielt sammt seinen Vettern und Brüdern von Erzherzog Ferdinand am 15. Novbr. 1579 ein ähnliches Wappen, die rechte Schildeshälfte enthält einen halben schwarzen Adler im gold. Felde, die linke ist in Silber u. Roth schräg aufwärts sechstheilig. Helmdecken, Wulst u. fliegende Bänder rechts gold. u. schwarz, links silb. u. roth; auf dem Helme ein geschlossener Flug mit den Figuren und Farben des Schildes. T. W. B. IV. 598.

Zum Keller. Im gold. Schilde ein rother (?) rechts springender Löwe. einen Schlüssel haltend; auf dem Helme der Löwe mit dem Schlüssel wachsend wiederholt. Helmdecken golden u. roth (?). (Abbildung zu Bartolomäberg.)

Züreher. Schild in Gold u. Roth geviertheilt, rechts oben und links unten ein schwarzer, mit drei Goldammern (aufrecht mit ausgespreizten Flügeln) belegter Querbalken, links oben u. rechts unten ein silb. einwärts springender Löwe, eine Lilie haltend. Helm betrönt, darüber der silberne Löwe mit der Lilie wachsend, zwischen zwei (rechts in Gold u. Schwarz, links in Roth u. Silber quergetheilten)

Büffelhörnern, aus deren Mündungen je 3 Pfauenfedern hervorstehen. Helm=
decken rechts schwarz u. golden, links roth u. silbern. (Wappenbrief des Erz=
herzogs Maxmilian an Zacharias Zürcher, Bürgermeister zu Bludenz, und dessen
Brüder Georg, Sigmund, Mathias, Hanns Jörg, Dietrich, Gabriel, Adam Seba=
stian, am 5. April 1610.) Das goldene Feld mit dem schwarzen Querbalken und
den 3 Goldammern ist dem Wappen der ausgestorbenen Familie Aigner ent=
nommen, welches Wappen von Kaiser Karl V. 1529 an Sebastian Aigner ver=
liehen worden war und am 13. Jänner 1586 von Erzh. Ferdinand an die Familie
Zürcher, nämlich an Mathias, Ciprian, Josef und Thomas Zürcher, übertragen
wurde. Franz Josef Zürcher, Bürger in Bludenz, wurde am 12. Jänner 1715
mit dem Prädikate „von Bürckha" geadelt, und erhielt zu dem früheren Wappen
einen offenen Turnierhelm und gekrönte Löwen, statt der Pfauenfedern 3 Aehren.
die Goldammer wurden weggelassen. (W. A. A.)

Die Lorünser zu Bürs und Bludenz und ihre Nachkommen.

Wie bereits Anfangs dieser Blätter erwähnt wurde, verbreitete sich die
Familie Lorünser schon frühzeitig von Loräns nach Bürs und dessen
nächste Umgebung. Schon 1551 wird nämlich Hieronimus von Aräns
in einer Urkunde des herrschaftl. Archivs in Bludenz als Besitzer eines Grund=
stückes „am Bürserberg" genannt.

In einer Urkunde vom Jahre 1608, welche im Urbarium der Herrschaft
Bludenz eingetragen ist (Fol. 125), wird zuerst genannt:

Christian Lorünser, welcher ein Gut im Forste Gassünd besaß und wahr=
scheinlich ein naher Verwandter oder Vorfahr der Familie Lorünser zu Bürs
war, da seit dieser Zeit gerade in dieser Familie der Name Christian sich fort=
während erhalten hat. Bei einer Musterung der Schützen in der Pfarre Bürs
und Brand vom J. 1621 werden Diß (Mathias) Lorünser und Lenhart Lorünser
als „bewörte Muskgattierer" genannt. Derselbe Lenhart besaß nach einem Kauf=
briefe vom J. 1621 einen Acker im Bürschfeld gelegen.

In den Kirchenbüchern der Pfarre Bürs erscheint:

1624 Mathias Lorünser als Pathe; er war verehelicht mit Christine Reuz.

Ihr Sohn war Mathias, geboren 7. Juli 1636.

1624 wird Leonhard Lorünser als Pathe genannt.

1636 am 8. Juni verehelicht sich Johannes Lorünser mit Anna Gomb, beide von
Bürs.

Ihr Sohn war Simon, geboren 29. Oktober 1637.

Nach den Amtsraitungen der Herrschaft Bludenz lebte im J. 1628 in Blu=
denz der Bürger und Stadtknecht Christian Lorünser (Aränser).

Nach einem Verkaufsbriefe vom Tage St Martini 1651 lebte zu Rungelin
ein Stoffel Lorünser und Maria Döny, seine Hausfran, sein Gut gränzte an das
von Christian, Bascha (Sebastian) und Thöni (Anton) Lorünser.

Die Zusammenstellung eines genaueren Stammbaumes der Familie Lorünser zu Bürs beginnt erst mit:

Christian L., geboren um die Mitte des 17. Jahrhunderts, verehelicht mit **Magdalena Hummel**, er starb 1708, seine Frau 1714.

Die Kinder derselben waren:

A. **Christian**, geboren 1684, verehelicht mit Anna Franziska Juen (diese war geboren 1684 und starb 1753). Er war Gerichtsassessor der Herrschaft Sonnenberg, lebte in Bürs und erhielt am 20. Februar 1735 einen Wappen-brief für sich und die Söhne seines verstorbenen Bruders Johann; dieser Wappenbrief war von Juris Dr. Johann Jos. Rudolfi, Comes palatinus caesareus, k. k. Pfalz- u. Hofgraf, erzfürstl. österr. Oberamtsrath und Landschreiber der Herrschaft Bregenz und Hohenegg ausgestellt. In dem verliehenen Wappen erscheinen, wahrscheinlich als historische Erinnerung, drei Ringe oder Scheiben, welche in ähnlicher Form die alten Herren von Bürs im Wappen geführt hatten, ferner eine rothe Rose, welche Blume der Träger des Wappens sehr geliebt zu haben scheint, da er auch auf dem in Bürs befindlichen Porträt eine rothe Rose in der Hand haltend abgebildet ist. Der Original-Wappenbrief befindet sich noch jetzt in den Händen der Familie Lorünser zu Bludenz. Christian starb 1759 mit Hinterlassung eines Testamentes vom 27. Juli 1753. Sein Bruder

B. **Johann**, war bereits 1718 verstorben und hinterließ vier Söhne, als:

Peter, gestorben 24. November 1732,

Mathias,

Christian,

Anton, Glasermeister, welcher drei Töchter hatte, nämlich Katharina, Anna und Rosina.

C. **Marie Agathe**, diese lebte 1753 zu Wien, und wurde von ihrem Bruder Christian testamentarisch bedacht.

Die Söhne des Gerichtsassessors Christian Lorünser zu Bürs und der Anna Francisca Juen sind folgende:

a. **Johann Ulrich**, geboren um das Jahr 1713, herrschaftlicher Zoller zu Bludenz, verehelicht mit Maria Dorothea Leu; er starb am 29. Aug. 1770 und ist sammt seiner am 23. Aug. 1758 im 44. Lebensjahre verstorbenen Gattin zu Bludenz begraben. Sein Bruder

b. **Johann Christian**, geboren 1724, übernahm von seinem Vater das Amt als Gerichtsassessor der Herrschaft Sonnenberg, er starb am 16. April 1779.

Die Kinder des Johann Ulrich Lorünser und der M. Dorothea Leu waren:

I. **Christian**, geboren zu Bludenz am 11. Juli 1745, später Landam-mann und Schützenhauptmann der Herrschaft Sonnenberg.

II. **Anna Francisca**, geboren um das J. 1744, verehelichte Usinger, gestorben zu Bludenz 10. März 1790.

Der erstgenannte Sohn Christian Lorünser verehelichte sich mit Magdalena Gapp und war Gasthausinhaber zu Bürs. Er wurde bereits 1787 zum Landammann der Herr-schaft Sonnenberg erwählt; da jedoch die Vorschrift gegeben war, daß ein Gast-wirth nicht zum Landammann gewählt werden sollte, wurde seine Wahl vom Landes-

fürſten Sr. Majeſtät dem Kaiſer nicht beſtätigt. Dem ohngeachtet führte Chri=
ſtian L. doch mit aller Zufriedenheit das Amt eines Landammans fort. Erſt im
Jahre 1793, als er bei einer neuerlichen Wahl wieder einſtimmig zum Land=
amman gewählt worden war, beſtätigte Kaiſer Franz durch allerhöchſte Entſchließung
vom 19. Juli 1793 dieſe Wahl in Anſehung des Umſtandes, „daß der Ge=
wählte bereits 6 Jahre, ob er gleich Gaſtwirth war, das Land=
amman-Amt doch mit Aller Zufriedenheit verſehen hat, und daß
ſelber im Beſitze des ganzen Volkszutrauens und dabei von geprüf=
ter Rechtſchaffenheit iſt.‟

Das Kreisamt zu Bregenz, welches ſich durch dieſe allerhöchſte Entſchließung
wahrſcheinlich etwas compromittirt fühlen mußte, theilte dieſen Majeſtätsbeſchluß
dem Vogteiamte zu Bludenz am 22. Aug. 1793 mit der naiven Bemerkung mit:
daß das Gericht Sonnenberg (d. h. der Landamman) auf eine zweckmäßige, am
wenigſten Aufſehen erregende Art, allenfalls mündlich von dem Inhalte ver=
ſtändigt, der verzeichnete Taxbetrag aber von dem beſtätigten Lorünſer abverlangt
und eingeſchickt werden ſolle.

Mit dem Amte des Landammans verband Chriſtian L. zugleich die Ehren=
ſtelle eines Schützenhauptmanns der Herrſchaft Sonnenberg. Als ſolcher zeichnete
er ſich ſchon im März 1799 mit ſeiner Schützencompagnie aus, als er die Poſi=
tion auf dem Royerberge inne hatte; einen weit wichtigeren Dienſt leiſtete er
dem Obriſt-Bataillon des 62. Linien-Infanterie-Regimentes, als dieſes am 12. Mai
1799 den Befehl erhielt, nach dem Dorfe Brand aufzubrechen, von da am
13. Mai das Gebirgsjoch zu überſteigen und nach Seewis vorzubringen, um dem
Feinde auf dem Lucien-Steige in den Rücken zu fallen. Zu dieſem Ende ließ
Chriſtian L., der Landamman und Schützenhauptmann, durch abgeſchickte Leute die
beſchwerlichen Wege im Gebirge gangbar machen, ſorgte für verläßliche Weg=
weiſer, für die nöthigen Labungsmittel der Mannſchaft auf dem anſtrengenden
Uebergange und machte ſelbſt mit ſeiner Compagnie den ganzen Auszug mit, ſo
daß der glückliche Erfolg des anbefohlenen Unternehmens namentlich ſeiner aus=
dauernden Thätigkeit und unermüdlichen Anſtrengung zugeſchrieben werden mußte.
In Folge dieſer wackeren That wurde ihm von Sr. Majeſtät die goldene Civil=
Ehrenmedaille (Hofdecret vom 16. Septbr. 1802) als „Beweis der allerhöchſten
Gnade und Zufriedenheit für ſeine auf echte Fürſtentreue und Vaterlandsliebe
gegründeten und vorzüglich ausgezeichneten Verdienſte bei der letzten vorarlbergi=
ſchen Landes-Vertheidigung‟ verliehen.

Im Jahre 1800 hatte ſich Chriſtian L. wegen ſeiner mißlichen Geſundheit
bemüſſigt geſehen, die Stelle eines Schützenhauptmannes niederzulegen. Die
Vorarlbergiſchen Stände erließen an ihn bei dieſer Gelegenheit ein äußerſt ſchmei=
chelhaftes Schreiben, in welchem insbeſondere ſeine ſtrenge Mannszucht und Ord=
nung, ſein perſönlicher Muth und ſeine Anſtrengung in der Vertheidigung des
Vaterlandes hervorgehoben, und ihm ſchließlich der Dank des Vaterlandes zu=
geſichert wird (Schreiben v. 17. Febr. 1800). Im Jahre 1801 legte Chriſtian
Lorünſer auch das Landamman-Amt nieder, blieb jedoch bis zu ſeinem am 4. Mai
1806 erfolgten Tode ein ſehr eifriges und thätiges Mitglied der Gemeinde. Er
liegt auf dem Friedhofe zu Bürs begraben. Seine Frau Magdalena Gapp,
welche am 26. Jänner 1765 geboren war, lebte bis zum 12. April 1855.

Deren Kinder sind folgende:

a. **Christian**, geboren am 7. Oktbr. 1785, gestorben am 20. Novbr. 1801 zu Ottobeuren.

b. **Jakob**, geboren am 12 Juni 1787 in Bürs, verehelicht mit Maria Anna Jochum, Tabakverleger in Bludenz, starb am 13. März 1838 zu Bludenz, und hinterließ zwei Söhne:

I. **Christian**, geboren am 6. Jänner 1814, Tabakverleger in Bludenz, verehelicht am 13. Septbr. 1852 mit Agathe Schmid, Tochter des Sulpitius Schmid, Kaufmannes in Thüringen, und seiner Frau Agnes, geborne Walter. Die Kinder des Christian L. und der Agathe geb. Schmid sind folgende:

1. **Anton Norbert**, geboren 4. Juni 1853, gestorben 16. April 1854.
2. **Maria Wilhelmine**, geboren 28. Mai 1854.
3. **Martin Richard**, geboren 30. Jänner 1856.
4. **Agnes Hedwig**, geboren 16. Octob. 1857.
5. **Maria Hiacintha**, geboren 11. Septbr. 1858.
6. **Maria Fridolina**, geboren 6. März 1861, gestorben den 19. Mai 1867.
7. **Franz Christian**, geboren am 17. Septbr. 1864.

II. **Anton**, geboren im Jahre 1816, Tabakverleger in Bludenz.

c. **Franz Josef**, geboren 11. Septbr. 1791, gestorben 1816 am 5. April.

d. **Crescentia**, geboren 3. Juli 1793, verehelicht mit Anton Sehli, starb am 22. Juli 1831.

e. **Anna Maria**, geboren am 30. Jänner 1795, verehelicht mit Clemens Bürkle. Dieses Ehepaar hielt am 3. Febr. 1868 das 50jährige Jubelhochzeitsfest.

f. **Johann Baptist**, geboren am 23. März 1798, verehelicht mit Anna Maria Meier, der Tochter des Josef Andreas Meier, Bürgermeisters in Bludenz, lebte zu Bürs als ein wohlhabender, allgemein geachteter Mann; er kaufte von dem Herrn Baron v. Sternbach die bei Bürs gelegene Ruine der Burg Rosenegg mit den dazu gehörenden Gründen. Seiner Wohlhabenheit wegen wurde er der „König von Bürs" genannt. Er starb am 3. Septbr. 1860 und ist in Bürs begraben. Seine Frau Anna Maria war geboren am 16. März 1800 und schon am 5. März 1835 gestorben. Deren Kinder sind:

I. **Agatha**, geboren am 20. Jänner 1823, gestorben am 3. Febr. 1850.

II. **Katharina**, geboren am 17. April 1824, verehelicht mit Josef Meier, Gold- und Silberarbeiter in Bludenz; seit 1865 Wittwe.

III. **Anna Maria**, geboren am 24. Novbr. 1825 — verehelichte Wachter — gestorben am 23. Juli 1867.

IV. **Magdalena**, geboren am 24. Novbr. 1825, gestorben am 1. Septbr. 1863.

V. **Victoria**, geboren 5. Oktob. 1827, verehelicht mit dem Lehrer Huber.

VI. **Rosa**, geboren am 30. August 1831, verehelicht mit dem Kürschner Winther.

Der letzte Sohn des Christian Vorlänser, Landammans, und der Magdalena Gapp war

g. **Johann Lorenz**, geboren am 14. Oktober 1799, gestorben am 5. Mai 1800.

Im letzten Jahrhunderte hat die Zahl der in Bludenz, Sonnenberg und Montavon lebenden Lorünser, welche insbesonders im 17. Jahrhunderte so zahlreich vertreten waren, bedeutend und auffallend abgenommen. Gegenwärtig lebt in Montavon keine einzige Familie mehr, welche den Namen Lorünser führt. Auch in Bürs ist der männliche Stamm mit Baptist Lorünser im J. 1860 ausgestorben. Nur in Bludenz leben gegenwärtig noch die Enkel und Urenkel des früheren Landammans Christian L.; ebenso befinden sich noch Glieder der Familie Lorünser zu Nabin und Satteins.

Es folgen nun hier die Abbildungen der bürgerlichen Wappen der Familien von Bludenz, Sonnenberg und Montavon.

AMMAN. BAHL. BARBISCH.

BATTLOG. BERON BERTLIN.

BERTHOLD. BICKEL. BÖCKH.

BOOT. BRÜGEL. BUEZERIN.

BURGER.

BURKEL.

BÜRSER.

BUTSCHER.

CONZETT.

DREXEL.

EGGER.

FIEL.

FITSCH.

FREY.

PRITZ

GANAL.

Taf. III.

GANITZER.

GANTNER.

GAPP.

GARNUTSCH

GASSNER

GAU.

GEIGER.

GILM.

GREUSSING.

HARTMANN.

HUEBER

HUMMEL.

JENNE. JOCHUM. JON-JUEN.

JOS. KESSLER. KHUEN.

KLEHENZ. KLEINHANS. KOCH

KRAFT. LENTSCH. LEU.

LINSER.

LORETZ.

LORINSER von Ardus

LORUNSER zu Burs

MAKLOTT.

MANGENG.

MARENT.

MARKH.

MARQUART.

MARULL.

MATH.

MÜLLER.

MUTTER.   NASSAL.   NETZER

NEYER.   NITSCH.   NUSSBAUMER.

PLANK.   PURTSCHER.   RECKH.

RUDIGER.   RUEDOLF.   SALOMON.

SALZGEBER.

SANDER.

SCHAPPLER.

SCHEDLER.

SCHLEGEL.

SCHUELER.

SEEGER.

STEMER.

STOCKHER.

STÖCKHLE.

STROLZ.

STURM.

SUDEREL.

SUTTER.

TAGWERCHER.

THOMANN.

TOPLER.

TRINKWALDER.

TSCHANN.

TSCHITSCHER.

TSCHOFEN.

TSCHOL.

VOGT.

VON DUX

VONDERHALDEN.   WACHTER.   WALCH.

WALSER.   WOLF.   WURBEL.

ZÄNGERLE   ZECH.   ZERLUT.

ZIMMERMANN.   ZUMKELLER.   ZÜRCHER.

Verpflanzung der Familie Corinser nach Schwaben.

Die Familie, welche von ihrem Besitzthum und Wohnorte zu Arünß im 15. Jahrhunderte den Namen „von Arünß", später „Arünser" erhalten hatte, und welche diesen Namen im 17. Jahrhunderte, als der Name des Weilers Arünß in Lorünß (Lorüns) verwandelt worden war, ebenfalls den Familiennamen Arünser in Lorünser verwandelte — diese Familie hat sich im Dorfe Lorüns selbst bis ins 18. Jahrhundert erhalten, abgesehen davon, daß ihre zahlreichen Nachkommen auch die benachbarten Ortschaften bevölkerten, und selbst gegenwärtig noch in manchen Orten der Umgebung vertreten sind. Im Weiler Arüns findet sich im Jahre 1457 — ein Paul und Cenz von Arüns, im J. 1495 — ein Corenz von Arünß, und nebst dem Paul von Arünß die Erben des Cenz von Arünß, wie bereits erwähnt wurde. Im 16. Jahrhunderte lebten daselbst mehrere „von Arünß", selbst im Jahre 1619 lesen wir noch von „Stefan von Arüns"

Es ist begreiflich, daß man die Abkömmlinge der Familie, sobald sie sich anderswo niederließen, nicht mehr „von Arünß" nannte, weil dieser Beisatz „von" hauptsächlich den Wohn- oder Geburtsort zu bezeichnen bestimmt war. Man nannte somit diese Abkömmlinge der Familie „von Arünß", sobald sie ihren Stammsitz aufgaben, Arünser, Larünser oder Lorünser.

So finden wir schon in Bürs 1608 einen Christian Corünser, und 1617 einen Lenhart Larünser, zu Bludenz 1628 den Stadtknecht Christian Arünser oder Corünser, ferner den Stoffel Corünser, Spitalvater und Hofjünger in Bludenz. (B.St.-A.) Dieser Stoffel Lorünser ist wahrscheinlich derselbe, der in der herrschaftl. Amts-Rechnung 1611 als Stoffel von Arünß vorkömmt, und an jährl. Pfennigzinsen im Bludenzer Kirchspiele 9 Schilling zu entrichten hatte. Diese Namensänderung nahm endlich die in Arüns oder Lorüns lebende Familie selbst an, so daß nach „Stefan von Arüns" (1619) der Name „von Arüns" nur noch ausnahmsweise oder erklärungsweise gebraucht wird.

Im Jahre 1628 finden wir nämlich zu Lorüns einen Martin Lorünser — der ein geschworener Einzieher (Einnehmer) im Thal Montavon war, und das Vogel-

recht (Schmalz und Käse) an die Herrschaft ablieferte; er wird in den Amts-
Raittungen der Herrschaft Bludenz 1628 u. 1629 ausdrücklich „Martin Corinser
von Corinß", einmal auch Martin von Arüns genannt. Seine Verwandten, welche
in St. Anthony, Schruns, Tschaguns und Vandans, Stallehr, Nuugelin seßhaft
waren, kommen alle insgesammt unter dem Namen Torünser vor. In Corüns selbst
finden wir noch einen Anton Corünser im J. 1668, dessen Frau Margaretha, geborne Mart, am 20. Juli desselben Jahres eine Tochter Namens Margaretha
gebar. (Bludenzer Taufregister.)

Die Familie Corünser hatte sich im 17. Jahrhunderte in Montavon, der
Herrschaft Bludenz und Sonnenberg bedeutend vermehrt; das Thal Montavon
hatte vom 30jährigen Kriege viel weniger gelitten, als die Gegenden in der
unmittelbaren Nähe des Bodensees, insbesondere Würtemberg; es war daher natürlich, daß nach Beendigung des 30jährigen Krieges (1648) bei den Bewohnern
Montavons die Lust erwachte, nach Würtemberg auszuwandern, wo die männliche
Bevölkerung sehr zusammengeschmolzen war.

In der Familie Corünser finden wir um diese Zeit zwei Auswanderer:

1. Michael Corünßer, Zimmermann von St. Anthony, welcher sich zu Mühln-
Reithin in Würtemberg niederließ. Sein Vater hieß ebenfalls Michael und lebte
zu St. Anthony.

2. Thomas Corinser, Müller, welcher nach Canzach in Würtemberg zog, um
von dort nach Schussenried zu übersiedeln, woselbst er eine zahlreiche Familie
gründete.

Die in St. Anthony lebende Familie Corünßer stammte offenbar von Lorüns,
da St. Anthony in der nächsten Umgebung des Dorfes Lorüns liegt; in St.
Anthony lebte 1652 ein Anton (Cöni) Corünßer, der vielleicht ein Bruder des Aus-
wanderers Michael Lorünßer gewesen sein mag.

Die Abstammung des Thomas Corinser, und namentlich sein Geburtsort läßt
sich mit Gewißheit nicht nachweisen; sicher ist, daß er von der Bludenzer Herrschaft
gebürtig war (Schussenrieder Verhörsprotokoll Nr. 1, pag. 177 ddo. 2. Januar
1660), vielleicht, daß er in Lorüns selbst geboren und ein Sohn des in Lorüns
lebenden Martin Lorinser gewesen; das Geburtsjahr des Thomas fällt (da derselbe 1715 im 86. Lebensjahre zu Schussenried starb), um das Jahr 1629, zu
welcher Zeit Martin Lorinser als geschworner Einzieher zu Lorüns lebte. Durch
die Güte des Herrn Baron Otto von Sternbach kam ich in Besitz eines Liefe-
rungszettels vom J. 1629 dieses Martin L., auf welchem statt seiner eigenen Un-
terschrift ein Siegel mit nachstehendem Wappenschilde und den Buchstaben M. L.
beigedruckt ist.

Dieses Wappenschild ist nun ganz gleich mit dem Schilde des Wappens,
welches die Nachkommen des Thomas in Schussenried führten, und von
welchem eine Abbildung mit der Jahreszahl 1724 vorhanden ist. Das Wappen
ist jedoch weit älter, und reicht bis ins 15. Jahrhundert zurück. In einer von
Hans Brügel, Landammann zu Sonnenberg, im Jahre 1457 ausgestellten Urkunde

ist von einem Hause zu Arüns die Rede, an welchem das „all wapen deren von Arüns gemalet ist"; diese Urkunde lautet:

Ich Hanns Drügel, Landamman zn Sonnenberg vergych offentlich vnd tu kund mit disem brief allen den, die jn ansehent oder hörent lesen, als für mich kommen seynd die beeden erbarn Hoffjünger Paul vnd Lenz von Arüns vnd Han mit vleiß gepeten, daz ich von solicher vintschaft, spenn vnd Vnainigkait wegen, so die beeden vmb ir vätterlich Erb lang zit mit ainander gehept, als gemainman vnd schiedrichter in guetlichkait ain entschaidend spruch thun müge. So hab ich, vm waiter vnfried ze wenden, fried vnd süne ze fürdern, Sye ze banderseyt darumb nach notturft aigenlich verhört vnd also ze Recht erkannt vnd vßgesprochen dez ersten, daz der obgenant, Lenz von Arüns ze aigen nemen müge das Hus ze Arüns, an deme das all wapen deren von Arüns gemalet ist als nemblich: ain blawer schilt, in mitten der quere ain silberwaiß pach, ze oberst aine güldene sunne vnd ze vnterst zween güldene sternlin, vnd vf dem schill ain Helm mit einer waißen vnd zween blawen federn, vnd dazu sol er, der Lenz sch nemen ze aigen die wait vnd wys, so an das Hus anstost, vnd nit mer. So sprech ich och füro, daz der Paul hinwiderumb ze aigen nemen sol das ander Hus vnd all dye akker Ihrs vatters seeligen, vnd sol dem Lenz zwainzig pfund pfening gutter Costanzer münz in dry jar vnd dry tag von diesen hülligen tag dato dieß briefs redlich bezalen vnd genzlich ausrichten, vnd so er das nit täte, also sollen all syn akker verfallen syn. Vnd so han wir Lenz vnd Paul von Arüns diesen spruch ze Recht angenomen vnd och versprochen vnd gelobet, dise beschaidung als hievor geschrieben stahl, mit allen puncten für uns vnd vnser erben vest stät vnd vnzerbrochen ze halten, dabn ze belieben vnd damider niemer nihz ze redent noch ze tund. Dabn seynd gewest Conrad Drügel altlandaman zu Sonnenberg vnd peter Bikhel von Nüziders. Vnd ze merer urkhundt so han wir Paul vnd Lenz von Arüns den erbarn vnd vesten Hauns Drügel Landaman ze Sonnenberg mit vleiß gepeten, daz er syn aigen Jnsiegel an disen brieff doch Ime vnd syn Erben vngesährlich gehenkt hat, der geben ist am St. Magdalenentag, da man zell nach Christi gepurt vierzehenhundert jar vnd darnach im sieben vnd achzigsten jar. (B. St. A.)

Es wurde somit dieses Wappen des Martin Lorinser von Lorüns, welches wahrscheinlich dem — bei Arüns von Mittag (Sonne) gegen Mitternacht (Sterne) strömenden Jllflusse entnommen ist, und welches schon von seinen Vorfahren — Paul und Lenz von Arünß 1487 geführt wurde, durch den nach Würtemberg auswandernden Thomas Lorinser erhalten und seinen Nachkommen überliefert, während dieses Wappen in Vorarlberg selbst späterhin in Vergessenheit gerathen zu sein scheint, so daß sich Christian Lorünser zu Bürs im J. 1735 von dem k. k. österreichischen Comes palatinus zu Bregenz Dr. juris Joh. Jos. Rudolf einen neuen Wappenbrief ausstellen ließ, auf welchem ein ganz neues Wappen erscheint.

Eine weitere Vermuthung, daß Thomas Lorinser, der auswandernde Müller, von Martin Lorinser abstammt, liegt in dem Umstande, daß in dem Rechnungsbuche der Stadt Bludenz 1615 ein Martin von Arünß als Werkmeister bezeichnet wird; es heißt daselbst: „Item hat man heut 6. Febr. 1615 mit Marte von Arünsen alß Werchmeister ab und zusammengeraith und hat man Ime auf Hölzer geben bey dem Jehend 4 A. d." Somit konnte Thomas seine Kenntnisse im Mühlenbaue vielleicht seinem Vater zu verdanken haben. Thomas Lorinser in Schussenried gab ferner einem seiner Söhne 1685 ebenfalls den Namen Martin, welcher Name unter den übrigen Seitenlinien der Familie Lorünſer nicht gebräuchlich war, und nur noch ein einzigeSmal und zwar ſpäter im J. 1697 zu VandanS bei einem Sohne des dort lebenden Michael Lorünſer vorkömmt. In den Taufbüchern zu Bürs, welche bis in das 16. Jahrhundert zurückreichen, kommt der Auswanderer Tho- mas Lorinſer nicht vor, eben ſo wenig wie in den nicht ſo weit zurückreichenden Taufbüchern zu St. Anthony, VandanS, TſchagunS und Schruns; ſomit dürfte derſelbe nur in den derzeitigen Taufbüchern zu Bludenz enthalten geweſen ſein, welche leider durch eine Feuersbrunſt zerſtört worden ſind.

Während in Vorarlberg der Name der Familie bald Lorünßer, Lorünſer, wohl auch Lorinßer geſchrieben wurde, und während ſich ſelbſt bis gegenwärtig das ü in dieſem Namen erhält, nahmen die nach Würtemberg auswandernden Familienglieder die Schreibart Lorinſer an, welche Schreibart ſchon von dem Ein- zieher des Vogelrechts Martin Lorinſer in Lorinß angewendet worden war, und welche ſich bei den Nachkommen des ſchwäbiſchen Stammes fortwährend erhal- ten hat.

Thomas Lorinſer verehelichte ſich zu Kanzach mit Anna Horn, Tochter des Conrad Horn aus Kanzach. Sein Schwiegervater Horn verwendete ſich für ihn bei der Kloſterherrſchaft Schuſſenried, damit ihm die obere Mühle St. Sylveſter in Schuſſenried zu Lehen verliehen werde. Im Verhörsprotokolle (Nr. 1 pag. 177) zu Schuſſenried findet ſich darüber folgender Act verzeichnet:

Actum den 2. Januarii Anno 1660.

Conrad Horn deß fürſtl. Stiffts Buchaw Underthan vnd Leehnmann zn Canzach halltet vnderthenig an für vnd im Nammen ſeines Lieben Cochtermannß Thomae Lorinſer auß der Bludentzer Herrſchaft gebürtig, vellicher daß Müller Handwerkh ehrlich vnd redlich erlehrnet, Vnd in deſſen fortſetzung Hin vnd wider (laut beygebrachten ſchinen) ſich wohl verhallen; Ob demſelben die obere Mühlin all- hier nach Jnhalt erſt abgeleßener Müllerordnung gnädig anvertraut: vnd aber Geg- nebens Weillen erſtgedachte Mühlin in Vilen Kukhen ſer Ruinos vnd bawfällig ſeye, zn deren nothwendigen reparirung Jhme eine gdc Beyhilf erzeigt werden möchte. Im übrigen Vnd da ſolliches zu erhalten, Wölle er Conrad Horn als Schwecher für ſei- nem Cochtermann, daß er ein Müller vnd daß Handwerkh wohl künde, die Mühlin, nebſtdem ſolliche reparirt in Bäwlichen Ehren, ſo vil Jhm vermög ob angezogener Müller Ordnung obgelegen, erhalten, und Jedem Underthan oder khunden, waß Jhme vor Got vnd der Welt gebürth, ohne argliſt vnd geferde geben werde, in rukhbürg- ſchafft einſtehn, dergeſtallen daß aller ſchaden, ſo künftig wider vilgedachten ſeinen Cochtermann geklagt werden möchte, Bey Jhme Conrad Horn und ſeinem Hab und Guth mit oder ohne Recht, servato tamen juris ordine gefuecht werden möge.

B.

Auff des Conrad Horn's eingewendte Underthenige Bit vnd reſolution als er- klärung wird ſeinem Cochtermann Thomas Lorinſer nach Buchſtäblichem Jnhall vil- gedachter MüllerOrdnung, anderſt vnd veiler nicht die obere Mühlin gdig anvertraut und geliehen, der begerten Beyhilff aber erklären ſich Jhro Gnaden vor diſmal dergestalten, daß sye Ihme das Bawholtz, so er anietzo gleich vonöten haben wirt, ohne dessen kosten auf den Platz für die Mühlin führen, und beyneben 2 Mühleißen stehelen vnd einen gantz new gemachten Preutel an die Hand wöllen geben lassen; übrigen Unkosten der Müller allain leiden, hiedurch aber die alte Müller-Ordnung keineswegs geschwecht seyn solle, massen dan in specie angezaigt worden, daß waß er ins künfftig für Bawholtz zu reparierung vonöten haben werde, daß er solliches dem Gotshauß Jedesmahls in billichem Werth bezahlen müesse.

Weillen nun offtgedachter Horn im Nammen seines Tochtermannß mit dißem gnädigen Bescheidt Allerdings und Wohl zu friden gewesen, hat derselbe auff obige seine anerbotene Nugg-Bürgschaffts-erklährung Mir alß dem OberVogt mit Mund und Handt angelobt, worbei auch zumahlen abgeredt worden, daß der Müller seinen Aufzug Innerhalb 8 Tage ohnfelbar fürnemmen solle.

Thomas Lorinser zog sofort auf die obere Mühle, genannt St. Sylvester zu Schussenried, jedoch war ihm dieselbe durch den vorstehenden Akt noch keineswegs zu Lehen gegeben worden. Da er ein Frembder war, wurde ihm die Mühle nur zeitweilig anvertraut, später wurde ihm die weitere Verleihung von Jahr zu Jahr auf sein Wohlverhalten zugesagt (Verhörsprotokoll I. Seite 433) und erst am 19. Mai 1668 erhielt er dieselbe zu lebenslänglichem Lehen, „da dann bey dißer lebenslänglicher Verleyhung Mr. Thomas Lorinser zur Ehrschatz Versprochen 150 fl. — und zwar 50 fl. Paar, am übrigen Jährlichen 10 fl. zue bezahlen; Wann er auch mit Todt abgehen solle, ist schlauff Unndt fahl Beraiths auf 18 fl. Verglichen worden."
(Lehen und Bestandt-Burch-Schußenried pag. I.)

Durch die Auswanderung von Vorarlberg nach Schussenried gewann Thomas Lorinser allerdings die Aussicht, sich eine bessere materielle Existenz zu verschaffen, als ihm dieß in Vorarlberg jemals möglich gewesen wäre, und die nachfolgenden Erörterungen werden zeigen, daß ihm dieß für sich und seine ganze zahlreiche Familie vollständig gelungen ist; in anderer Beziehung mußte es aber dem freigebornen Vorarlberger — dem selbstständigen Mantavoner — eine große Ueberwindung kosten, in ein Abhängigkeitsverhältniß zu treten, welches nichts anderes als die leibige Leibeigenschaft war. Nur die Gewißheit, daß es ihm in seiner Heimat bei seinen beschränkten Mitteln niemals gelingen konnte, in den wenn auch nur zeitlichen Besitz einer Mühle zu gelangen, und die Möglichkeit, in Schussenried ohne Anlags-Capital und gegen eine jährliche Entschädigung eine — wenn auch nur geliehene Mühle für eigene Rechnung betreiben zu können, konnte den unternehmenden Mann zu einem Schritte bewegen, der allerdings gegen seinen angebornen Freimuth arg verstoßen, und ihn in seinen angebornen Menschenrechten beeinträchtigen mußte.

Die Herrschaft der reichsunmittelbaren Abtei Schussenried war keineswegs eine sehr milde zu nennen; dieselbe suchte, wie fast alle Herrschaften zu jener Zeit, von ihren Unterthanen so viel als möglich Nutzen zu ziehen, bevormundete dieselben in jeder Beziehung, und übte über sie eine strenge polizeiliche und strafgerichtliche Gewalt, gegen welche es weiterhin keine Apellation gab. In dem Lehensverhältnisse war die Herrschaft Partei und Richter zugleich, und dem Lehensmanne blieb unter allen Verhältnissen nichts anderes übrig, als der blinde, un-

bedingte Gehorsam. Die Abgaben und Dienste, welche von den Lehensleuten geleistet werden mußten, waren keine geringen; die namhaftesten derselben waren:

1. Die Entlassungstaxe (Manumission oder Mancipatus) betrug 8—10
bis 12 fl. und mußte von jeder Manns- oder Frauensperson bezahlt werden,
welche in eine andere Herrschaft übersiedeln wollte.

2. Das Abzuggeld betrug den 10ten Theil des Vermögens (Geldes,
Hausrathes ꝛc.), welches der Abziehende mit sich nahm.

3. Schlauf und Fahl wurde bei Todesfällen des Lehensmannes oder
seiner Frau an die Herrschaft entrichtet. Unter Schlauf verstand man das beste
Gewand des Verstorbenen, unter Fahl: beim Todesfalle des Mannes das beste
Roß, oder wenn kein Roß vorhanden war, das beste Stück Vieh, beim Todesfalle der Hausfrau die beste „salva venia Kuh". Von andern aber, welche kein
Vieh besaßen, wurde überhaupt das beste Kleid genommen, und es stand bei der
Herrschaft, ob dieses in natura oder in Geld abgeliefert werden sollte. Nicht selten
wurde Schlauf und Fahl schon in vorhinein durch eine gewisse Summe in Geld
festgesetzt.

4. Frohn und Robot. Alle Lehensleute waren der Vogtei oder Herrschaft
dienstbar und waren zu „täglich ungemessenen Diensten", zu Hand- oder Zugrobot
verpflichtet. Wenn plötzlich Arbeitskräfte benöthigt wurden, pflegte man im Kloster
mit der großen Glocke zu läuten, und es war dann Jedermann, der überhaupt
Frohndienste zu leisten hatte, verpflichtet, seine eigene Arbeit zu verlassen und zum
Dienste der Herrschaft herbeizueilen.

5. Von dem Verkauf der Gemeindehölzer (falls die Gemeinde einen Wald
besaß), bezog die Herrschaft den dritten Pfennig (ein Drittheil).

6. Der Zins für Wohnung und Aufenthalt war in der Regel sehr
gering — und betrug nur einige Gulden — bisweilen auch nur einen halben Gulden, konnte jedoch von der Herrschaft nach Beschaffenheit der Zeit gesteigert werden.

7. Die Küchengefälle bestanden in Abgaben von Gemüsen, Obst, Eiern
u. s. w.

8. Der Zehend — d. i. der zehnte Theil, wurde sowohl von den Feldfrüch-
ten und Heu — als auch von den Hausthieren —Schweinen, Kälbern, Schafen, Geflügel ꝛc. entrichtet.

9. Der Gült — war ein jährlicher Zins für Aecker, Gärten, Weiden ꝛc.

Anmerkung. In älteren Zeiten waren übrigens die Lasten der Unterthanen noch viel
drückender gewesen. Schon im J. 1448 war zwischen dem Kloster und den Unterthanen wegen
willkürlicher Bedrückungen ein Streit entstanden, so daß letztere zu den Waffen griffen. Es kam
endlich ein Vergleich zu Stande, dergestalt, daß statt dem halben Vermögen, welches bei einem
Sterbefall dem Kloster verfallen war, nur noch das beste Pferd oder die beste Kuh und das sonn-
tägliche Gewand abgegeben werden mußte, und daß das Auswandern mit einem Verluste von
zwei Fünftel des Vermögens bei Männern, von einem Drittel bei Weibern gestattet wurde.

Im Jahre 1617 bis 1625 wurde das Kloster wegen seinen Bedrückungen und Willkür-
lichkeiten von den Unterthanen hart bedrängt, am 19. März 1625 von den Bauern überfallen,
geplündert und verwüstet, so daß der Abt Johann Wittmayer nur noch durch eine Hinterthür
sein Leben rettete.

Die verschiedenen Abgaben von Naturalien wurden in späterer Zeit meistens
in eine fixirte Abgabe an Geld umgewandelt. Als nach dem 30jährigen Kriege die
Gegend um Schussenried noch entvölkert war, sah sich das Kloster genöthigt, Lehen-

güter an Leute zu überlassen, welche nicht im Stande waren, irgend eine Summe Geldes dafür zu erlegen; das Gut wurde unter solchen Verhältnissen nur für eine gewisse Zeit dem Unterthan zur Bebauung oder zum Betriebe übertragen; als sich aber das Land von den Bedrängnissen des 30jährigen Krieges erholt hatte, wurden die Lehen nicht mehr ohne Antrittsgeld an die Bewerber überlassen, sondern es mußte dafür beim Antritte des Lehens ein s. g. Ehrschatz gezahlt werden. Je mehr sich die Bedürfnisse des Klosters steigerten, desto höher stieg auch der Ehrschatz, und wenn auch in der Regel der Sohn stets seinem Vater im Genusse des Lehens folgte, so mußte der Sohn doch stets wieder Ehrschatz zahlen und zwar fast immer bedeutend mehr, als sein Vater erlegt hatte. Durch den Erlag des Ehrschatzes wurde indeß der Lehensmann in seinem Lehen mehr gesichert, es wurde dadurch der Grund zu einer gewissen Unabhängigkeit des Besitzes gelegt und der allmälige Uebergang zu einem beschränkten Eigenthumsrechte bewerkstelligt, so daß derartige Lehen in späterer Zeit — allerdings mit Gutheißen der Gutsherrschaft an Andere verkauft werden konnten, nur trat der Käufer immer wieder in das Lehensverhältniß des früheren Besitzers zur Grundherrschaft ein.

Alles was zwischen dem Kloster durch dessen Vogt — und den Lehensleuten, oder zwischen den letzteren untereinander in der Amtskanzelei abgemacht worden war, wurde in das s. g. Verhörsprotokoll eingeschrieben, nur die Heiratsabreden wurden sammt den Namen der dabei gegenwärtig gewesenen Zeugen in ein besonderes Heiratsprotokoll eingetragen. Diese Contracte wurden übrigens weder von dem Vogte oder dessen Schreiber, noch von irgend einer Partei unterschrieben, und die letztere war somit bloß auf die Ehrlichkeit des Amtsmannes und seiner Schreiber angewiesen, welche es indessen doch bisweilen für nöthig befunden zu haben scheinen, in den Contracten nachträglich Correcturen vorzunehmen.

Die sämmtlichen Lehengüter des Klosters Schussenried waren in einem besonderen Lehen- und Bestandbuche eingetragen, jedes Lehengut trug den Namen eines Heiligen und jede Veränderung, welche nach dem Tode oder der freiwilligen Verzichtleistung des Lehenmannes stattfand, sowie der Wechsel in der Belehnung wurde daselbst kurz notirt.

Ueber jede Belehnung wurde ein Lehnbrief an den Lehensmann ausgefertigt. Zu den Müllern insbesondere scheint übrigens das Kloster Schussenried Anfangs kein großes Vertrauen gehabt zu haben. Am 14. November 1659 mußten beide Müller vor dem Thor, Benedikt Maurer und Johannes Valet „ainen Leiblichen Ayd zu Got und den Hayltigen schwären, inskünftig, wie bishero geschehen sollen, aiuem Jeden, so ben Ihnen mahlen oder gerben Thuet, daßzenige ordentlich und ohne ainigen abgang folgen zu lassen, Waß Jedem vor got und der welt gebiert, und sye hie zeitlich und dort Ewig zu verantworten wissen."

Dieser Eidschwur scheint indessen die gehoffte Wirkung nicht gehabt zu haben, denn schon kurze Zeit darnach werden Thomas Lorinser und Hauß Vogel als Müller genannt. Da sich dieselben wohl verhalten, wurden ihnen Anfangs von Jahr zu Jahr die Mühlen zugesagt, indessen war das Mißtrauen des Klosters noch immer so groß, daß in dem Verhörsprotokolle I. Seite 433 die weitere Verleihung mit folgenden Worten verzeichnet wurde: „Den Müllern etc. etc. wird die weitere Verleihung der Mühlen von Jahr zu Jahr auf Ihr Wohlverhalten hin zugesagt, darüber die Müller-Ordnung abgelesen, auch sey derselben nachzukommen, und allen getreulich nachzuleben, zu mahlen, deß Gotshauß nußen befördern, und schaden wenden, sye an Aydt stat gelobt und versprochen haben, im Widrigen fahl sye alß Liederliche Und Ungetrewe Lumpe von dem Mühlwerkh sollen abgeschafft werden."

In den Verhörsprotokollen finden sich nebst den verschiedenen Contracten auch die Gerichtsverhandlungen wegen strafbaren Handlungen und die Strafen selbst verzeichnet. Die Strafen bestanden bei Leuten, welche zu zahlen im Stande waren, meistens in Geldbußen, Unvermögende wurden zu Arrest (Genther) oder zu einer der gnädigen Herrschaft anständigen Arbeit condemnirt. Um empfindlicher zu strafen, wurden übrigens selbst wohlhabende Leute zu öffentlicher Zwangsarbeit oder Ausstellung im Klosterhofe verurtheilt. — Frauenzimmer, „welche ein loses ungewaschnes Maul hatten", und andern übel nachredeten, wurden „nach beschehener genöthigter Abbitt und versprochener Angelobung, daß sie künftighin khain dergleichen red mehr ausgießen wollen, in die geigen (eine Art Halskranz) gesperrt und neben den Klosterbrunnen gestellt.

Der Bader in Schussenried, Namens Trunth, der ein ziemlich lustiges Leben geführt zu haben scheint, und selten bei irgend einer fröhlichen Gesellschaft fehlte, war leider auch nicht selten ein Gegenstand der Gerichtsverhandlungen und ein Opfer der damaligen Rechtspflege, und zwar hauptsächlich deßhalb, weil er die strengen Gebote des Klosters nicht immer sehr ernst zu nehmen pflegte. Als er einstmals einem geistlichen Herrn nachgeredet, daß derselbe die obere Wirthin gerne sehe und deßhalb öfter ihr Wirthhaus besuche, ward der arme Bader verurtheilt, im Klosterhofe einen Tag lang den Karren zu schieben.

Als der Bader verklagt wurde, mit seiner Magd nach Biberach gegangen zu sein, mußte er ein weitläufiges Verhör bestehen, und als Strafe wurde ihm verkündigt, daß er seine Magd allsogleich zu entfernen habe. — Uebrigens erscheint Bader Trunth auch nicht selten als Kläger vor Gericht, und der Gegenstand seiner Klagen, die Ursache seines Aergers und Verdrusses ist Niemand geringerer als der Schinder, der ihm seine Kunden abrede und selbst curire.

Trotzdem, daß Thomas Lorinser, der Obermüller (auf der obern Mühle St. Sylvester) sehr mißliebige Vorgänger gehabt zu haben scheint, und daß deßhalb die Verleihung der Mühle Anfangs nur von Jahr zu Jahr und unter offen ausgesprochenem Mißtrauen erfolgte, gelangte er doch durch sein Wohlverhalten und den erfolgreichen Betrieb der Mühle sehr bald in den Besitz eines für ihn sehr schmeichelhaften Vertrauens. Nachdem er mit der Mühle 1668 auf Lebenszeit belehnt worden war, wurde er 1670 Zunftmeister und Beistand des Gottshaus-Rathes, 1671 aber ward er mit dem Amte des Gerichtsammans von Schussenried (judicii Sorethani praefectus) betraut, welches er bis zu seinem Tode bekleidete. Schon am 27. September 1672 wurde dem Thomas, als Zunftmeister und Beistand des Gottshaus-Rathes gegen 1 fl. 30 kr. Recognition ein Gemeindeplatz „gegen die Straß hereinwärts" verliehen, wobei er sich erbot,

ein Haus hinzubauen, jedoch sollte ihm vom Gotteshaus das Dach gegen Bezahlung gestellt werden.

Seine Klugheit, Thätigkeit und Rechtschaffenheit verschaffte ihm die allgemeine Achtung, und das Vertrauen sowohl der Einwohner von Schussenried als
auch des Klosters selbst, so zwar, daß er am 17. October 1693 auch noch mit
„derjenigen Herberge, so jeweyl ein Kramholtz jnngehabt Unndt gleich hinder der
Mühlin gelegen, St. Hermes Gülle genannt, mit seiner zuegehördt" belehnt wurde.
(Lehen- und Bestandbuch pag. 3.)

Der Original-Lehenbrief über dieses St. Hermes Gütle ist noch vorhanden,
er ist auf einem Foliobogen gedruckt, der Name, die Bezeichnung des Lehens, Ehrschatz und andere Leistungen sind in die entsprechenden leer gelassenen Stellen eingeschrieben. Es dürfte nicht ohne Interesse sein, den Text dieses Lehenbriefes hier
folgen zu lassen, da aus demselben das Lehensverhältniß am deutlichsten hervor-
geht. Dieser Lehensbrief lautet folgendermaßen:

Wir Tiberius von Gottes Gnaden Abbte und Herr des Heil. Römischen Reichs
Fürst und Gotthauß Schussenried, der Prämonstatenser Chorherren', im Costanzer
Bißthum gelegen etc. Bekennen öffentlich, und thun kundt Männiglich mit disem Brieff,
daß Wir Unserm, und unsers Gotthauß lieben getreuen Underthanen Thomas Corinser
auf sein underthänig Bitt und Anlangen, sein Weil und Lebenlang, aber nicht füro,
noch länger, Unser und unsers Gotthauß eigenthümlich Hauß zu Schussenriedt gelegen,
so vormals Jo. Heinrich seel. jnngehabt, mit allen dessen Recht und Gerechtigkeiten
auch Ein- und Jugehörden, zu Lehen gnädig geluyhen und verlyhen haben, leyhens Ihme
auch hiermit dergestalten, und also, daß er Uns und unserm Gotthauß zu Ehrschatz und
Handlohn Fünfzig Gulden an paar gellt erlegen und bezahlen solle, Sodann dises Hauß
selbsten persönlich besitzen nutzen und niessen, aber nichts darvon weder verleyhen, versetzen, verkaufen, vertauschen oder sonsten verändern, in keinen Weg, sondern mit aller
Jugehör in baulichem Wesen und Ehren, nach seinem besten Vermögen treulich haben
und halten, disem nach kein Heu, Stroh, Gebrüelhs, oder Thung verkauffen, oder ver-
geben, sondern alles und jedeß wider ins Gut verwenden, und darben, in waß gestalt
er davon käme, unansprüchig hindarlassen solle. Jtem solle er Uns und unserm Gotthauß jedes Jahr besonder zu Uent und Zinß 1 fl. 30 kr. Bronnengeld 12 kr. Von
den Kärnern 1 fl. 20 kr. frohngelt 30 kr., Leib- oder Rauchhennen 1, Häner 2,
Ayer 25 ..... Nach Jnnhalt Unsers Gotthauses Urbar, Rödel, Jinß- und Laud-
Garben Bücher und waß sonsten von Alters hero zu thun und zu geben, bräuchig
gewesen, jedes zu seiner Zeit, Zihl und Tag an End und Ort, wohin er bescheiden
wird, bey der besten Kauffmanns-Wahr und Herren Güll, zu Unsern sichern Handen
und Gewalt, ohne Minderung, bösem Gesuch, Abgang, und gäntzlich ohne Unser und
Unsers Gotthauß Kosten und Schaden, richten und antworten, allen Unsern und unsers Gotthauß Nachtheil wenden, den Uutzen beförderen, und so er waß Unrechts zu
Dorff, Feld oder Holtz Unserer Herrschaft sihet, dasselbig Uns, und unsern Ambt-Leu-
then anzeigen soll. Jngleichem soll er Uns, unsern Nachkommen und Gotteshaus getreu
hold, gewärtig, Gericht-Vogt-Ratzh- und Steurbar, zu täglich ungemessenen Diensten
gesessen, und alles daß gehorsamlich zu thun und zu lassen schuldig seyn, was Ihme
Unsers Gotthauß Statuta, insonderheil, daß er ohne Special-Bewilligung kein Fuhr-
werk treibe einige Landstürker oder Gehäuset nicht einnemmen, ainicherley Holtz vor
sich selbsten nicht fällen, noch fällen lassen, und andere Ordnungen, Gebott und Verbott

anferlegen werden, und infonderheit gemeiner Gottshauß-Ceuth Brief außweiſt. Solle hieben auch ben etwan eraignender Aufwahl, zur Defenfion des gemeinen Vaterlands und Unfers Gottshaufes ſich gebrauchen laſſen, und hierzu mit Mannlichen Wehr und Waffen verſehen ſeyn: Uecht diſem Unſers Gottshauß Chehäfftin, Oberherrlich-Rechtund Gerechtigkeiten zu handhaben, nichts verſaumen, zumalen auch, wo möglich, Jährlich einen Baum Imbten. Wäre es aber auch ſach, daß er einen oder mehr Articul übertretten, auch alles daß, inmaſſen obſtehet, nicht halten, den bemelten Chrſchatz zu beſtimmten friſten nicht bezahlen, nach diſem allem nicht gehorſamlich nachgeleben, oder mit Tobt abgehen wurde, welches ſich alſo begebe und zutruege, ſo iſt dann vilgemeldtes Hauß mit aller ſeiner Zugehörd Uns, und unſerm Gottshauß frey ledig wider anheim gefallen, und mögen Wir demnach ſolches in andere Händ und Weiß wol verlehyen, und damit gefahren handlen, thun und laſſen, nach unſern Willen und Wolgefallen, wie mit andern Unſers Gottshauß unanſprüchig heim-gefallenen Gütern, von Ihme, ſeinen Erben, auch Männiglich von Ihrentwegen ohngehindert, getreulich und ohngefährde. Deſſen zu wahrem Urkundt haben Wir ihme diſen Beſtands-Brief under Unſerm Abbtey minderen Secret-Inſigel verfertiglet zuſtellen laſſen, ſo geben und beſchehen den 4. Dez. 1693. (L. S.)

Die erſte Che des Thomas Lorinſer mit Anna Horn von Kanzach war mit ſechs Söhnen und zwei Töchtern geſegnet, nämlich:

Jakob (genannt Johannes), geboren 26. Juni 1660.

Maria, geb. am 6. Dez. 1661.

Johann Jakob, geb. 26. Mai 1663.

Johann Michael, geb. 2. Sept. 1664.

Anna, geb. 20. Juni 1666.

Konrad, geb. 12. Nov. 1667.

Johann Kaſpar, geb. 3. Jänner 1670.

Mathias, geb. 19. Febr. 1672.

Nach dem Tode der erſten Frau, Anna Horn, heiratete Thomas L. die Agathe Trunth, Tochter des Vaders Benedikt Trunth in Schuſſenried. Die Heirats-Abrede, welche am 16. Aug. 1674 geſchloſſen wurde, lautet nach dem Schuſſenrieder Heirats-Protokolle de anno 1674 Fol. 6. folgendermaßen:

Heyraths abredt

Entzwiſchen

Mr. Thoma Lorinſern obern Millern wittiber allhier vndt Agatha Crunkhin, Mrs. Benedict Crunkhens Vaaders auch allhier Cheliche Tochter, wie ſolche in beider ſeits Freundſchaft ahnweſenheit beſchrieben Vndt contrahiret worden.

Erſtlich verſpricht der Hochzeitherin Vatter Jhro der Hochzeitherin zur rechtem ordentlichen Heuratguet Nemblich ſechzig gulden gueter Dißlandis gangbare wehrung Vndt zwar gleich paar 40 fl., die Ubrigen 20 fl. aber will, Undt ſolle Er der Vatter nach Vndt nach bezahlen.

Item: Ein angemachte Bettſtatt ſampt gemeinem ſchlauff, wie Er hierlandis gebräuchig: Item 1 ſ. h. (salvo honore) Khue: Sodann will Er der Hochzeitherin Vatter halbe Hochzeitscoſten, alß waß über den Heuratstag Morgenſuppen Vndt die hochzeith gehet, tragen.

2. Hergegen nimbt Er der Hochzeither sie die Hochzeitherin Jur sich in die Von gnädiger herrschaft Jur Lehen innhabende Vehausung Vndt Mühle.

3. Weilen nuhn aber 8 khinder Zeithgehrend Ehr mit anua Hornin seel. Erzeigt, Vndt vorhauden, alß Remblich Johannes, Hanß Jakob, Michel, Conradl, Caspar Vndt Malheiß die Lorinser, Sodann Katharina (Anna) und Maria die Lorinserin; Alß Thuet Er der Hochzeither Erstberegten 8 khindern Jedem ohn Underschiedl zum gebihrenden Vorauß 20 fl. machet Zusammen 160 fl., dise aber verstehl sich nit alsogleich paar abzurichten, sondern Er der Hochzeither Versprichl Ersagte khinder gleich wie Etwa andere serner ersolgendte in seiner Jucht Vndt disposition zu hallen.

4. So aber es sich begebe, daß Er der Hochzeither vor Jhre der Hochzeitherin dists Zeitliche segnen würde, Vndt zmar ohne leibsErben, so solle alsdann die Hochzeitherin gleich andern von Erster Ehe herrirenden khindern Einen KhindlsTheil zu erheben haben.

5. Wann aber sie die Hochzeitherin vor Jhme den Hochzeither obigermassen absterben sollte, so soll die Helffte der Jhre zum Heurathguet gegebenen 60 fl. widerumb 30 fl. auf Jhre Freindschaft fallen.

6. Sollte nuhn der Hochzeither vor Jhre der Hochzeitherin mit LeibsErben absterben, sollen doch deuen von Erster Ehe Erzeiglen khindern jedem 20 fl. Jum Vorauß gereicht, hieuach aber erst mit denen anderen von lehlerer Ehe herrirenden khindern durchanß abgetheill werden.

7. Jm sahl auch Er der Valler Eines seiner Ersten Khinder gebihrendl ausfleuren, oder Etwa Ein Haudlwerkh erlernen lisse, so solle selbiges um den geschepflen Vorauß in so weith zurrükh stehn.

Actum den 16. aug. 1674 in Beisein beiderseits freindschafst Vndt zwar wegen berreglen 8 khindern dero Ani Conradl Horn Buchauischem Amman zue Canjach, abseits der Hochzeitherin Jhr Valler Benedikt Crunkh. Sodann beyderseits Beiständt Vnd gezeug: H. Ulrich Amman Schuelmeister, Vndt Johann Hainrich, vaguer allhier.

Auch die zweite Ehe des Thomas L. mit Agathe Trunkh war ebenfalls mit zahlreichen Kindern gesegnet.

Die Kinder dieser zweiten Ehe waren folgende:

Vincenz, geb. 30. Mai 1675.

Johann Georg, geb. 24. Jänner 1677.

Franziskus, geb. 17. Juli 1679, als Kind gestorben.

Franziskus, geb. 30. Aug. 1681.

Petrus, geb. 26. Juni 1683.

Johann Martin, geb. 25. Nov. 1685.

Joseph, geb. 22. April 1688.

Mar. Elisabeth, geb. 2. April 1693.

Johann Michael, geb. 31. Jänner 1697.

Thomas Lorinser, der Müller von St. Sylvester in Schuffenried, hatte in der That keine kleine Aufgabe zu lösen, wenn man bedenkt, daß er als armer Müllerbursche nach Würtemberg gekommen war, und als Lehensmann einer verhältnißmäßig kleinen Mühle, während noch zwei andere Mühlen in Schuffenried selbst bestanden, eine so zahlreiche Familie zu ernähren und zu versorgen hatte.

Er löste diese Aufgabe offenbar mit dem besten Erfolge. Von seinen 13 Söhnen widmete er einen dem geistlichen Stande, dieser (Johann Georg) erhielt in der Klosterschule den nöthigen Unterricht, und studirte als Conventual des Klosters die Theologie zu Rom; ein zweiter Sohn Peter scheint das Tischlerhandwerk erlernt zu haben und starb zu Wien; die übrigen 11 Söhne erlernten sämmtlich das Müllerhandwerk, und wir finden fast sämmtliche noch bei Leibzeiten des Vaters im Besitze von Mühlen in Würtemberg; theils durch die Unterstützung, welche sie von ihrem Vater Thomas erhielten, theils durch Verheiratung gelang es ihnen, mit größeren oder kleineren Mühlen belehnt zu werden, auf denen sich ihre Nachkommen noch lange Zeit erhielten; selbst gegenwärtig finden wir in Würtemberg noch mehrere Müller, die von Thomas abstammen, auf der Wohl-fahrtsmühle, welche von Thomas sechstem Sohne Mathias bezogen worden war, auf der Bolochmühle und der Mühle zu Beizkofen, ferner in Ravensburg wirth-schaften heute noch Nachkommen des Thomas. — Nur ein Sohn des Thomas, nämlich Martin, der eine ziemlich vortheilhafte Heirat gemacht hatte, gelangte nicht selbst in den Besitz einer Mühle, da er es vorzog, den bejahrten Vater in seinem Geschäfte zu unterstützen, und da er selbst frühzeitig an den Folgen einer Schußwunde starb; seine beiden Enkel waren es, welche sich dem ärztlichen Stande widmeten, wozu sie wahrscheinlich durch ihre Verwandtschaft mit der Baderfamilie Trunk in Schussenried veranlaßt wurden, in österr. Dienste traten und aus-wanderten; die Nachkommen dieses einen in Böhmen angesiedelten Arztes wid-meten sich fast sämmtlich dem ärztlichen Stande. Somit haben die von Thomas Lorinser vor zwei Jahrhunderten eingegangenen Lebensverhältnisse noch immer nicht aufgehört, auf seine jetzt lebenden Nachkommen einen bestimmenden Einfluß — als Nachwirkung auszuüben.

Daß Thomas in Schussenried ein kluger und wirthschaftlicher Mann war, der übrigens alle seine Ersparnisse seinen Kindern mittheilte, geht aus dem Inventa-rium und der Erbtheilung hervor, welche nach seinem Tode 1715 aufgenommen wor-den ist. (Schussenrieder Inventaria Tom. I. pag. 143.) Nach dieser Erbtheilung hatte Thomas seinen Kindern an Heiratsgut übergeben in Summa 4709 fl. 39 kr. und dennoch betrug das hinterlassene Vermögen desselben noch 1729 fl. 58 kr., somit betrug das erworbene Vermögen zusammen 6439 fl. 37 kr. — eine für die damalige Zeit außergewöhnlich große Summe.

Thomas starb im Alter von 86 Jahren am 11. Mai 1715. Da alle seine Söhne zu der Zeit schon anderwärts versorgt waren, hinterließ er die Mühle St. Sylvester seinem jüngsten Sohne Joh. Michael, welcher ebenfalls ein Alter von 80 Jahren erreichte. Durch dessen Tochter Franziska kam die Sylvestermühle in andere Hände; die Nachkommen des Johann Michael leben jedoch jetzt noch als Müller in Beizkofen.

Abbildung der St. Sylvestermühle zu Schussenried.

Nach einem alten, auf dem Gemeindehause zu Schussenried befindlichen Gemälde.

a) Die Mühle St. Sylvester.
b) Mühlschoppen.
c) Wohnhaus St. Hermes.

d) Haus des Baders Benedikt Trunck. Bei einer Reparatur dieses Hauses fand man an einem Balken die Jahreszahl 1533 angeschrieben.

Sowohl die Mühle St. Sylvester als das Wohnhaus St. Hermes und das Haus des Baders Trunck stehen gegenwärtig noch, sind jedoch mannigfach verändert und zum Theil umgebaut worden.

Geschichtliche Notizen über Schussenried.

Schussenried — gegenwärtig ein Marktflecken im Oberamtsbezirke Waldsee, au der in der Nähe in einem Moorgrund (hier Ried genannt) entspringenden Schussen gelegen — ist ein sehr alter Ort und scheint schon im J. 700 eine Pfarrei gehabt zu haben, welche dem Kapitel Saulgau einverleibt worden sein soll. Die Besitzer des Ortes und der Umgebung waren die Herren von Schussenried (Scuzzenriet.) Die letzten männlichen Sprossen dieses Geschlechtes Ritter Berengar und Conrad übergaben ihr festes Schloß, welches auf demselben Platze stand, wo später das Kloster erbaut wurde, den von Weissenau (Minderau) hierher geschickten Prämonstatensern, und stifteten auf diese Weise im J. 1183 „zur Ehre Gottes, der h. J. Maria und des Bekenners St. Magnus",

10*

ein Prämonstatenser-Kloster, indem sie sowohl die Pfarrkirche zum h. Magnus, als auch zahlreiche Güter der Umgebung zu Olzereute, Enzisweiler, Hopfenbach, Kirnbach und Laupach, ferner Rickenbach in Thurgau mit Zugehör und Niffra bei Heiligenberg den Prämonstatensern überließen. Der damalige Probst zu Weissenau, Udalrich von Thaun aus dem Hause der Truchseßen von Waldburg bestellte den Prämonstatenser-Mönch Friedrich zum ersten Probst des neuen Klosters Schussen-ried, und Kaiser Friedrich I. bestätigte 1183 die Stiftung.

Die beiden Brüder Berengar und Conrad gingen selbst in das Kloster, ersterer trat auch in den geistlichen Stand und starb 1188, sein Bruder Conrad 1191. Die Ritter von Schussenried führten in ihrem Wappen einen rothen Lö-wen mit einer goldenen Krone im silbernen Felde, und dieses Wappen der Stif-ter vereinigten die jeweiligen Aebte des Klosters mit ihrem eigenen Wappen.

Die Pröbste des Klosters Schussenried waren (nach Crusius schwäb. Chronik) folgende:

Friedrich — er wurde nach seinem Tode mit dem Stifter Berengar in ein Grab gelegt.

Mangold aus dem Kloster Münchsroth. Unter ihm wurde das Kloster von Con-rad von Wartenberg, der eine Schwester der kinderlos verstorbenen Stifter zur Gemahlin hatte, überfallen, und mit Verjagung der Mönche zerstört. Durch den Bischof Diethelm von Constanz kam jedoch ein Vergleich zu Stande, durch welchen das Kloster einige Güter, nämlich Rickenbach in Thurgau, Herlis und Weilborf, ferner Niffra an Conrad von Wartenberg abtreten mußte.

Manfried wurde von Rockenburg her berufen, kehrte auch dahin zurück.

Luther — ehrlich, aber wegen seiner Einfalt abgesetzt.

Burkhard, von Bieberach gebürtig — ein gelehrter Mann, erhielt 1215 die Probstei Ursperg.

Conrad, gebürtig von Ulm, wurde von Roth herbei gerufen, starb 1218.

Manfried wurde wieder von Rockenburg hierher berufen, ein guter Haushälter, starb 1220.

Rudolf von Minderau (Weissenau) wurde wegen Saumseligkeit verstoßen 1222.

Conrad, aus dem Kloster Marchthal, war der beste Haushälter; er ließ die alte Burg niederreißen und ein neues Kloster mit Kirche erbauen, welches den Namen Sorethum erhielt. 1229.

Hildebrand Wilin, Edler von Michelwinaden.

Albert.

Johannes Fesler.

Johannes Rothmund, gestorben 1438.

Ortholph Schorp ließ das Kloster weiter ausbauen, er starb 1441.

Conrad Rauber war der letzte Probst, und zugleich der erste Abt von Schussen-ried; er war auf dem Concil zu Basel gegenwärtig und regierte 34 Jahre. Das Kloster, dessen Güter durch fromme Schenkungen und Stiftungen, dessen Rechte durch viele kaiserl. Privilegien bedeutend vermehrt worden waren, trat nun auch bald in die Reihe der Reichs-Abteien mit Sitz und Stimme auf den Kreis- und Reichstagen.

Die Reihe der Pröbfte von Schuffenried ift indeffen in der Chronik von Crufius nicht vollftändig; denn auf dem Bilde des Conrad Rauber, welches fammt den Porträts aller nachfolgenden Aebte noch jetzt im Kloftergebäude fich befindet, heißt es: Conradus Rauber, praepositus Sorethi nomine V. serie XXIV., Abbas I., er war fomit fchon der 24fte Probft und der 5te mit Namen Conrad. Das Klo= fter Schuffenried zählte aber auch 24 Aebte. Den fo eben erwähnten Bildniffen find die Namen derfelben, ihre Abftammung, die Reihenfolge, die Zeit ihrer Er= wählung und ihres Todes, fowie ihre Wappen entnommen. Die Befichtigung und Benützung diefer Bilder wurde mir vom Herrn Pfarrer Bacano in Schniffen= ried freundlichft zugeftanden.

Aebte des Rlofters Schuffenried.

1. **Conradus Rauber,** erwählt 1441, geftorben 1475. Sein Wappen: Ein fchwar= zer Rabe mit einem Ringe im Schnabel im gold. Felde. Ueber dem Schilde ift der Krummftab fichtbar, wie bei allen feinen Nachfolgern.

2. **Petrus Fux,** aus Marchdorf gebürtig, erwählt 1475, geftorben 1481. Sein Wappen: Ein naturfarbiger Fuchs im filb. Felde.

3. **Henricus Oeftreicher,** Doctor des geiftl. Rechts, wirklicher kaiferlicher Rath, erwählt 1481, geftorben 1505. Er erbaute 1487 das jetzige Archiv, vormals Bibliothek. Sein Wappen: Ein gold. Stern im blauen Felde über einem grünen Dreiberge.

4. **Johannes Witmayer,** aus Mengen gebürtig, erwählt im J. 1505. Kaifer Max I. verlieh dem Klofter 1512 den Blutbann in allen Orten, wo es die niedere Gerichtsbarkeit hatte. Vom J. 1517—1525 hatte der Abt den Bauern= krieg zu beftehen, feine eigenen Unterthanen überfielen und plünderten das Klofter 1525, und er felbft entging dem Tode nur durch eine heimliche Thüre. An dem Gaft= und Bräuhaufe „zum Löwen" in Schuffenried befindet fich gegenwärtig noch ein Stein mit folgender Infchrift: Im 1513 jar hat Her Johans Wilmayer von Mengen Prelat des wirdigen gotshaus Schoffenriet dies Gerichts vnd Wierthaus machen vnd jo gedechtnis der Stifter vnd fin wa= pen in diefen Stein howen laffen. Gott fy gelopt vnd alles hämmlifch herr. We= gen des dem Klofter verliehenen jus gladii führte er wie alle feine Nachfolger neben dem Krummftab auch das Schwert über dem Wappen. Sein Wappen beftand in zwei fchwarzen, fchräg gekreuzten Pilgerftäben im filb. Felde. Er refignirte Alters wegen im J. 1511 und ftarb 1516.

5. **Gallus Müller,** aus Ehingen gebürtig — ein vortrefflicher Mufiker, erwählt 1544, geftorben 1545. Sein Wappen: ein gold. Mühlrad im blauen Felde.

6. **Jacobus Renger,** von Ravensburg gebürtig, erwählt 1545, geftorben 1550. Sein Wappen: Im gold. Felde ein grüner Dreiberg am Grunde, darüber ein fchwarzes umgekehrtes W und ein fchwarzes Kreuz.

7. **Benedictus Wahl,** aus Pfullendorf, erwählt 1550, geftorben 1575. Sein Wappen: Am Grunde des blauen Schildes ein goldenes W und darüber ein gold. Stern.

8. **Oswaldus Efcher,** aus Engen, erwählt 1575, geftorben 1582. Sein Wappen: Im gold. Schilde ein blauer, mit einem goldenen Fifche belegter Querbalken.

9. **Ludovicus Mangold,** von Lippeuschweiler bei Schussenried, erwählt 1582, erweiterte die Abtei mit zwei Erkern, er erhielt die Inful, welche nun auf seinem Wappen, wie bei seinen Nachfolgern nebst Krummstab und Schwert erscheint; — es heißt auf dem Bilde: obtinuit pontificalia, sed iis abstinuit; er starb 1601. Sein Wappen: Am Grunde des silb. Schildes ein grüner Dreiberg, darüber das schwarze Brustbild eines Mannes, der in jeder Hand eine Pflanze (Mangold) hält.

10. **Christophorus Müller,** von Mörspurg, erwählt 1604, gestorben 1606. Sein Wappen: Ein schwarzes Mühlrad im silb. Felde; er ist wie seine Nachfolger mit Inful, Ring und Krummstab abgebildet.

11. **Martinus Dieterich,** von Ehingen, erwählt 1606, kaufte das Dorf Stafflangen. Vom Hause Oesterreich hat er die hohe Obrigkeit über die Vogtei Stafflangen pfandschillingsweise angenommen. Er resignirte 1621 und starb 1629. Sein Wappen: Zwei schwarze schräg gekreuzte Sperrhaken (Dietriche) im silb. Felde.

12. **Mathaeus Rohrer,** von Bieberach, wurde als Subprior und als der jüngste Priester im Kloster — 26 Jahr alt — zum Abt erwählt 1621; nachdem er den Kirchthurm neu erbaut, mit 32 Centner Kupfer eingedeckt, auch das Convent vom Grund auf 4 Stock hoch erbaut und erweitert hatte 1625—1629; wurde er 1632 von den Schweden vertrieben, und hatte alle Drangsale des 30jährigen Krieges durchzumachen. Er hielt sich jenseits des Bodensees zu Münsterlingen auf, und promovirte seine Religiosen auf den Pfarreien theils im Thurgau, theils in der Schweiz. Die Mönche hielten sich auch theilweise in Biberach und der Umgebung verborgen, besuchten von hier aus heimlich die Pfarreien und das Kloster, waren bisweilen genöthigt, in Wälder und Wildnisse zu fliehen, Hunger, Kummer, Angst, Noth und Schrecken auszustehen. Das Kloster selbst wurde eingeäschert; die Unterthanen vielmal von Freund und Feind geplündert und alles Eßbare aufgezehrt, so daß oft auf etliche Monate hin kein Stückchen Brot zu bekommen gewesen. In dieser Hungersnoth war man genöthigt, „unmenschliche Speisen zu essen". In Folge dessen entstanden verheerende Krankheiten, welche dem Kloster bei 2000 Personen wegrafften. Abt Mathäus resignirte 1653 und starb 1654. Sein Wappen: Das Schild in Gold und Schwarz quergetheilt, oben 3 schwarze Rohrstanden (?) unten durch zwei goldene Pfähle 3spaltig, in jeder Abtheilung eine goldene Flamme.

13. **Mathias Binder,** von Rothweil, erwählt 1653, welcher viele Jahre lang im Exil Prior gewesen, fand bei seinem Antritte ein in Asche liegendes Gebäude ohne Hausrath und ohne Vieh. Er starb 1655. Unter ihm begann der Wiederaufbau des Klosters. Sein Wappen: Ein silb. rechtsspringender Widder im roth. Felde.

14. **Augustus Arzet,** von Constanz, früher Prior und Pfarrer zu Bieberach, hatte die Theologie in der Sarbonne zu Paris und zu Siena in Italien studirt, erwählt 1656 baute er das Kloster vollends wieder auf 1663, zahlte viele im Kriege gemachte Schulden und wurde General-Vicar und Visitator in Schwaben. Beim Antritte seiner Regierung waren nur 8 Religiosen, bei seinem Tode 20 vorhanden. Er soll sehr viele Lutheraner „mit großer Lebens-

gefahr" katholisch gemacht haben, und starb am 1. Juli 1666 am Schlagfluß. Sein Wappen: Ein geviertheilter Schild, rechts oben und links unten der rothe Löwe im silb. Felde (Wappen der Stifter), links oben ein schwarzer Prälatenhut mit Schnüren und Quasten im silb. Felde, rechts unten in Schwarz und Gold längsgespalten, darin ein ganzes Hirschgeweih mit gewechselten Farben.

15. **Bernardus Henlin,** von Steinhausen bei Schussenried, erwählt 1666, hat den Zehend von Schamach und Gunterzhofen, welcher im Kriege verkauft worden war, wieder an das Kloster gebracht. Er starb 1673. Sein Wappen: Schild in Blau und Gold längsgespalten; vorne ein linksgekehrter silberner, und hinten ein rechtsgekehrter schwarzer Hahn.

16. **Vincentius Schwab,** von Constanz, erwählt 1673, hat durch 7jährige starke Winterquartiere der kaiserl. Truppen viel Kummer und Trübsal erlitten, so daß er veranlaßt wurde, das Dorf Laupach sammt den dortigen Mühlen, Zehenden und der Gerichtsbarkeit zu verkaufen, und das Geld den verarmten Unterthanen vorzustrecken; er resignirte am 16. Mai 1683 und starb 1704. Sein Wappen: Auf grünem Dreiberge 3 rothe Rosen mit grünen Blättern im silb. Felde.

17. **Tiberius Mangolt,** von Hangen, einem Schussenried'schen Hofe, gebürtig, wurde als Subprior und der jüngste Conventual (28 Jahre alt) 1683 zum Abt gewählt; er soll ein kluger, gelehrter, wirthschaftlicher Mann gewesen sein, hat viele Schulden zurückgezahlt und das Dorf Wintersteßendorf um 42.000 fl. von der Stadt Walbsee erkauft. Wegen Steinbeschwerden resignirte er 1710 und starb 1716. Sein Wappen ist dasselbe, wie das des 9ten Abtes Ludovicus Mangold.

18. **Innocentius Schmid** (Faber), aus Reichenbach bei Schussenried, erwählt 1710 am 27. Oct., gestorben 25. Sept. 1719. Sein Wappen: Im rothen Felde ein weißer Straußvogel, im Schnabel ein schwarzes Hufeisen haltend.

19. **Didacus Ströbele,** von Biberach, zum Abte erwählt 31. October 1719, resignirte 1733, starb 1748 den 5. Sept. Sein Wappen: Schild in Blau und Roth quergetheilt, oben ein gold. Stern, unten auf schwarzem Dreiberge drei silberne Federn.

20. **Siardus Frik,** von Mengen, erwählt 1733 am 2. Jänner, starb 1750 am 8. Febr. Wappen fehlt.

21. **Magnus Kleber,** erwählt 1750, begann die Aufführung des großen neuen Klostergebäudes, zu welchem er den Grundstein am 8. Juni 1752 legte, er starb 10. März 1756. Sein Wappen fehlt.

22. **Nicolaus Cloos,** von Biberach, erwählt 1756, setzte den Neubau des Klosters bis 1770 fort, doch blieb derselbe unvollendet; er starb in Stafflangen am 5. Sept. 1775. Sein Wappen: Ein geviertheilter Schild, rechts oben und links unten das Wappen der Stifter, links oben und rechts unten 3 gold. Ringe im rothen Felde.

23. **Josefus Krapf,** von Michelwineden, erwählt 1775, gestorben 1792. Sein Wappen: Ein geviertheilter Schild, rechts oben und links unten das Wappen der Stifter, links oben und rechts unten ein gold. Napf mit 3 gold. Blumen im blauen Felde.

21. **Siardus Berchtold,** der letzte Abt von Schussenried, von 1792 bis zur Aufhebung des Klosters im J. 1803. Er starb in Schussenried am 3. November
1816. Durch Reichs-Deputations-Beschluß vom 25. Febr. 1803 wurde das
Kloster aufgehoben und mit der Abtei Weissenau dem Grafen v. Sternberg
als Entschädigung für seine auf dem linken Rheinufer gelegenen verlorenen
Besitzungen gegeben. In neuester Zeit wurde Schussenried Staatsdomäne.
Eine Theil des Klosters wurde vom Staat in ein seit 1541 in Betrieb
gesetztes Eisenschmelzwerk verwandelt. Der schöne, mit allegorischen Fresken
ausgemalte Bibliotheksaal ist gegenwärtig leider seiner Bücher verlustig, und
wird der protestantische Gottesdienst daselbst gehalten. Der kathol. Pfarrer
und der protest. Pastor wohnen noch im Klostergebäude. Die kath. Kirche
ist erhalten.

Nachkommen des Thomas Lorinser
in Schussenried.

Kinder der ersten Ehe mit Anna Horn.

A. Jakob L. (auch Johannes genannt), geboren am 26. Juni 1660, war Anfangs Müller und Amman zum Dorf (Winterstettendorf), übergab die Mühle
am 15. October 1707 seinem Sohne, und baute eine Mühle zu Baienfurt
(an der Straße zwischen Waldsee und Ravensburg). Sein Sohn:

Josef verehelichte sich laut Heiraths-Abrede vom 15. October 1707 mit Anna
Maria Mangold, Tochter des Jakob Mangold von Herfertsweiler.
Deren Sohn

Josef lebte zu Winterstetten; von seinen Nachkommen ist nur sein Sohn
Franz Anton als Wirth zu Grünningen bekannt, der sich am 19.
Juli 1776 in Gegenwart seines Vaters Josef mit Juliane Ruesch
(Kursch?) von Stafflangen verehelichte.

Es ist zweifelhaft, ob Franz Xaver Lorinser, Bürger von Winterstettenstadt
und Barbier daselbst, der sich am 26. October 1750 mit Maria Anna Huch-
ler verehlichte und durch dieselbe die Badstube in Michelwineden erhielt, ein
Nachkomme des Jacob (Johannes) L., des ehemaligen Ammans und Müllers
zum Dorf, gewesen sei. Ein Sohn dieses Barbiers Franz Xaver L. war
Anton Xaver L., der die Badstube von seinem Vater übernahm, und sich
mit Magdalena Strahl verheiratete. Letztere verehelichte sich nach seinem
Tode mit Andreas Weiler von Seekirch und brachte diesem die Badstube zu.

B. Maria L., geboren am 6. December 1661, verehelichte sich am 12. October
1681 mit Johann Blaser nach Hopfenbach, und in zweiter Ehe am 27.
Juni 1691 mit Caspar Geßler in Ropertsweiler.

C. Johann Jakob, geboren am 26. Mai 1663, heiratete am 4. April 1682
die Maria Marschall, verwittwete Lambert, und übernahm die Thalmühle
in Bergatreuthe. Er starb wahrscheinlich kinderlos, da nach seinem Tode seine
Brüder Johannes L., Gerichtsamman zum Dorf, und Caspar L., Müller zu

Aulendorf am 10. Mai 1706 die Gottshaus-Waldfee'sche Mühle zu Bergat-reuthe dem Säger Hirnbacher verkauften (Rentamt in Wolfegg).

D. Johann Michael, geboren am 2. September 1664, verehelicht mit **Anna Maria Mayer**, verwitweten Eppeler, erhielt mit dieser seiner Frau die Spitalmühle zu Baltringen am 19. Jänner 1686 von dem Spitale Biberach zu Lehen; er starb 1689, wahrscheinlich kinderlos, denn bei der Verlassenschafts-Abhandlung seines Vaters Thomas 1715 geschah weder des Johann Michael noch seiner Nachkommen Erwähnung. (Im J. 1697 wurde ein anderer Sohn des Thomas Lorinser in Schussenried — ebenfalls Johann Michael getauft.) Die Spitalmühle in Baltringen erhielt nach dem Tode des Johann Michael am 14. Juli 1689 Mathias Findt von Götzis bei Feldkirch als Lehen.

E. Anna (Theresia), geboren am 20. Juni 1666, verehelicht am 9. Juni 1712, mit **Heinrich Franz Deitelmoser**, zu Althausen.

F. Conrad, geboren am 12. November 1667, verehelichte sich am 4. Juni 1687 mit **Maria Lemblin**, Tochter des Martin Lemblin von Hopfenweiler — erhielt am 11. Juni 1687 „die alte zerlumpte Mühlin" auch Wiesen und Aecker zu Michelwineden gegen recognition = 16 spec. Thaler dergestalten lebenslänglich verliehen, daß Er die alte Mühle völlig abbrechen, und eine ganz neue vom Boden aufbauen solle. Er vermählte sich nach dem Tode seiner ersten Gemahlin mit Katharina Sigg von Lenatweiler am 10. Juli 1705. — Er starb am 15. Jänner 1720.

Kinder der 1. Ehe waren: Josef, übersiedelte nach Saugart,
Johann, wurde Müller in Tobel bei Reuthe,
Maria,
Agathe.

Kinder der 2. Ehe waren: Conrad, bekam die Mühle in Michelwineden,
Emerentia.

A. Josef, der älteste Sohn des Conrad und der Maria Lemblin; er verehelichte sich mit Magdalena Strich, und wurde Unteramtmann in Saugart. Kinder aus dieser ersten Ehe waren: Johann, geboren 24. Dec. 1717, und Nikolaus, geboren 9. Dec. 1725 — letzterer starb bereits im 18. Lebensjahre am 6. Mai 1743, während die Nachkommen des ersteren noch leben. — Nach dem am 21. Jänner 1727 erfolgten Tode seiner Frau Magdalena Strich verehelichte sich Josef L. am 2. Juni 1727 mit Franziska Cabuß, mit welcher derselbe 4 Söhne und 6 Töchter erzeugte.

Die Söhne sind folgende: Anton, geboren 17. Sept. 1729,
Josef, geboren 15. Sept. 1731,
Conrad, gebor. 5. Mai 1733, (als Kind gest.)
Conrad, geboren 19. Nov. 1742.

Der Vater Josef L., Unteramtmann in Saugart, lebte bis zum 17. Jänner 1757. Sein Sohn aus erster Ehe

a. Johann, geboren 24. Dec. 1717, verehelichte sich am 21. Juli 1741 mit Anna Maria Fuchs, übersiedelte nach Dieterskirch, und starb am 17. Jänner 1749. Er hinterließ (außer einer Tochter Martha) nur einen einzigen Sohn, nämlich

Franz Josef, geboren am 9. Nov. 1742, verehelicht mit Anna Müller. (Mitter?) Die Kinder derselben waren:

I. Johann Evangelist, geboren den 17. Dec. 1777 und verehelicht mit Agathe Mezger, diese erzeugten:
1. Mathias, geboren am 6. Febr. 1809 — starb zu Untergriesingen.
2. Anna Maria, geboren am 26. Febr. 1811, verehelicht mit Tiber Auchter in Dieterskirch.
3. Conrad, geboren am 23. Nov. 1813, Oekonom in Oggelsbeuren.
4. Magdalena, geboren am 15. Juli 1820, gestorben in Amerika.
5. Thomas, geboren am 19. Dec. 1821, Oekonom zu Obermarchthal.
In zweiter Ehe erzeugte Johann Evangelist L. mit Maria Anna Blößle:
6. Franziska, geboren am 14. März 1827.

II. Conrad, geboren am 25. November 1780, der zweite Sohn des Franz Josef L., verehelichte sich mit Emerenz Stehr, mit welcher er fünf Töchter erzeugte, nämlich:
1. Maria Anna, geboren am 6. Februar 1813.
2. Anna Maria, geb. am 27. März 1814, gest. in Dietershausen.
3. Josefa, geboren am 26. Februar 1817.
4. Ottilie, geboren am 28. Juli 1819.
5. Ursula, geboren am 25. April 1823 (zu Dieterskirch).

III. Christian, dritter Sohn des Franz Josef L., geboren am 3. Jänner 1788, in Rußland geblieben.

Die Söhne des Josef L., Unteramtmannes zu Saugart, aus zweiter Ehe mit Franziska Caduß waren:

b. Anton, geboren am 17. Sept. 1729.

c. Josef, geboren am 15. September 1731, war Müller in Saugart, starb jedoch schon im 25. Lebensjahre am 8. Februar 1756.

d. Conrad, geboren am 19. November 1742, verehelichte sich am 30. October 1765 mit Anna Maria Bucher, starb jedoch schon am 5. Mai 1771. Seine Kinder waren:
I. Josef, geboren am 22. Jänner 1767.
II. Anton, geboren am 2. Jänner 1768.
III. Conrad, geboren am 1. Juni 1771, beide letzteren starben jung.

Die Töchter des Josef L., Unteramtmannes zu Saugart, mit Franziska Caduß waren:

e. Maria Theresia, geboren 1728.

f. Agathe, geboren 1736.

g. Martha, geboren 1737, verehelicht 1770 mit Michael Jeger.

h. Elisabeth, geboren 1739.

i. Magdalena, geboren 1741.

k. Anna Maria, geboren 1747.

B. Johann, zweiter Sohn des Conrad L. zu Michelwineden und der Maria Lemblin, verehelicht am 17. August 1725 mit Agathe Ochsenreiter von Michelwineden, und wurde Müller auf der obern Mühle in Tobel bei Reuthe (Obermüller).

Die Kinder desselben waren: Franz Josef, Peter, Paul, Anton.

a. **Franz Josef,** geboren am 27. November 1733, erhielt die mittlere Mühle im Tobel (Mittelmüller) und wurde Bürger in Kümratzhofen. Er war verehelicht am 21. April 1760 mit Anna, gebornen **Wirth** (Witwe des Johann Melchior Kegel) von Blärnried, und in zweiter Ehe am 9. November 1797 mit Anna Rosa, gebornen Pabst, Witwe des Anton Gepp. — Die Söhne aus der ersten Ehe waren: Franz Anton, Johann Martin, Leonhard, Franz Xaver.

   I. **Franz Anton,** geboren am 26. Jänner 1761, Oberschultheiß in Gaisbeuren, verehelicht mit **Franziska Hoch,** gestorben 1834. Seine Söhne waren Franz Josef, Leonhard, Franz Xaver.

     1. **Franz Josef,** geboren am 29. October 1793, verehelicht mit Maria Lang in Ankenreuthe bei Waldsee am 10. März 1817. Dessen Söhne:

       α. Josef Anton, geboren am 3. April 1819, gestorben zu Ankenreuthe bei Waldsee, mit Hinterlassung eines Sohnes Josef Anton, der am 24. December 1857 geboren wurde.

       β. Friedrich, geboren (um 1833) in Ankenreuthe.

     2. **Leonhard,** geboren am 28. April 1798, verehelicht mit **Maria Anna Brauchle** in Dünnried am 23. April 1823. Deren Sohn: Franz Josef, Bauer in Dünnried, geboren am 19. October 1825. Sein Sohn Franz Xaver ist geboren am 23. November 1859.

     3. **Franz Xaver,** gestorben um 1825. Sein Sohn Anton ist Brauer in Bergatreuthe.

   II. **Johann Martin,** zweiter Sohn des Mittelmüllers Franz Josef, war geboren am 25. October 1762.

   III. **Leonhard,** dritter Sohn des Mittelmüllers Franz Josef, war geboren am 5. November 1765, wurde Bäcker in Waldsee, verehelichte sich mit Theresia Mändler, starb am 1. Juli 1821. Dessen Sohn ist: Josef Anton, geboren am 15. September 1795, Bäcker in Waldsee, verehelicht 1826 mit Antonia Eggmann, gestorben am 25. December 1854. Dessen Söhne:

     α. Augustin, geboren am 26. Mai 1834, Lehrer, später Oekonom im Oberankenreuthe bei Ravensburg. — Seine Söhne sind:

       Augustin, geboren am 1. August 1855.
       Anton, geboren am 3. Juni 1858.
       Carl, geboren am 23. August 1859.

     β. Franz Xaver, Wundarzt in Herbertingen, geboren am 30. September 1831.

   IV. **Franz Xaver Peter,** geboren am 7. Juni 1771, verehelichte sich mit Maria Rundel, übernahm die mittlere Mühle im Tobel von seinem Vater Franz Josef, und wurde später Schultheiß in Reuthe.

b. c. **Peter** u. **Paul,** Zwillinge, geboren am 4. August 1745.

d. Anton, geboren am 30. April 1747, übernahm die untere Mühle im Tobel (Untermüller) und verehelichte sich am 15. April 1775 mit der Witwe
Elisabeth Feßler. Seine Söhne waren:

    I. **Johannes,** geboren am 14. Juli 1778, verehelicht sich mit Theresia
    Birkenmayer am 6. Mai 1819, starb am 10. December 1835.

    II. **Franz Josef,** geboren am 6. Februar 1780, gestorben am 29. No-
    vember 1849. Dessen Sohn:

        Anton, ist geboren am 3. Jänner 1826.

C. Conrad, der Sohn zweiter Ehe des Conrad L. aus Michelwineden mit Katharina Sigg, verehelichte sich am 5. Jänner 1748 mit Maria Reich von
Opfelshausen, und starb als Müller zu Michelwineden 1750. Dessen Witwe
verehelichte sich mit Josef Anton Zell, an dessen Sohn Johann Georg Zell
im J. 1794 die Witwe Franziska Kloos, geborne Lorinser, die Mühle St.
Sylvester in Schussenried abtrat.

G. Caspar, geboren am 3. Jänner 1670, verehelichte sich mit Anna Schwarz
und bezog die Achmühle bei Aulendorf. — Ueber dessen Nachkommen ist nichts
bekannt.

II. Mathias, geboren am 19. Februar 1672, verehelicht am 21. Juni 1694
mit Maria Müller, Witwe nach Wolfgang Müller, zog auf die Wohlfahrtsmühle bei Betzenweiler. Er hatte zwei Söhne: Jakob und Josef und eine Tochter Anastasia.

A. Jacob, erhielt die Wohlfahrtsmühle am 31. Jänner 1720 zu Lehen, doch
wurde ihm dieses Lehen bald darauf wieder abgenommen, und sein Bruder
Josef wurde hierauf mit der Mühle belehnt am 28. April 1720. Jakob kaufte
die Mühle in Oberhausen von Herrn Kaßbeth von Kaßenstein am 31.
Juli 1720.

B. Josef, verehelichte sich zuerst am 29. April 1720 mit Agathe Müller, Tochter des Wirthes Simon Müller in Heudorf, und blieb auf der Wohlfahrtsmühle. Hier hatte er mit dem Gerichte in Heudorf sehr viel zu schaffen;
er wurde nicht selten wegen Waldfrevel, Streitigkeiten und bösen Reden
gerichtlich belangt und sogar einmal zu einer Reise nach Constanz verurtheilt,
um sich dort den Urtheilsspruch des geistlichen Gerichtes selbst abzuholen.
Er scheint indessen ein energischer, freimüthiger Mann gewesen und eben
nur deßhalb von der Herrschaft oft hart behandelt worden zu sein. So
wurde er einstens in der Nacht von 5 Jägern der Herrschaft Dürmentingen
aus dem Bette geholt, nach Dürmentingen gebracht, dort zuerst durch 3
Stunden im Kerker gehalten und endlich in strenger Gerichtsverhandlung
schuldig befunden: er habe als Lehensmann vergessen, beim Gerichte die An-
zeige zu machen, daß die Pfandwische (Strohwische, die am Rande des
Waldes an die Bäume gebunden wurden, um anzuzeigen, daß das Vieh
hier nicht weiden dürfe) von andern Uebelthätern entfernt worden wären.
(Das Aufhängen dieser Wische nannte man „den Wald verhängen".) Es
scheint eben das Montavoner Blut des Wohlfahrtsmüllers gegen sein Lehensverhältniß bisweilen in Wallung gerathen zu sein.

    Kinder seiner ersten Ehe waren: Justina, Johann, Jakob und Fidelius.

a. Justina heirathete den Josef Mayer von Betzenweiler am 16. October 1761.

b. Johann Nep., verheiratete sich mit Anna Maria gebornen Blank, Witwe des verstorbenen Müllers Johann Heinrich Vorinser in Volloch, am 23. Februar 1747, und übernahm die Mühle in Volloch. Kinder dieser ersten Ehe waren 4 Töchter:

    I. Helene, geboren 1748.

    II. Franziska, geb. 1750.

    III. M. Katharina, geb. 1753.

    IV. M. Veronika, geboren 1755.

        Nachdem seine Frau A. M. Blank am 30. Sept. 1770 gestorben war, heiratete Johann zum zweiten Male und zwar die Genofeva Knoll. Die Kinder dieser zweiten Ehe waren:

    V. M. Crescentia, geboren am 12. Juni 1772.

    VI. Elisabeth, geboren am 16. Mai 1773.

    VII. Johann, geboren am 14. December 1775, Oekonom in Ranzach, verehelichte sich mit Elisabeth Weiß am 19. October 1801. Deren Kinder waren:

        1. Anton, geboren am 31. August 1806, Oekonom in Ranzach, verehelicht mit Theresia Hospach. Diese erzeugten:

            α. Josef, geboren am 26. August 1840.

            β. Marianne, geboren am 21. December 1841.

            γ. Sebastian, geboren am 26. März 1843.

            δ. Engelbert, geboren 11. December 1849.

        2. Genofeva, geboren am 27. August 1808, heiratete einen Weber in Buchau.

        3. Theodora, geboren am 28. April 1811, heiratete einen Ziegler in Mosburg.

        4. Victoria, geboren am 11. März 1816, heiratete einen Oekonomen in Ranzach.

        5. Josef, geboren am 28. Februar 1819, Zimmermann in Marbach. Seine Kinder sind: Johann, Anton, Engelbert u. Rosa.

        6. Engelbert, geboren am 16. April 1822, in Amerika verheiratet, zeugte eine Tochter Maria Anna.

        7. Maria Anna, geboren 20. April 1825, in Betzenweiler verheiratet.

    VIII. Johann Georg, geboren am 3. März 1778, übernahm nach dem Tode seines Vaters Johann 1795 die Mühle in Volloch und verehelichte sich 1806 mit Theresia Bräm. Deren Kinder:

        1. Franz Xaver, geboren am 17. November 1808, verehelichte sich mit Crescentia Metzler von Riedenhof 1838 und erhielt nach dem Tode seines Vaters die Mühle in Volloch. Seine Kinder sind:

            α. Eduard, geboren am 1. October 1842.

            β. Josef, geboren am 15. Februar 1852.

        2. Theresia.

        3. Franziska, geboren am 1. October 1819.

4. **Johann Baptist**, geboren am 11. Februar 1822, Braumeister in Waldhausen.

IX. **Franz Xaver**, geboren am 17. December 1782, war auf der Bachwirthschaft in Kanzach verheiratet. Seine Kinder sind:

1. **Josef**, dieser zeugte 4 Söhne: Max, Karl, Xaver und Paul und eine Tochter Theresia.
2. **Alois**, in Amerika angesiedelt.
3. **Johann**, Küfer zu Engelwies in Baden.
4. **Genofeva**, erhielt die Bachwirthschaft in Kanzach.
5. **Walburga**, verehelichte sich mit Schultheißen Meichel in Kanzach.

X. **Genofeva**, geboren am 9. Jänner 1784, in Kanzach verheiratet.

XI. **Maria Anna**, geboren am 27. December 1786, in Brugbeueren verheiratet.

c. **Jakob**, der zweite Sohn des Wohlfahrtsmüllers Josef L. und der Agathe Müller, zog nach Hailbingen, wo er die Landwirthschaft betrieb; aus seiner Ehe mit Anna Maria Jauz entsprossen 4 Söhne und zwar:

I. **Jakob**, geboren am 31. August 1758, übernahm das Anwesen seines Vaters in Hailbingen und verehelichte sich am 23. Februar 1800 mit Katharina Schirmer; er hatte eine Tochter Anna Maria, und starb ohne männliche Nachkommen.

II. **Alois**, geboren 1761, heiratete am 13. Jänner 1795 Anna Maria Wolfsturm und zog als Webermeister nach Hitzkofen. Dessen Kinder sind:

1. **Fidel**, geboren am 1. April 1796, verehelicht am 10. Juni 1823 mit Elisabeth Renter, Webermeister und Handelsmann in Hitzkofen, seine einzige Tochter
   Franziska, geboren am 2. März 1828, heiratete am 2. Juli 1845 den Jakob Echle, Oekonomen in Hitzkofen.
2. **Franz Xaver**, geboren am 4. September 1797, verehelichte sich am 9. Juli 1838 mit Genofeva Güng; er starb am 24. April 1842 zu Rohdorf bei Mößkirch kinderlos.
3. **Katharina**, geboren am 15. November 1805, verehelichte sich am 5. Juni 1843 mit Josef Fleisch, Ziegler zu Bingen.

III. **Mathias**, geboren am 21. Februar 1765, starb frühzeitig.

IV. **Johann Georg**, geboren am 22. April 1768, starb als Soldat.

d. **Fidelius**, der dritte Sohn des Wohlfahrtsmüllers Josef L., heiratete nach Betzenweiler und starb ohne männliche Nachkommen.

Der Müller in der Wohlfahrtsmühle Josef Lorinser hatte nach dem Tode seiner ersten Frau, der Agathe gebornen Müller, zum zweiten Male und zwar am 15. März 1741 die Katharina Hugger von Dürmentingen geheiratet und mit ihr 5 Söhne (Josef, Anton, Christoph, Matthäus und Hanns Georg) und eine Tochter (Anna Maria) erzeugt. Endlich heiratete er nach dem Tode seiner zweiten Frau zum dritten Male und zwar 1753 die Witwe Elisabeth Bauer von Bischmannshausen. Die Kinder aus seiner zweiten Ehe mit Katharina Hugger folgen hier:

e. **Josef** (der Jüngere), verehelichte sich mit **Barbara Schirmer** von Hailbin-
gen und übernahm die Wohlfahrtsmühle den 30. November 1761. Die
Kinder dieser Ehe waren: Katharina, Elisabeth, Anton, Johannes und
Josef.

I. **Katharina**, heiratete am 7. November 1795 den Müller Johann
Hägele in Hailbingen.

II. **Elisabeth**, verehelicht mit dem Wirthe Franz Xaver Sauter aus
Hailbingen.

III. **Anton** verheiratete sich auf das Franciskus-Lehen in Dürmentingen. Seine Kinder sind:
1. Agathe.
2. Barbara.
3. Veronika.

IV. **Johannes**, geboren am 8. Februar 1770, verehelicht 1812 mit Magdalena Brehm aus Altheim bei Schemmerberg. Er übernahm am
7. Februar 1812 die Wohlfahrtsmühle. Da seine Mutter — als
hinterlassene Witwe des Josef Lorinser — (Barbara Schirmer) um
das J. 1772 den Josef Hägele aus Hailbingen geheiratet hatte,
so war auch die Wohlfahrtsmühle bis zum J. 1812 von diesem
J. Hägele betrieben worden. Die Kinder des Johannes L. und der
Magdalena Brehm waren folgende:
1. **Franziska**, geboren am 12. October 1813, verehelichte sich mit
Martin Munding, Sägmüller in Unlingen am 13. Mai 1834.
2. **Kunigunde**, geboren am 9. Jänner 1815, gestorben am 15.
October 1835.
3. **Johann Nepomuk**, geboren am 12. Mai 1816, verehelichte sich
am 14. Juli 1846 mit Josefa Auchter von Unlingen, übernahm nach dem Tode seines Vaters die Wohlfahrtsmühle,
welche er noch gegenwärtig besitzt. Dessen Kinder:
α. Emilie, geboren am 8. Juli 1847.
β. Anton, geboren am 14. August 1848.
γ. Friederike, geb. am 6. August 1852.
δ. Beda, geboren am 11. October 1853.
ε. Oskar, geboren im December 1859.
ϑ. Mathilde, geboren am 1. August 1860.
η. Anna, geboren am 7. October 1861.
4. **Anton**, geboren am 7. Mai 1818, gestorben am 8. October
1862.
5. **Marianne**, geboren am 2. December 1819, verehelicht mit Nikolaus Rothmund, Steuermeister in Friedrichshafen.
6. **Crescentia**, geboren am 27. März 1821, verehelicht mit Conrad
Setz, Kaufmann in Riedlingen.
7. **Barbara**, als Kind gestorben.
8. **Barbara**, geboren am 27. November 1823, verehelicht mit dem
Kaufmanne Endriß von Böringenstadt.

V. Josef, der zweite Sohn des Josef Lorinser und der Barbara Schir-
mer, heiratete die Barbara Zeller aus Dürmentingen und zog nach
Betzenweiler. Seine Tochter
Franziska ist geboren 1816.

Es folgen hier noch die übrigen Kinder des ältern Josef L. (Wohlfahrtsmüllers) und der ,Katharina Hugger:

f. Anton, verehelicht mit Anna Maria Hirsch am 6. October 1764, zog auf
das Nagelschmiedhaus in Kanzach. Dessen Kinder sind:

I. **Ambros,** geboren den 17. Mai 1771. Seine Kinder sind:
1. **Lorenz,** geboren den 9. August 1809, verehelicht mit Marianna
   Weiß, Nagelschmied in Kanzach. Dessen Kinder sind: Ambros,
   Georg, Anton, Rosa und Crescenz.
2. **Josef,** geboren am 4. Februar 1811, Nagelschmied in Dürmentingen, verehelicht am 16. Februar 1841.
3. **Crescenz,** geboren den 25. Februar 1812, heiratete am 27. Mai
   1834 einen Schmiedmeister in Bierstetten.

II. **Anton (Alois),** geboren am 12. December 1775, in Hohentengen
verheiratet, kinderlos.

III. **Helene,** geboren den 8. April 1767, in Mosburg verheiratet.

g. Christoph, starb ledig am 30. September 1766 in Volloch.

h. Matthäus, stand im Dienste bei seinem Bruder Johann in Volloch.

i. Hanns Georg, ledig gestorben am 27. Juni 1776.

k. Anna Maria, verehelichte sich mit Johann Weber in Dürmentingen.

**Kinder zweiter Ehe des Thomas Lorinser in Schussenried mit
Agathe Trunth.**

I. Vincenz, geboren am 30. Mai 1675, verehelichte sich mit Maria Reich auf
die Mühle in Schwelgfurth (S. Emerita) am 13. Jänner 1698. Sein Bruder
Conrad, welchem die Brautleute 500 fl. für seine Mühle schuldig blieben,
hatte die Mühle von Grund auf neu gebaut (als Mahl- und Sägemühle
sammt einem Oelstempel), und diese Mühle an Vincenz abgetreten.

Im J. 1705 ist diese Mühle abgebrannt und wurde hierauf abermals
und zwar viel schöner auferbaut.

Vincenz L. trat am 3. Juni 1742 diese Mühle an seinen Sohn **Franz
Josef** Lorinser ab, starb jedoch erst am 24. Juni 1752. Sein Sohn Franz
Josef, der sich mit Anna Müller von Hinterweilen, Tochter des Jos. Müller
und der Maria Sigg, verehelichte, wurde gegen einen Ehrschatz von 400 fl.
mit dieser Mühle belehnt. Nach dem Tode dieser seiner Frau heiratete er die
Jungfrau Justina Rueff von Rupertshofen.

Sein Sohn **Anton,** der sich am 12. Juni 1771 mit der Jungfrau Franziska Stizl vom Henauhofe verehelichte, wurde mit dieser Mahl-, Säge- und
Oelmühle gleichzeitig gegen einen Ehrschatz von 490 fl. belehnt. Im Jahre
1801 am 25. Juli folgte ihm sein Sohn Vincenz im Besitze dieser Mühle,
welcher dieselbe um den Ehrschatz von 500 fl. bestand.

K. Johann Georg, geboren 24. Jänner 1677, besuchte die Klosterschule zu Schussenried und trat 1697 als Frater Evermodus in das Prämonstatenser-Kloster daselbst. Im Jahre 1699 wurde er nach Rom in das Collegium germanicum entsendet, woselbst er drei Jahre verblieb und Theologie studirte. Als er wieder nach Schussenried zurückgekehrt war, versah er 1702 die Stelle des Sakristans und Katecheten, wurde aber schon 1703 Professor der Philosophie, welches Amt er auch im nächstfolgenden Jahre bekleidete. Im J. 1705 war er Vicarius in Otterschwang, im folgenden Jahre Lehrer an den niederen, im J. 1707 an den Humanitätsclassen. Im J. 1708—1709 war er als Professor der Theologie (zu Allen Heiligen) von Schussenried abwesend, übernahm jedoch 1711 das Secretariat des Convents, welches er bis zum J. 1748 fortführte. Bei der Verlassenschafts-Verhandlung seines Vaters Thomas am 5. Juni 1715 heißt es von Evermodus, daß er bisher noch nichts empfangen und nichts verlangt habe, und daß der Convent auf einen Anspruch an die Verlassenschaft verzichte. Im Jahre 1748 wurde Evermodus Senior, als welcher er endlich 1752 sein 50jähriges Priester-Jubiläum feierte; er starb als senior jubilatus, entweder schon 1754 oder im darauf folgenden Jahre.

Diese genauen Nachrichten sind dem Buche entnommen, in welches die Conventualen des Klosters bei Gelegenheit der jährlichen Erneuerung ihres Gelübbes am Tage St. Norberti ihre Namen einschrieben. Es war ein Gelübbe der Keuschheit, der Armuth, des Gehorsams und des Verbleibens im Orte (stabilitatis in loco). Dieses Buch wurde von dem letzten Prämonstatenser, welcher nach der im J. 1803 erfolgten Aufhebung des Klosters privatim in Schussenried gelebt hatte, auf seinem Todtenbette dem gegenwärtigen Herrn Pfarrer Vacano übergeben, welcher dasselbe aufbewahrt.

In demselben findet sich der Name des P. Evermodus Lorinser mit nachfolgenden Bemerkungen in den einzelnen Jahren:

Anno 1697 |
1698 | F. Evermodus Lorinser.

1699 |
1700 } Absens Romae in collegio germanico S. S. theologiae studiosus.
1701 |

1702 Solatium sacristiae et catakista minor confessarius conventus.

1703 |
1704 | Philosophiae professor.

1705 Vicarius in Otterschwang.

1706 Ludi magister.

1707 Humaniorum magister.

1708 |
1709 } S. S. Theologiae ad oo. Sanctos Professor legitime absens.

1710 Theologiae professor.

1711 |
bis 1747 } Secretarius conventus.

1748 Senior.

1754 Senior jubilatus.

Als im Jahre 1752 der Grundstein zu dem neu erbauten Kloster gelegt wurde, hatte man (nach einer dem obgenannten Buche beiliegenden Abschrift) nachstehende Schrift in demselben Steine niedergelegt:

Hic lapis primarius pro monasterio Sorethano ex fundamentis noviter aedificato solemniter positus est anno post Ch. n. MDCCLII mensis Junii die VIII. a Reverend. et ampl. S. R. J. Praesule D. D. Magno Praefati Collegii abbate vigilantissimo praesentibus Dominis Canonicis:

I. P. R. D. P. Adriano Schouch, Priore.

II. A. R. D. P. Udalrico Blank, Subpriore.

III. R. R. P. P. Evermodo Lorinser, sen. jubil.

(Folgen die Namen der übrigen Conventualen.)

L. Franziskus, geboren am 17. Juli 1679, starb als Kind.

M. Franziskus, geboren am 30. August 1681, verheiratete sich am 16. Jänner 1706 mit der Jungfrau Francisla Dehm, Tochter des Johannes Dehm und der Magdalena gebornen Fißler, aus Winterlingen: er zog auf die Mühle in Polloch bei Kanzach, und betrieb dieselbe bis zu seinem am 2. Juni 1727 erfolgten Tode.

Seine Söhne waren:

Johann Heinrich, geboren am 24. October 1706.

Josef, geboren am 18. December 1713.

Johann Heinrich, der erstgeborne Sohn, übernahm die Pollochmühle und verehelichte sich mit Anna Maria Blank. Die Kinder dieser Ehe waren drei Töchter: Theresia, geboren 1736, Franzisla Adelheid, geboren 1737 und Marie Anna, geboren 1745. Im November des Jahres 1746 wurde jedoch der Müller Johann Heinrich von einem französischen Deserteur im Seelenwalde todtgeschlagen; hierauf heiratete seine hinterlassene Witwe Anna Maria Blank am 5 März 1747 (Heiraths-Abrede vom 23. Februar 1747) einen Verwandten ihres verstorbenen Mannes, nämlich den Johann Lorinser, ältesten Sohn des Josef Lorinser von der Wohlfahrtsmühle. Johann Lorinser wurde mit der Polloch-Mühle belehnt, und somit kam die Linie des Mathias Lorinser von der Wohlfahrtsmühle auch auf die Vollochmühle, in deren Besitz sie noch gegenwärtig ist.

N. Petrus, geboren am 26. Juni 1683, starb zu Wien im Juni 1717, ledig.

O. Johann Martin, geboren am 25. November 1685, ebenfalls Müller, verehelichte sich laut Heiraths-Abrede vom 12. November 1706 mit Magdalena Settelin, weiland Bernhard Settelins und der Barbara Leiner hinterlassenen ehelichen Tochter. In der Heiraths-Abrede verspricht des Hochzeiters Vater Thomas Lorinser „seinem Sohne Martin, sobald er eine Mühle oder anderes häusliches Anwesen bekommt, die Aussteuer zu geben, gleich seinen andern Kindern. Hingegen und zum Andern bringt Magdalene ihm 800 fl. bei, oder wie es die Waisenrechnung ausweisen wird an Geld und Geldeswerth". Martin blieb bei seinem Vater auf der Mühle, welche er besorgte; er wohnte mit seiner Familie in dem hinter der Mühle St. Sylvester gelegenen Hause St. Hermes (siehe Abbildung), welches sein Vater Thomas am 4. December 1693 vom Kloster zu Lehen erhalten hatte. Martin war ein energischer, herzhafter Mann, deshalb wurde er auch am 16. Juli 1712 vom Kloster auserwählt, um eine Schaar bewaffneter Männer gegen eine Zigeunerbande zu führen, welche bei Winterstetten die Gegend unsicher machte; er wurde bei diesem nächtlichen Streifzuge, bei welchem die Zigeuner glücklich überwältigt und gefesselt worden waren, durch den Schenkel geschossen, und starb unter fürchterlichen Schmerzen an dem hinzutretenden Wundstarrkrampfe am 26. Juli 1712 im Alter von 26 Jahren und 8 Monaten.

Ueber diesen Vorfall ist in dem Sterberegister zu Schussenried folgende Bemerkung zu lesen:

Joannes Martinus Loriuser, aetatis 26 annorum et 8 mensium, qui 16. hujus de nocte cum aliis armatus exiens ad capiendos Zingaros in Winterstetten, casu a quodam ex suis, qui sclopetum minus caute gestaverat, in aliqua confusione in pede dextro supra crus trajicitus, tulit admirabili patientia intensissimos dolores, donec tandem omnibus Ecclesiae sacramentis rite praemunitus, accedente spasmo animam efflavit 26. Julii 1712.

Der Lyriker Karl Ziegler in Wien hat 1861 diesen Vorfall zum Gegenstande eines Gedichtes gemacht, in welchem das Wappen der Familie Lorinser mit eben dieser traurigen Begebenheit in Verbindung gebracht wird. Das Gedicht lautet:

Das Wappen der Lorinser.

Die Deutung eines Wappens will künden euch mein Lied.
Im Mühlhaus Sankt Sylvester, bei Kloster Schussenried,
Steht schlank und hochgewachsen der junge Müllermeister,
Umspielt von frohen Kindern, Martin Lorinser heißt er.

Wär' statt der grauen Jacke ein Panzer sein Gewand,
Wohl nie ein beff'rer Ritter vor euren Augen stand,
Als dieser rüst'ge Müller. Und wie er heiter singt,
Da naht in Eil' ein Bote, der böse Kunde bringt.

„Herr Martin! nah' im Walde, wo wild die Schussen braust,
Sind die Zigeuner wieder, die räub'risch dort gehaust,
Sie haben sich vergriffen sogar am Klostergut."
Der Müller hört's mit Zürnen; ihm steigt empor das Blut,

Er eilt in's hohe Kloster mit wild erregtem Sinn,
Und vor den Abt, den greisen, stellt er, sich neigend, hin.
„Das freche Raubgesindel, es zeigt im Forst sich wieder.
Herr! gebt mir eure Mannen, so werf ich rasch es nieder."

Es hört der Abt die Kunde und spricht: „Mit vollem Segen
Stell ich dir all' die Meinen! Zieh frisch und fest entgegen
Dem Räubervolk! Du kennst ja so Weg als Steg im Wald,
Vor deinem kühnen Muthe erliegt es alsobald."

Und mit den Klosterleuten zieht er zum Forst hinaus;
Es fühlt der munt're Jäger sich dort als wie zu Haus,
Läßt unbemerkt umstellen den Wald leis und geschwind,
Und ruht nicht, bis die Räuber in sich'ren Händen sind.

Schon sinkt die Nacht; man führt die Frechen fort gebunden. —
Doch sagt: Wo ist Herr Martin, der plötzlich ist verschwunden.
Man ruft, man sucht den Theuren mit Angst in aller Runde,
So naht der Morgen; keiner bringt von dem Tapfren Kunde.

Der Tag vergeht; es harrt die Frau in tiefen Sorgen,
Und wieder sinkt der Abend, und wieder kommt der Morgen,
Da treffen sie ihn endlich an wilden Waldbachs Flut,
Herabgestürzt vom Felsen, bedeckt mit Staub und Blut.

Noch athmet er, doch schwach nur; er lallt noch dumpfe Worte;
Verschieden ist er, eh' sie erreicht die Klosterpforte
Ein traurig Klaggestöhne nun ringsumher begann,
Und alle weinend jammern um den geliebten Mann.

Noch heut' im Hauseswappen, im himmelblauen Felde
Sieht man ein silbern Stromband, auf daß es glänzend melde,
Wie einst am Schussenbache, in grüner Waldesrunde,
Gefunden ward der Müller mit seiner Todeswunde.

Und eine Sonne flammet hell ob dem Silberbande,
Man sieht zwei Sterne schimmern darunter nah' am Rande,
Auf daß mit Sonn' und Sternen das Wappen künden mag,
Wie leidend er gelegen zwei Nächt' und einen Tag.

Es ist ein düst'res Wappen, und doch ein glücklich Zeichen,
Daß in dem Hauf des Tapfren nie Sonn' und Stern' erbleichen,
Daß, wer da heißt Lorinser, sei voll von Licht und Kraft,
Sei's im Gewerk und Leben, in Kunst und Wissenschaft.

(So sinnreich übrigens auch die Deutung des Wappens ist, so muß doch
bemerkt werden, daß das Wappen der Lorinser, wie bereits nachgewiesen wurde,
viel älter ist und aus Vorarlberg stammt.)

Nach dem Tode Martin's blieb die Witwe Magdalena in Schussenried, sie
bewohnte mit ihren Kindern eine Stube in der obern Mühle und heiratete
nicht mehr.

Die hinterlassenen Kinder des Martin Lorinser waren:

A. **Franz Anton**, geboren den 4. October 1707.

B. **Johann Michael**, geboren den 27. September 1709.

C. **Anna**, geboren den 29. Juli 1711, gestorben den 23. Juni 1712.

Franz Anton, der erstgeborne Sohn Martin's, verehelichte sich schon im Alter
von 18 Jahren, und zwar am 26. November 1725 zu Wiblingen bei Ulm mit
der Ursula Johanna Meyer, verwitweten Wuchenauer aus Minhöff, nachdem
er am 26. November 1725 von dem Kloster Schussenried gegen Erlag von
10 fl. manumittirt worden war; „Weillen Er zu einem Heyrathsguth
800 fl. bahr Geld mit sich zog, alß sollte Er der gnädigen Herrschaft weithers
80 fl. Abzug bezahlen."

Der Sohn des Franz Anton L. und der Ursula Johanna Meyer war **Franz Menrad**, geboren um das Jahr 1726. Sein Vater Franz Anton zog von Wiblingen fort, und verehelichte sich nach dem am 20. September 1729 erfolgten Tode seiner Frau mit Maria Anna Ströbler.

Der Sohn dieser zweiten Ehe war **Franz Anton**, welcher am 1. December 1739 in Schussenried geboren und von seinem Großonkel dem P. Evermodus Lorinser getauft wurde. Da auch Menrad um diese Zeit sich in Schussenried aufhielt, so scheint die ganze Familie wieder nach Schussenried übersiedelt zu sein. Der Vater Franz Anton ist jedenfalls vor seiner Frau der Maria Anna Ströbler und zwar außerhalb Schussenried gestorben, doch konnte weder der Ort noch der Tag seines Todes ermittelt werden.

Beide freigeborenen Söhne, Franz Menrad und Franz Anton, traten zur Zeit des 7jährigen Krieges als Feldärzte in die österreichische Armee. Der ältere, Menrad, verehelichte sich mit Maria Anna Rienagel aus Mähren, und diente hierauf im 2ten Walachen-Grenzregimente bis 1792 zu Foelbra in Siebenbürgen; er starb daselbst am 13. Juli 1794 kinderlos, seine Frau lebte als Witwe in Foelbra und starb erst am 6. April 1808.

Der jüngere Bruder Franz Anton kam zu Ende des 7jährigen Krieges im J. 1763 als Feldarzt nach Niemes in Böhmen, verließ den Militärdienst, verehelichte sich in Niemes am 25. April 1763 mit Franziska Gärtner (geboren zu Niemes am 18. December 1737, Tochter des dortigen Wundarztes Ignaz Gärtner) und wurde der Stammvater der böhmischen Linie der Lorinser. Er ließ seine bejahrte Mutter Maria Anna geborne Ströbler von Schussenried nach Niemes kommen und verpflegte sie bis zu ihrem Tode, der am 7. Jänner 1772 erfolgte.

Franz Anton Lorinser hatte als Wundarzt in Niemes eine sehr reichliche Praxis, er erwarb sich Haus und Hof daselbst und hinterließ bei seinem am 17. Februar 1787 erfolgten Tode ein für die damalige Zeit nicht unbedeutendes Vermögen. Die hinterlassene Witwe Franziska starb zu Niemes am 4. December 1807. Seine Kinder waren:

I. Maria Anna, geboren 1769, vermählt mit Andreas Schwan, Wundarzt in Neustadtl bei Böhmisch-Laippa, sie starb als Witwe zu Niemes am 29. October 1835 kinderlos.

II. Ignaz, geboren am 22. August 1771, studirte in Wien die Wundarzneikunde, verehelichte sich am 19. October 1795 mit Magdalena Schors (geboren am 21. November 1777 zu Reichstadt, Tochter des dortigen Kaufmannes Lorenz Schors) und erhielt die Stelle des obrigkeitlichen Wundarztes der gräflich von Hartig'schen Herrschaft Niemes. Er starb nach einer mehr als 50jährigen ärztlichen Laufbahn zu Niemes am 28. August 1841, nachdem ihm seine Frau Magdalena schon am 29. December 1836 vorangegangen war.

Die Kinder des Ignaz Lorinser und der Magdalena gebornen Schors waren folgende:

1. **Ignaz** (genannt Carl Ignaz), geboren zu Niemes am 24. Juli 1796, studirte die Medicin in Berlin, trat in preußische Staatsdienste und verehelichte sich mit Auguste Fritze aus Berlin am 1. December 1819. Nach einer langen und ruhmvollen Laufbahn im Sanitätsdienste, einer erfolgreichen schriftstellerischen Thätigkeit endete er als geheimer Medicinalrath, ausgezeichnet mit dem rothen Adler-Orden II. Klasse mit Eichenlaub, sein Leben in Patschkau am 2. October 1853, und wurde in Oppeln, seinem langjährigen Wohnsitze, beerdigt. Seine Gattin war bereits am 26. Februar 1840 gestorben.

Sein einziger Sohn ist Carl Maria Franz Lorinser, geboren am 12. März 1821; er studirte in Breslau und München Theologie, und erhielt zu Rom die heil. Weihen; er ist Doctor der Theologie und gegenwärtig Consistorialrath und Pfarrer bei St. Matthäus in Breslau.

2. **Franz Xaver**, geboren am 28. Juli 1797, Wundarzt und Geburtshelfer zu Reichstadt, verehelicht mit Philippine Mitteis aus Hayda am 29. October 1821, starb zu Reichstadt am 24. August 1844. Dessen Kinder:

   α. **Magdalena**, geb am 6. Juni 1828, verehelicht am 24. August 1850 mit dem Graveur Johann Lauschmann, später am 28. Juli 1856 mit dem Webermeister Anton Kallawy in Reichstadt.

   β. **Karl**, geboren am 24. Februar 1830 in Reichstadt, gegenwärtig Geschäftsführer eines Eisenwerkes in Wien.

   γ. **Anna**, geboren am 11. November 1837, verehelicht mit dem Spänglermeister Vogt in Rumburg.

3. **Andreas**, geboren am 11. December 1798, Wundarzt und Geburtshelfer in Niemes, verehelicht am 8. Februar 1825 mit Franziska Bergmann aus Niemes, gestorben am 9. Juli 1839. Die Witwe heirathete am 10. September 1843 den CatastralGeometer Johann Giffinger und starb kinderlos zu Kaschau in Ungarn am 17. Februar 1868.

4. **Maria**, geboren am 22. Mai 1800, verehelicht mit dem Kaufmanne Franz Riedl in Niemes am 24. November 1818, starb am 27. November 1820. Sie hinterließ eine Tochter Namens Marie (Riedl), geboren am 24. November 1820, welche sich am 25. Februar 1840 mit dem Tischlermeister und Gastgeber Karl Schmidt in Niemes verehelichte.

5. **Josefa**, geboren am 26. December 1802, verehelicht am 15. October 1822 mit dem Straßenmeister Eugen Böhm in Niemes, starb zu Hayda am 18. December 1834. Ihr Gemahl folgte ihr schon im nächsten Jahre am 4. April 1835. Die hinterlassenen Kinder sind:

α. Mathilde Rosalia Böhm, geboren zu Niemes am 29. October 1823, verehelicht am 21. Juli 1816 mit Anton Robrtsch, gegenwärtig Grundbuchführer in Königgrätz.

β. Marie Böhm, geboren am 21. August 1829 zu Hayda, verehelicht am 25. Februar 1851 mit dem Fabrikanten Anton Bayer in Niemes.

6. **Wilhelmine**, geboren am 1. August 1801, verehelicht am 27. Juli 1824 mit dem Webermeister Dominik Müller in Niemes, der als Magazinsaufseher der Fabrik in Josefsthal am 6. October 1862 starb. Die Witwe lebte seit 1863 in Wien und starb daselbst am 5. Mai 1866. Sie ist begraben im Friedhofe St. Marx in Wien. Deren hinterlassene Kinder sind:

α. Ludwig Lorenz Müller, geboren zu Niemes am 25. August 1828, gegenwärtig Eisenbahn-Bediensteter in Szegedin, verehelicht mit Josefa Wolurek.

β. Eugen Friedrich Stephan Müller, geboren zu Niemes am 2. September 1831, gegenwärtig Schlosser in Cosmanos, verehelicht mit Antonia Bittner.

γ. Josef Georg Müller, geboren zu Niemes am 8. August 1837, Handlungs-Buchhalter in Wien, verehelicht am 1. Juni 1867 mit Bertha Zirschitzky aus Burgau in Steiermark.

7. **Magdalena**, geboren 9. Mai 1806, vermählt am 11. Jänner 1835 mit dem gräfl. Hartig'schen Steuereinnehmer, späteren Güter-Director Georg Schmitt, gebürtig von Rüblingen im Würzburgischen; sie starb am 22. Jänner 1854 zu Niemes. Die Familie lebt gegenwärtig zu Töplitz in Böhmen. Kinder:

α. Juliana Schmitt, geboren am 8. Juli 1837, verehelicht mit A. Schild, Postbeamten zu Töplitz in Böhmen, seit 2. April 1868 verwitwet.

β. Josef Schmitt, geboren am 19. März 1839, wanderte nach Amerika aus.

γ. Auguste Schmitt, geboren am 10. November 1843.

δ. Antonia Schmitt, geboren am 10. November 1844.

8. **Gustav**, geboren am 28. August 1811, Doctor der Medicin, Magister der Geburtshilfe, verehelicht mit Anna Schneider aus Niemes, zuerst praktischer Arzt in Niemes, später Professor der Naturgeschichte zu Eger und Preßburg, starb zu Wien am 20. Mai 1863. Seine Kinder sind:

α. August, geboren zu Niemes am 8. August 1850, studirt gegenwärtig die Medicin zu Wien.

β. Wilhelmine, geboren zu Preßburg am 5. Juli 1853, lebt mit ihrer Mutter in Böhm.-Laippa.

9. **Friedrich Wilhelm**, geboren am 13. Februar 1817, Doctor der Medicin und Chirurgie, Operateur, Magister der Geburtshilfe, k. k. Primar-Arzt im Wiedner Krankenhause zu Wien, verehelicht

am 7. September 1849 mit Wilhelmine Kalfus aus Hayda
in Böhmen, Tochter des Haydaer Forst-Inspectors Franz
Kalfus und der Antonia Janke. Kinder:

α. Wilhelmine Eleonore, geboren zu Kalksburg bei
Wien am 2. Juli 1849.

β. Mathilde Theresia, geboren zu Wien am 22. Februar
1852.

γ. Friedrich Johann, geboren zu Wien am 8. October
1853, gestorben als Gymnasialschüler zu Wien am
4. Mai 1864.

δ. Gisela, geboren am 27. September 1856 zu Kalksburg.

Die übrigen Kinder des Franz Anton Lorinser und der Franziska
Gärtner waren:

III. Franz Prokop, geboren am 29. October 1773, Seifensieder, starb
lebig am 3. September 1802.

IV. Johann Philipp Jakob, geb. am 1. Mai 1776 und

V. Josef Ignaz, geb. 30. Juli 1778, starben als Kinder.

VI. Josefa Anna Theresia, geboren am 14. December 1780, vermählt
1801 mit Franz Schubert, Gastwirth in Niemes, und nach dessen
Tode mit Ignaz Rummüler, Gastwirth in Niemes 1815.

VII. Franziska Johanna Theresia, geboren am 26. December 1783, vermählt mit Josef Kürschner, Handelsmann in Niemes.

P. Joseph, das 15te Kind des Thomas Lorinser, geboren am 22. April 1688,
verehelichte sich laut H.-Ab. 10. Mai 1708 mit Maria Gaiser, Bernhard Fürde-
rers hinterlassenen Witwe, auf der Schiggenmühle zu Ingoldingen (Tochter des
Martin Gaiser und der Ursula Mauer). Josef mußte für seine Freilassung
8 fl. und für sein Heiratsgut (pr. 400 fl.) 40 fl. Abzugsgeld erlegen; er zog
auf die Schiggenmühle und starb 1747, dessen Ehefrau 1749. Dessen Kinder:

A. Johann Michael, geboren um 1709, verehelichte sich 1733 mit Katharina
gebornen Rundel, der verwitweten Müllerin auf der Eselmühle in Ravensburg; er wurde am 5. April 1733 vom Senate der Reichsstadt Ravensburg als Bürger aufgenommen, und wurde die Eselmühle den Eheleuten
für ihr Weil und Leben lang gegen einen Ehrschatz von 150 fl. verliehen.
Er wurde im Jahre 1742 Zunftmeister der Müller und Bäcker in Ravensburg und führte als solcher ein eigenes Zunftwappen, welches auf
dem Rathhause zu Ravensburg abgebildet ist, nämlich: Im rothen Schilde
quer ein stahlblaues Mühleisen und vor demselben der Länge nach ein
gleichfarb. halbgeöffneter Zirkel; auf dem Schilde ein gold. Mühlrad, darüber ein weißer Mühlbursche wachsend, den Zirkel in der Hand haltend,
das Laubwerk um den Schild blau und weiß. Er starb auf dieser Mühle
am 10. October 1763, seine Frau am 16. März 1766.

B. Magdalena, heiratete den Müller Moyses Dobler und blieb auf der Schiggenmühle, welche sie nach ihres Mannes Tode an ihren Tochtermann Andreas Fürst abtrat 1775.

Der Müller und Zunftmeister zu Ravensburg, Johann Michael Lorinser,
hatte eine zahlreiche Familie. Seine Söhne waren folgende: Josef Anton,

Ferdinand, Caspar Albinus, Johann Franz Balthasar, Melchior und Johann Melchior.

a. Josef Anton, geboren am 1. März 1734 zu Ravensburg, entfloh in seinem 13. Jahre wegen einer erlittenen Strafe aus dem elterlichen Hause, kam in die Schweiz, verlegte sich dort auf Musik und gelangte als Musiker bis nach Rom, wo er sich mehrere Jahre aufhielt; nach seiner Rückkehr wurde er in Altshausen von dem Comthur des deutschen Ritter-Ordens als Chor-director angestellt. Später fungirte er als Registrator daselbst, wurde als solcher wegen hohen Alters pensionirt und starb endlich 1829 im 96. Jahre seines Alters zu Altshausen.

b. Ferdinand, geboren am 4. November 1736.

c. Caspar Albinus, geboren am 1. März 1739, verehelicht mit Maria Bibiana Müller, folgte seinem Vater in dem Besitze der Eselmühle, er starb am 4. October 1791 zu Ravensburg. Dessen Söhne:

    I. **Jakob Melchior**, geboren am 25. Juli 1771, starb als Theolog im Kloster Weissenau 1804.

    II. **Balthasar**, geboren am 16. November 1777, verehelicht mit Crescenz Marschal, übernahm die Eselmühle in Ravensburg, er starb am 5. December 1813. Seine Söhne waren:

        1. **Caspar**, geboren am 8. October 1801, Müller und Bäcker in Ravensburg, verehelicht 1826 mit Veronika Martini, in zweiter Ehe mit Maria Reischmann. Er starb am 18. Juni 1866 an Lungenentzündung in Ravensburg.

           Kinder der ersten Ehe:

           α. **Anna M. Josefa**, geboren am 8. December 1826.

           β. **Georg Josef**, geboren am 23. October 1829, studirte zu Würzburg, Tübingen und Wien die Medicin, und wurde später Beamter der Graz-Köflacher Eisenbahn.

           γ. **Max**, geb. am 17. Mai 1831, Müller in Ravensburg.

           Kinder der zweiten Ehe:

           δ. **Maria Rosalia**, geboren am 6. September 1856.

           ε. **Wilhelm Otto**, geboren am 26. November 1858.

        2. **Jakob**, geboren am 25. September 1802.

        3. **Matthäus**, geboren am 20. September 1806, verehelicht mit Theresia Schnell, starb 1850. Deren Kinder:

           α. **M. Theresia**, geb. am 25. Juli 1835.

           β. **Anna Maria**, geb. am 9. Sept. 1836.

           γ. **Matthäus**, geb. am 2. Oct. 1842.

        Die Töchter des Eselmüllers Balthasar waren:

        4. **Crescenz**, geboren am 16. April 1804.

        5. **Marianne**, geboren am 16. Mai 1810.

    III. **Georg Fidelis**, geboren am 13. April 1779.

    IV. **Ferdinand**, geboren am 14. October 1780.

        Die Töchter des Caspar Albinus waren folgende:

    V. **Katharina**, geboren am 1. März 1769.

    VI. **Monika**, geboren am 1. Mai 1770.

VII. M. Helene, geboren am 2. October 1773.

VIII. Elisabeth, geboren am 27. April 1782.

d. Johann Franz Balthasar, geboren am 8. Jänner 1743, erkaufte am 31. Juli 1769 ein Haus neben dem Carmeliterkloster in Ravensburg, wo er die Bäckerei betrieb und den Namen Carmeliterbäck erhielt. Er verehelichte sich zuerst mit Marianne Speidel von Weingarten, später mit M. Agatha Rennin; starb 1806.

Kinder der ersten Ehe:

I. Johann Gottfried, geboren am 15. December 1771.

II. Maria Franziska, geboren am 9. März 1773, verehelicht mit Dominik Frommel.

Kinder der zweiten Ehe:

III. Josef Alois, geboren am 5. October 1776.

IV. M. Johanna, geboren am 26. September 1778.

V. M. Theresia, geboren am 28. September 1779.

VI. Franz Ballhasar, geboren am 30. September 1780.

VII. Maria Elisabeth, geboren am 19. November 1781.

VIII. M. Agathe, geboren 11. December 1782.

IX. Josef Anton, geboren am 4. Mai 1785.

e. Melchior, geboren am 8. October 1747.

f. Johann Melchior, geboren 13. Juni 1750, war der jüngste Sohn des Zunftmeisters Johann Michael Lorinser in Ravensburg. Er hatte sieben Töchter, diese waren:

I. Marianne Carolina, geboren am 17. Juli 1735.

II. Barbara Sabina, geboren am 5. December 1740, verehelicht mit Johann Sporer.

III. Maria Anna Agathe, geboren am 7. Februar 1744, verehelicht mit Josef Himpel.

IV. Maria Sophie Theresia, geboren am 10. Mai 1745, verehelicht mit Anton Geßler.

V. M. Ursula, geboren am 9. October 1748.

VI. Franziska Emerentia, geboren am 23. Jänner 1752, verehelicht mit Anton Müller.

VII. Clara Elisabeth, geboren am 5. August 1753.

Q. M. Elisabeth, die dritte und jüngste Tochter des Thomas Lorinser in Schussenried, ist geboren daselbst am 2. April 1693, verehelichte sich laut H.-A. am 3. Februar 1713 mit Christian Emb, Braumeister in Schussenried, später in Waldsee.

R. Johann Michael, der jüngste Sohn des Thomas Lorinser, geboren am 31. Jänner 1697, wurde nach dem Tode seines Vaters am 15. Juni 1715 mit der Mühle St. Sylvester in Schussenried belehnt; er verehelichte sich mit der Theresia Laucher am 12. September 1715. Nachdem er mit seiner Frau mehrere Kinder erzeugt hatte und diese seine Frau im Jahre 1759 im 63. Lebensjahre gestorben war, verheiratete er sich laut H.-Ab. 12. April

1760 mit Anna Maria Valento, Witwe und Bürgerin von Saulgau. Er starb am 9. Jänner 1777.

Die Kinder der ersten Ehe waren: Franz Josef, Franziska, Barbara, M. Theresia, Anna Katharina und Vincenz Anton.

A. Franz Josef, geboren in Schussenried, verehelichte sich mit M. Barbara Hecht von Wolfertschwende, laut H.-A. 5. October 1740, er erhielt an Heiratsgut 600 fl. vom Vater, zog auf die Mühle nach Beizkofen bei Hohentengen, wurde Bürger daselbst, überließ jedoch diese Mühle als ein Lehen des Grafen Friedberg am 2. Mai 1769 an seinen Sohn Wunibald, zog 1770 auf die „Schauplins Mühlin", welche er vom Stadtmagistrate Saulgau gegen Erlag von 2000 fl. für Ehrschatz und Bürgerrecht zu Lehen erhielt, und starb auf der Schauplins- oder Schaullis-Mühle im Saulgauer Ried im J. 1787; er ist auf dem Gottesacker der St. Blasiuskirche in Schwarzach beerdigt. Seine Frau Barbara scheint am 12. October 1752 in Polloch bei ihren Verwandten gestorben zu sein. Sein Sohn und Nachfolger auf der Mühle in Beizkofen war

Wunibald, geboren am 22. März 1749, verehelichte sich am 16. Mai 1769 mit Theresia Moosherr, seine Frau war geb. am 17. October 1748, und brachte ihm ein Heiratsgut von 2000 fl., er starb am 25. December 1799, seine Frau am 19. August 1831. Deren Sohn und Nachfolger auf der Mühle war: Alois Lorinser, geboren am 30. März 1776, verehelicht am 10. September 1806 mit Magdalena Unmuth, welche am 22. Juli 1750 geboren ist. Er starb am 8. Mai 1829. Der Sohn und Nachfolger des Alois Lorinser auf der Mühle zu Beizkofen ist:

    Wunibald Lorinser, geboren am 10. November 1815, verehelicht am 26. November 1839 mit Magdalena Lehleiter, geboren am 5. Juli 1818. Deren Kinder sind:

        Alois, geboren am 27. August 1840.

        Josef, geboren am 24. Sept. 1842.

        Johann Nepomuk, geboren am 19. Februar 1845.

        Amelie, geboren am 12. December 1846.

        Herrmann, geboren am 7. Jänner 1848.

        Magdalena, geboren am 9. August 1850.

        Wunibald, geboren am 3. Februar 1854.

B. Franziska, die älteste Tochter des Obermüllers Michael L., wurde geboren am 1. Mai 1727, verehelichte sich mit dem Klosterküfermeister Eberhard Kloos, und da der ältere Bruder Franz Josef bereits eine Mühle in Beizkofen besaß, der jüngere Vincenz Anton aber Klostergeistlicher war, so bekam die Tochter Franziska nach dem Tode ihres Vaters die obere Mühle St. Sylvester und ihr Mann Eberhard Kloos wurde damit am 30. April 1777 von der Klosterherrschaft belehnt; er starb kinderlos am 1. August 1793, worauf die Witwe Franziska die obere Mühle am 8. August 1794 an Johann Georg Zell (dessen Vater die Witwe des Conrad Lorinser jun. von Michelwinnern geheiratet hatte) abtrat, welcher die Mühle bis zum Jahre 1828 besaß, endlich aber an Anton Heinzelmann verkaufte, der dieselbe schon am 26. November 1829 um den Anlaufpreis an Franz Xaver

Käß überließ; der Sohn dieses letzteren, Benedikt Käß, vermählt mit Caroline Martini, Tochter des Oberamts=Arztes zu Saulgau, übernahm am 19. April 1840 diese Mühle auf eigene Rechnung, und besitzt dieselbe noch gegenwärtig.

C. Barbara, geb. 27. Juni 1729, | eine derselben war mit Johann Humbler
D. Maria Theresia, geb. 9. Jänn. 1731, | von Allmaunsweiler verehelicht.

E. Anna Katharina, geboren am 26. November 1732, verehelichte sich mit Johann Martin Rueff nach Winterstetten.

F. Vincenz Anton, geboren am 25. October 1735, trat als Klostergeistlicher unter dem Namen Pater Norbert in das Augustiner=Chorherrenstift St. Peter zu Waldsee. Als sich sein Vater Johann Michael zum zweiten Male im Jahre 1760 verehelichte, erschien er als Canonicus von Waldsee bei der Heiraths=Abrede, durch welche sich der Vater verpflichtete, seine Mühle der Tochter Franziska zu überlassen.

Nachkommen des **Michael Lorinſer**

in Mühlenreuthe und andere Lorinſer in Würtemberg.

Gleichzeitig mit Thomas Lorinſer war auch Michael Lorinſer, ein Zimmermann, gebürtig von St. Anthony, und der Sohn des dort lebenden Michael Lorinſer, nach Würtemberg ausgewandert. Er zog nach Mühlenreuthe. Die Tochter desselben, Maria, verehelichte sich am 9. Jänner 1652 mit Georg Kümpfler von Olzeriethe und nach dessen Tode mit Johann Martin Wachter von Reuthe am 16. Mai 1657. In der Heiraths=Abrede bezieht sie sich auf ihr zu erbendes Vermögen mit den Worten: „also auch was sie von Ihrem Ähni Michel Lorinſer seel. im Oberland erwerben werde, es möge vihl oder wenig seyn" und am 28. Februar 1698 wurde in Gegenwart ihres Bruders Jacob von Oberdorff ausgemacht: „daß das von Ihrer Ane seel. Zu St. Däni (d. i. St. Anthony) im Oberland bey Oludenz hinterlassene Gut zum voraus Ihren Kindern Chriß und Michel Kümpfler gewidmet seyn".

Ihr Bruder Jacob, der Sohn Michaels Lorinſer von Mühlenreuthe, verehelichte sich laut H.=A. 11. Februar 1680 mit Walpurga Heudorff zu Reichenbach, Wittwe nach Christian Parthen. Bei der Heiraths=Abrede war auch Thomas Lorinſer als Zeuge zugegen, woraus sich schließen läßt, daß Michel, des Hochzeiters Vater, und Thomas Lorinſer, die beiden Auswanderer, mit einander verwandt gewesen sein mögen, weil in der Regel nur Verwandte als Zeugen bei Heiraths=Abreden fungirten.

Jacob wurde am 11. Februar 1690 mit dem Gute S. Dionysius in Reichenbach vom Kloster Schussenried belehnt und scheint später nach Oberdorf gezogen zu sein.

Gleichzeitig mit Jacob L. zu Reichenbach lebte:

Wolfgang L. zu Bierstetten, und Matthäus Lorinser zu Blönried; es ist jedoch nicht mit Bestimmtheit nachgewiesen, in welchem Grade der Verwandtschaft sie zu einander und zu dem Michael Lorinser in Mühlenreuthe gestanden seien. Zu den Nachkommen des Thomas Lorinser von Schussenried gehören dieselben jedoch keinesfalls.

Wolfgang Lorinser in Bierstetten besaß daselbst ein frei ledig eigenes Gut, welches er am 20. October 1708 mit Vorbehalt eines Ausgedinges an seinen Sohn Florian abtrat, als sich dieser mit Maria Bosch von Wattenweiler verehelichte. Florian verehelichte sich nach dem Tode seiner Frau, die ihm zwei Töchter, Magdalena und Dorothea, geboren hatte, zum zweiten Male und zwar laut H.-A. 5. Juni 1716 mit Katharina Binder von Michelwineden.

Matthäus L. zu Blönried war verehelicht mit Katharina Würbler. Sein Sohn Josef wurde mit dem Gute St. Wolfgang zu Wattenweiler von der Klosterherrschaft am 14. December 1718 belehnt, und heiratete gleichzeitig die Jungfrau Ursula Bommer, Tochter des Marx Bommer und der Barbara Depfenhart aus Wattenweiler. Die Familie Depfenhart ist eine der ältesten in Schwaben.

Die Kinder dieser ersten Ehe des Josef L. in Wattenweiler waren: Anton, Jacob, Ignaz, Valentin, Agathe, Maria Anna.

Nach dem Tode seiner Frau verehelichte sich Josef zum zweiten Male und zwar l. H.-A. 15. Mai 1734 mit Maria Anna Hendorf von Kleinwineden, bei welcher Heiraths-Abrede Johann Depfenhart von Wattenweiler wegen der Kinder aus erster Ehe gegenwärtig war. Nach dem Tode Josef's heiratete die Witwe M. A. Heudorf den Josef Zell, welcher am 31. Mai 1747 das St. Wolfgangslehen zu Wattenweiler erhielt.

Anton, der älteste Sohn des Josef L. und der Ursula Bommer, verehelichte sich mit Maria Anna Eritzmann (Witwe nach Matheiß Wezelin und Stieftochter des Josef Depfenhart) am 4. November 1741; seine Braut verheiratete ihm ihr Gut St. Guntramus zu Kleinwineden.

Nach dem Heirats- und Lehens-Protokolle zu Schussenried erhielt Narciß Lorinser von Wattenweiler (wahrscheinlich einer der jüngeren Söhne des Josef L.) das Lehen St. Magnus zu Ropertsweiler am 4. August 1752, und verehelichte sich laut H.-Ab. desselben Datums mit Theresia Blankenhorn von Ropertsweiler. Von seinen Nachkommen ist nichts bekannt.

Kinder des Anton L. in Kleinwineden und der Maria Anna Eritzmann:
1. Vincenz, verehelichte sich l. H.-A. 9. April 1768 mit Maria Anna Amman, Witwe nach Mathias Lainser von Steinhausen, welche ihm das Lehen St. Accursius zu Steinhausen zubrachte; nach deren baldigen Tode heiratete er l. H.-A. vom 17. März 1769 die Jungfrau Elisabeth Knapp. Aus erster Ehe war ein Sohn Namens Vincenz vorhanden, ein Sohn aus zweiter Ehe, nämlich Alois, erhielt nach erfolgter Cession des Vaters das St. Accursius-Lehen zu Steinhausen am 5. August 1805.
2. Leonhard, Schuhmacher, verehelicht am 19. Jänner 1771 mit der Jungfrau Maria Anna Bisenberger von Steinhausen, welche ihm das Gut St. Pascalis in Steinhausen zubrachte. Nach erfolgter Cession erhielt dieses Gut sein Sohn Franz Josef am 16. Jänner 1807

zu Lehen. (Ein Franz Josef Lorinser wurde am 2. December 1817 mit dem Gute St. Theodorus in Hagnau belehnt.)

3. Josef, verehelicht mit Maria Anna Keller von Otterswang l. H.-A.
4. Februar 1782, er erhielt gleichzeitig nach freiwilliger Cession seiner Mutter M. A. Eritzmann das Gut St. Guntramus zu Kleinwineden.

4. Anton, Schuhmacher, verehelichte sich laut H.-A. zu Waldsee am
29. Jänner 1784 mit Rosalia Baumann verwitweten Käußer.

Die Familie Lorinser zu Niemes in Böhmen.

Geschichtliche Bemerkungen.

Das Städtchen Niemes liegt im nördlichen Böhmen im Bunzlauer Kreise an dem Polzenbache (Pulsnitz), der hier durch den Zusammenfluß des Jungfernbaches und Jeschkenbaches entsteht und sich bei Tetschen in die Elbe ergießt; Niemes zählt ungefähr 600 Häuser mit 4000 Einwohnern und führt zwei goldene Thürme mit einem offenen Thore im rothen Felde als Stadtwappen. Die Herren dieser Gegend waren in alter Zeit die Herren von Ralsko, welche bereits um das J. 900, als ein berühmtes ritterliches Geschlecht, die auf der Spitze des nahe gelegenen Rollberges erbaute feste Burg Ralsko besaßen; ein Theodor von Ralsko befand sich im Gefolge des böhmischen Herzogs Wratislaw auf dem von Kaiser Heinrich dem Vogler zu Magdeburg im J. 939 veranstalteten Turniere; auf einem Turniere zu Hall, unter Heinrich III. im Jahre 1042, wird auch ein Wenzel von Ralsko im Gefolge des böhmischen Herzogs Brzetislaw als anwesend bezeichnet. Gegen Ende des 11. oder Anfangs des 12. Jahrhunderts nahm dieses ritterliche Geschlecht den Namen „Ralsko von War-tenberg" an. Marquard von Ralsko erbaute um das Jahr 1220 jedem seiner vier Söhne eine eigene Burg; Benesch erhielt Dewin, Gallus Rohojec. Noch Ruck-stein und Zdenko bekam Waldstein; letzterer, der Stammvater der Grafen von Waldstein, war es, der dem Könige seine 24 streitbaren Söhne vorführte. Die Nachkommen des Ritter von Ralsko theilen sich in mehrere Linien, behielten den Namen „von Wartenberg" bei, und fügten den Namen ihres Wohnsitzes hinzu, wie z. B. Peter von Wartenberg auf Michalowitz, Wilhelm von Wartenberg auf Zakup (Reichstadt), Peter von Wartenberg auf Dewin. Zdenko von Wartenberg auf Weseli, Christoph von Wartenberg auf Stralowitz. Sie führten einen der Länge nach in Gold und Schwarz gespaltenen Schild, und auf dem Helme einen schwarzen, mit goldenen Herzen bestreuten Flügel.

Der Reichthum und die Macht dieses Geschlechtes, aus welchem eine Reihe der höchsten böhmischen Würdenträger hervorging, blühte durch Jahrhunderte lang, ihre

Besitzungen umfaßten den größten Theil des Bunzlauer und einen großen Theil des Leitmeritzer und Bischower Kreises. Gegenwärtig ist nur noch ein einziger Zweig — der von Waldstein-Wartenberg übrig geblieben. Die feste Burg Ralsko auf der Spitze des Rolls scheint allmälig in Verfall gekommen zu sein, nachdem die Besitzer behaglichere Wohnsitze eingenommen hatten; dennoch war sie noch zur Zeit des Hussitenkrieges im 15. Jahrhunderte ein fester Platz, in welcher die Herren von Wartenberg hausten. Carpzov erzählt in seiner Chronik von Zittau: „Die Zittauer vertrieben in den ersten Tagen des Aprils 1469 die Hussiten aus dem Bergschlosse Rohl bei Niemß."

Im Hussitenkriege waren nämlich die Herren von Wartenberg mit den Hussiten verbündet und unternahmen mit diesen die scheußlichsten Raubzüge, namentlich in die Ober-Lausitz. Einer der eifrigsten Parteigänger war Sigmund von Wartenberg auf Tetschen mit seinen Söhnen Johann und Heinrich. Johann saß auf Dewin bei Wartenberg und war zugleich Grundherr auf Tolleustein. Heinrich saß auf dem Schloßberge bei Kamuitz. Im J. 1425 kam ein Zug von 18,000 Hussiten über Weißwasser, Niemes und Gabel, sie verbrannten diese Städte und bedrohten Zittau. Johann von Wartenberg führte die Reiterei an; doch zogen sie sich wieder zurück, Pferde und Rindvieh zusammentreibend und reiche Beute machend. Im J. 1426 entschieden die Herren von Wartenberg die Schlacht bei Aussig dadurch, daß sie die Deutschen im Rücken angriffen und den Hussiten zum Siege verhalfen. Die Räubereien der Hussiten wurden mit Gräuel und Grausamkeit unter Anführung des Johann von Wartenberg und dessen Sohnes „Ralsko auf Roll" fortbetrieben; endlich gelang es den Zittauern, welche von den Hussiten am meisten zu leiden hatten, den „Ralsko auf Roll", der sich überdieß einer Verrätherei gegen den Heerführer der Ober-Lausitz Thinko von Kolbitz schuldig gemacht hatte, zu fangen, sie ließen ihn daher am 21. December 1433 in Zittau schleifen und viertheilen. Desto blutiger wurden nun die Raubzüge der Herren von Wartenberg gegen Zittau und dessen Umgebung betrieben. Johann von Wartenberg hielt sich bald zu Tollenstein, bald zu Dewin und Roll auf und unterstützte von hier aus die Hussiten, ja er brachte es sogar dahin, daß ihn König Georg von Podiebrad 1460 zum Laudvogt über die Oberlausitz bestellte; er starb am 14. November 1464. Die Streifzüge und Plünderungen in der Oberlausitz dauerten fort; endlich sammelte sich das Heer des Herzogs von Freistadt und Glogau 1468 und zog, mit den Lausitzern vereinigt, plündernd über Gabel bis gegen Bunzlau auf die Güter des Herrn von Michelsberg an der Iser; diese Zeit benützte Jaroslaw von Sternberg, Landvogt der Oberlausitz, der auch bei diesem Zuge war, um mit den Zittauern das Bergschloß Roll durch eine List einzunehmen (Peschel's Geschichte von Zittau).

Eine noch im Volksmunde lebende Sage scheint sich auf das so eben erwähnte Ereigniß zu beziehen. Die Sage ist folgende: Die Bewohner der Umgebung des Roll, durch endlose Plünderungen auf's Aeußerste gebracht, beschlossen, dieses Felsennest entweder mit List oder Waffengewalt zu nehmen und zu zerstören. Durch ein aus der Burg entflohenes Mädchen hatten sie erfahren, daß täglich einige Kühe aus der Burg in die anstoßende Waldung zur Weide getrieben würden, daß sie daselbst ohne weitere Aufsicht bis Abends blieben und daß man bei der Heimkehr dieser Kühe, die sich durch den bekannten Ton der angehängten

Glocken ankündigten, das sonst fest verwahrte Eingangsthor ohne weiters zu öffnen pflege. Diesen Umstand benützte eine große Anzahl bewaffneter Männer, um sich mit List der Burg zu bemächtigen. Des Abends schlichen dieselben geräuschlos unter dem Schutze der Waldung bis an den Weideplatz der Kühe, nahmen diesen die Glocken ab und näherten sich unter beständigem Geläute dem Burgthore. Als hier das Geläute schwieg, wurde wie gewöhnlich das Thor geöffnet, die bewaffnete Schaar stürzte in den Thorweg, überrumpelte die bestürzte Besatzung und machte dieselbe nieder. Der Häuptling der in der Burg hausenden Bande wurde, im Bade sitzend, erstochen und die Burg zerstört. Das Wappen der Stadt Niemes soll dieser That seinen Ursprung verdanken.

Die Herren von Wartenberg blieben im Besitze der Herrschaft Niemes bis ins 15. Jahrhundert. Im Jahre 1505 findet man Ulrich von Biberstein, 1516 einen Johann von Wartenberg und Dewin, 1554 Karl von Biberstein, 1580 Bohuslaw Masanetz von Frimburg, 1601 Karl Masanetz von Frimburg als Besitzer verzeichnet.

In der zweiten Hälfte des 16. Jahrhunderts hatte sich auch die lutherische Religion in diese Gegend verbreitet und in Niemes zahlreiche Anhänger gefunden. Schon im J. 1573 war laut der alten Kirchenbücher ein lutherischer Pastor an der Pfarrkirche zu Niemes, Namens Michael Tylenus, ihm folgten mehrere andere als: Georg Jansch, Simon Faber und Caspar Haselbach.

Im Jahre 1604 wird ein Johann Müller von Mühlhausen als Besitzer von Niemes und Dewin genannt, der ein „Calviner" gewesen war; er machte 1615 den Versuch, die Calvinische Religion in Niemes einzuführen und verordnete zu dem Ende den Calvinischen Prädikanten von Schwabitz in das Niemser Kirchspiel; doch wollten ihn die Bürger daselbst nicht annehmen und jagten ihn mit Steinen wieder nach Schwabitz zurück. Wegen dieses rebellischen Frevels wurden einige Bürger über Anklage des Herrschaftsbesitzers nach Prag citirt und dort einige Zeit in Haft gehalten. Johann Müller hatte drei Söhne: Peter, Johann und Georg; die beiden ersteren betheiligten sich, aller väterlichen Ermahnungen ungeachtet, an der „Rebellion der böhmischen Herren", Johann war persönlich in der Kanzlei des Prager Schlosses gegenwärtig, als 1618 die königlichen Räthe Slavata und Martinitz und der Secretär Fabricius aus dem Fenster der Kanzlei hinabgestürzt worden waren. Ein weiterer Augenzeuge war Georg Kiesewetter aus Niemes, damals Kammerdiener des Johann Müller. Derselbe begleitete auch 1619 seinen Herrn nach Heidelberg zum Churfürsten Friedrich von der Pfalz, dem nachmaligen „Winterkönig", als diesem die böhmische Krone von den Ständen angetragen wurde. Nach der Schlacht am weißen Berge am 8. November 1620 wurden die aufständischen böhmischen Herren verfolgt und sofort wurde eine Rotte von „250 Polaken" nach Niemes entsendet, um Johann Müller den Jüngeren, der inzwischen nach dem Tode seines Vaters die Herrschaft Niemes in Besitz genommen hatte, abzuholen. Dieser erlustigte sich eben in Gesellschaft eines Herrn Hirsan im Schlosse mit Ochsenhetzen (am St. Martinitage), als die Polaken vor das Schloß rückten; es wurde zwar vom Schlosse aus Gegenwehr geleistet, doch bald entfloh Hirsan, und Johann Müller versteckte sich unter die s. g. Baberbrücke, welche sich in unmittelbarer Nähe des Schloßgartens befindet. Von der Bürgerschaft wurden an diesem Tage bei 24 Personen getödtet und auch der lutherische Pastor Caspar

Haselbach bei der Galgenbrücke von den Polaken „zu todt gesäbelt". Die Polaken hatten 2 Mann verloren.

Johann Müller entging in seinem Verstecke den Händen der Polaken, er floh hierauf zum Markgrafen Johann Georg von Jägerndorf und zog mit dessen Heere zur Unterstützung des siebenbürgischen Fürsten Bethlen Gabor im Kampfe gegen den Kaiser. An der siebenbürgischen Grenze starb jedoch bald darauf der genannte Johann Müller, nachdem er vom Kaiser Ferdinand II. proscribirt und seiner Güter verlustig erklärt worden war.

Im Jahre 1628 am 22. Februar rückte die kaiserliche Belehrungs-Commission in Niemes ein, nachdem dieselbe ihr Geschäft in Gabel vollendet hatte. Diese Commission wurde von Wenzel Ubalrich Täubner, Dechant zu Reichstadt, und dem Herrn Werner Leo Liebsteinsky Grafen von Kolowrat geleitet, und wurde von dem Jesuiten-Pater Laurentius Himmelthan begleitet. Bei Ankunft der Commission wurde der letzte lutherische Pastor Christoph Lichtner (später Pastor in Görlitz) abgeschafft; weder der Herrschaftsbesitzer, noch sein Hauptmann, noch sonst ein Beamter war in Niemes geblieben, selbst der Schulmeister war entflohen, das auf dem Ringe (um das Jahr 1600) erbaute Schloß war versperrt. Am folgenden Tage wurden sämmtliche Bürger nach beendetem Gottesdienste auf's Rathhaus berufen und ihnen dort der Befehl und der Allerhöchste Wille Sr. Majestät des Kaisers kund gemacht, dahin lautend, daß Se. Majestät schon seit sieben Jahren mit dem Gedanken umgegangen sei, den heilsamen und zum ewigen Leben nothwendigen katholischen Glauben, welcher durch verschiedene Secten auf nichtswürdige und hinterlistige Art seit mehreren Jahren unterdrückt war, in seinen Erblanden wieder zu erneuern, und daß ein anderes Mittel für den erwünschten Frieden, die Wohlfahrt des Reiches und die Wiederherstellung des Handels nicht gefunden werden konnte. Man möge also dieser allerbesten väterlichen Liebe Sr. Majestät auf das gehorsamste entsprechen u. s. w.

Hierauf wurden die Schrecken des Krieges geschildert, die Ketzerei als die Ursache derselben hervorgehoben und die Bürger nach dem im Gasthause eingenommenen Mittagsmale einzeln befragt, welche Ursache sie abhalte, zum Glauben zurückzukehren. Der Dechant und der Jesuit sprachen hierauf über die Ohrenbeichte und die Communion mit so starken Gründen, daß schon nach drei Tagen 44 von den Bürgern zur Beichte gingen. Vom 25. Februar bis 1. März beichteten und communicirten 801 Personen, theils von Niemes, theils von Schwabitz. Simon Faber, der Sohn des früheren Pastors, hatte gesagt: „er wolle lieber freiwillig in die Hölle gehen, als an den Haaren in den Himmel geschleppt werden", er wurde aber nach Aufzeichnung des Dechants Täubner doch zur wahren Kirche zurückgebracht und zwar nicht an den Haaren, sondern durch gute Worte. Zuletzt wurden noch alle vorgefundenen ketzerischen Bücher dem Feuer preisgegeben; es waren deren nicht viele, weil die von den Polaken angelegte Feuersbrunst den größten Theil derselben verzehrt hatte. (Adnotatio ecclesiastica Nimesensis.)

Als die Güter des Johann Müller jun. nach der Schlacht am weißen Berge (1620) confiscirt worden waren, wurde die Herrschaft Niemes an Johann Zeidler Hoffmann um 32,000 Schock Groschen verkauft; aber nicht lange darnach gelangte Niemes in Besitz des Johann Putz von Adlerthurn, welcher auf seinem Sterbebette seine Erben verpflichtete, die Pfarrkirche zu Niemes neu zu erbauen. Seine

hinterlassene Witwe und deren Söhne vollführten den letzten Willen des Verstorbenen, und so wurde die Pfarrkirche zu Niemes, welche schon seit 1384 ihren
eigenen Seelsorger gehabt hatte und dem h. Petrus geweiht war, in den Jahren
1663 bis 1689 vom Grunde aus neu gebaut und im letztgenannten Jahre feierlich
eingeweiht, gleichzeitig auch dem h. Petrus und Paulus gewidmet. Der Bau
wurde unter Johann Franz Edmund Putz von Adlerthurn begonnen und unter
Josef Ignaz Putz von Adlerthurn vollendet.

In welchem Abhängigkeits-Verhältnisse derzeit die Unterthanen zu ihrer
Herrschaft, respective zu dem von der Herrschaft bestellten Hauptmanne (Amt-
manne) standen, davon mag ein halbverkohlter Brief Aufschluß geben, welcher als
Andenken an den großen Brand von Niemes im J. 1506 aufbewahrt worden
war und zufällig in die Hand des Verfassers gelangte. Nach diesem Briefe zu
urtheilen, trieben die damaligen Amtleute mit den zu entlassenden Unterthanen
geradezu eine Art von Tauschhandel. Ein Reichstädter Unterthan, Namens Spiel-
mann, wollte ein Mädchen aus Barzdorf, welches zur Herrschaft Niemes gehört,
heiraten, weil aber die beiden Hauptleute wegen zwei andern umzutauschenden
Weibspersonen nicht einig werden konnten, so sollte dem Bräutigam von Amts-
wegen geradezu verboten werden, mit seiner Braut fernerhin zusammenzukommen.
Der Brief des Hauptmannes von Niemes an seinen Collegen in Reichstadt
lautet also:

„Ehrenvester Insonders vielgeehrter Herr und Freund!

Von Geörgen Köstern Schützen vernehme ich, daß Herr Haubtman sich so weit
resolvirt, wo daß Kösters Weib nit von hier loß geben würde, sollte hergegen des
Geörgen Kellners Dochter daselbst nit erlassen werden, wäre auch deß Christoff Schneiders Dochter zu Barzdorff zugehörig (welche Ich so ehrlich und wehrt vor die andre
schätze) vor dieselbe loß zu geben, weil viel gelt vorhanden. Also kan es beiderseits
bleiben, des Schützen weib kan ich über Ihren Willen nit dahin zwingen, Bitte
demnach der Herr wolle Ambtshalber dem Spillmann aubefehlen, daß er des Christoff
Schneiders zu Barzdorff Dochter müssig gehe, damit nit zwischen Ihnen beyden was
anders entstehen möchte. Im Übrigen verbleibe etc.
Niehmes den 3. Augusti Anno 1655."

Wie strenge es derzeit die Obrigkeiten nahmen, wenn ein Unterthan sich in
einen andern Ort begeben, daselbst ein Handwerk erlernen oder als Geselle arbeiten wollte, geht aus folgendem Consens der Herrschaft Wartenberg hervor:

„Ich Erasmus Hirschperger von Königeshain auff Wartlenbergk Bekenne hir mit
diesem offnen Brieff, daß Ich Martlin Deusigen meinen Unterthanen von Luh, Zur
Reichstadt sich auffzuhalten Und deß fleischer Handtwerkß auff ein Jahr lang Von dato
an alda Zu gebrauchen, Verwilliget habe. Nach außgange aber Jahresfrist soll er
schuldig sein, sich wiederum Vor Mich, alß seine Obrigkeit Ingestellen, Und weiter
bescheides gewertig sein. Uhrkundtlichen mit meinem angebornen Secret bekrefftiget.
Act: auf Wartlenberg den 7. May Anno 1621."

Im Jahre 1725 gelangte Niemes durch Heirat an den Grafen Ludwig von
Hartig, dem Besitzer der Herrschaft Wartenberg, dessen Nachkommen gegenwärtig
im Besitze der zur ehemaligen Herrschaft Niemes gehörenden Maierhöfe und Gründe
sich befinden.

Im Jahre 1778, als zwischen Kaiser Josef II. und Friedrich von Preußen wegen der bairischen Erbfolge der sogenannte „Erdäpfelkrieg" (Zwetschkenrummel) ausgebrochen war und Friedrich in Verbindung mit dem Churfürsten von Sachsen eine Armee in Böhmen einrücken ließ, war in Niemes das preußische Hauptquartier unter Prinz Heinrich.

Die Bürger von Niemes besaßen von uralter Zeit her die Gerechtsame des Salzhandels und Weinschankes. Außerdem wurden die Niemser Bürger auch noch wegen eines andern Privilegiums geneckt, welches sie angeblich besitzen sollten. Man sagte nämlich, es sei der Niemser Gerechtigkeit und Freiheit: „Wer die Neige austrinkt, soll aus dem Frischen wieder anfangen". Die Veranlassung hierzu soll folgende gewesen sein: Zu Anfang des 17. Jahrhunderts waren in Niemes neben dem jetzigen Rathhause zwei Gasthäuser, das eine des Georg Ziple (Zippe) „zum weißen Schwan", das andere des Peter Würfel „zum schwarzen Bären". In letzterem Gasthause pflegte der Churfürst von Sachsen, wenn er von Dresden nach Prag reisete, einzukehren und bisweilen auch mit dem Wirthe Peter Würfel kurzweilige Reden zu wechseln. Als einst der Churfürst sich anschickte, das Pferd zu besteigen, um seine Reise fortzusetzen, sagte er zu dem Wirthe scherzweise: Wenn die Niemser etwa von dem Kaiser eine Gnade für das Städtchen zu erbitten hätten, wolle er ein guter Fürsprecher sein. Der Wirth erwiederte scherzweise: Die Niemser möchten gerne das Privilegium haben, daß, wer die Neige austrinkt, aus dem Frischen wieder anfangen dürfe. Hierauf habe der Churfürst gelacht und dem Wirthe dieses Privilegium zugesagt.

Zum Verständnisse dieser angeblichen Gerechtsame der Niemser ist zu bemerken, daß zu jener Zeit die in der Wirthsstube versammelten Gäste aus einem gemeinschaftlichen Kruge zu trinken pflegten, welcher in der Tischgenossenschaft die Runde machte.

Der Stadtrath war nach einer noch im J. 1786 ausgeübten Gepflogenheit zusammengesetzt: aus 4 Bürgermeistern, 1 Stadtschreiber, 1 Stadtrichter, 1 Jungrichter, 4 Rathsverwandten und 2 Gemeinde-Aeltesten.

Im J. 1806 wurde Niemes von einer furchtbaren Feuersbrunst heimgesucht, welche den größten Theil des Städtchens in Asche legte. Es möge hier die Schilderung dieses Schreckentages angeführt werden, wie diese von Carl Ignaz Lorinser — der damals 10 Jahre alt war — später im J. 1815 zu Berlin beschrieben worden ist (siehe: Carl Ignaz Lorinser. Eine Selbstbiographie, vollendet und herausgegeben von seinem Sohne Franz Lorinser. Regensburg 1864). Derselbe schreibt: Am 11. Juni 1806 ging ich des Morgens aus dem Hause meiner Großmutter, bei der ich wohnte, wie gewöhnlich in die Schule. Gegen 11 Uhr ertheilte uns der Rector Arnold Unterricht im Singen. Sturmgeläute und Feuergeschrei schreckte uns plötzlich auf, alles stürzte in wilder Flucht zur Thüre hinaus und eilte dem väterlichen Hause zu. Ohne die Flammen zu erblicken, floh ich vom Schrecken gejagt zu meiner Mutter, die mit bangem Zagen die Ankunft des Vaters erwartete und die Kinder zu beruhigen suchte. Die Angst unseres Harrens wurde vermehrt durch die Auftritte, welche wir aus dem Fenster erblickten. Alles eilte in tobender Verwirrung nach dem äußersten Ende der Stadt, wo die Flamme ausgebrochen war. Nach einer Weile sahen wir endlich unsern Vater in flüchtiger Eile und triefend von Schweiß die Straße heraufkommen. Er kam eben von der

Feuerstätte her, und rieth sogleich zu retten, so viel die Zeit und Kraft erlaubte, indem keine Hilfe mehr möglich sei. Kaum hatte er dies Wort gesprochen, als wir alle Hand anlegten, um unsere Habseligkeiten in Sicherheit zu bringen. Die herannahende Gefahr stählte jeden von uns mit einer wunderbaren Kraft, und wir waren vermögend, Lasten zu tragen, die wir sonst kaum aufheben konnten. Ich selbst bürdete mir einen großen Korb mit Wäsche auf und trug ihn leicht und schnell in den Garten. Kaum mochten wir einige Minuten damit beschäftigt sein, als wir die Flamme, dunkelroth mit schwarzem Rauch vermengt, gegen den Himmel aufstreben sahen. Dieser Anblick verdoppelte unsern Eifer und da bald darauf aus den benachbarten Dörfern viele dankbare Menschen herbeiströmten und uns treulich Hilfe leisteten, so wurde ziemlich viel aus dem Hause getragen. Es war eine furchtbare Scene. Die dumpfen Schläge der Sturmglocke, das verwirrte Rufen und Schreien der rettenden Männer, das Jammern der Weiber und Kinder, die rasselnden Feuerspritzen, die vorüberbrausten, das Bellen und Brüllen der Thiere, der heulende Südostwind, das Krachen der einstürzenden Balken, alles das wirkte grauenvoll und schrecklich auf die Gemüther. Wir Kinder wurden angewiesen, bei den geretteten Sachen zu bleiben, indeß die unermüdeten Männer immer neuen Vorrath herbeitrugen. Während des schrecklichen Tumultes schlief meine jüngste Schwester (Magdalena), ein Kind von einigen Wochen, ruhig und unschuldsvoll im Grase. Das furchtbare Streben neben der schlafenden Unschuld gab einen merkwürdigen Contrast. Immer näher und näher wälzte sich indeß die gierige Flamme, mächtiger drängte die Noth, und schon vernahm man keine Glocken mehr, weil auch sie in dem verzehrenden Elemente geschmolzen waren. Da gebot der Vater, wir Kinder sollten alle mit unserer Mutter die Anhöhe suchen und uns an einem sichern Orte so lange bergen, bis die Zerstörung vorüber sein würde. Der Garten wurde also von uns verlassen; ein Dienstmädchen, welches das Kind auf den Armen trug, begleitete uns. Wir glaubten, das Pfarrhaus würde, weil es auf der Höhe steht, uns sicher aufnehmen können, aber als wir uns eben dahin begeben wollten, kam uns von oben die Glut einer Scheune entgegen, und wir mußten den Weg über den Ring einschlagen. Kaum hatten wir uns aus den Häuserreihen entfernt, als auch schon hinter unserm Rücken das Feuer lichterloh emporstieg und nach wenig Secunden sahen wir auch Kirche und Pfarrhaus in heller Flamme stehen. Die Hitze war zu einer unerträglichen Glut geworden. Endlich gelangten wir nach ungefähr einer halben Stunde über Felder und Gärten in das äußerste Ende der Stadt, welches jenseits des Flusses liegt und vom Feuer verschont blieb. In dem Hause eines ehrlichen Bauers, wo schon mehrere Flüchtlinge versammelt waren, erwarteten wir den Ausgang der Feuersbrunst. Unser Zustand war angstvoll und ungewiß. So oft wir auch durch die Fenster sahen, da war nichts zu erblicken als ein dichter schwarzer Rauch, der den ganzen Horizont grauenvoll umhüllte. Nur die einstürzenden Trümmer des hohen Kirchthurmes, die mit einem dumpfen Getöse zusammenbrachen, ließen uns ahnen, daß auch nun wohl unser Haus ein Raub der allgemeinen Verwüstung geworden sei.

Beinahe tödtlich war meine Besorgniß um unsere Lieben in der Stadt, besonders um meine bejahrte Großmutter, die ich seit dem Morgen nicht gesehen hatte. Wie viele Boten wir auch ausschickten, um Erkundigung einzuziehen, keiner kam zurück, jeder dachte nur an sich selbst und war froh, sein eigenes Leben zu

Sicherheit zu wissen. Das fruchtlose Harren dauerte uns endlich zu lange; durch Jemanden erfuhren wir, daß unser Vater sich nebst den geretteten Sachen auf dem Felde oberhalb unseres Gartens befinde, und wir beschlossen, den Versuch zu wagen, zu ihm zu gelangen. Ueber Wiesen und Gräben ging es vorwärts, bis wir die Anhöhe erreichten und uns ganz nahe an der Stelle befanden, wo das Feuer seinen Anfang genommen hatte. O wie wurde uns, als wir statt der Häuser verbrannte Ruinen und hie und da noch brennende Balken erblickten? Thränen brachen aus unsern Augen, als wir in die weite Feuerwüste hinabsahen und das Mitleid der uns Begegnenden, der Jammer aller derer, die ihren väter-lichen Heerd verloren hatten, trug nicht wenig dazu bei, sie zu vermehren. Vom Weinen erschöpft und zum Theil ermüdet (denn wir hatten im weiten Kreise beinahe die ganze Stadt umgangen), langten wir gegen 2 Uhr auf den jenseitigen Anhöhen an. Neue Thränen strömten aus den Augen, als wir da unsere Lieben erblickten. Aufgelöst von Wehmuth sank ich meiner herbeieilenden Großmutter in die Arme und ihre Thränen mischten sich mit den meinigen. Die Arme hatte nichts gerettet und dankte nur Gott, daß wir noch alle unverfehrt davon gekommen. Weiterhin fan-den wir unsern Vater, der bei der übrig gebliebenen Habe saß und ausruhte von der überaus großen Anstrengung. Mit wehmüthiger Freude und weinenden Augen grüßten wir uns auf jenem Kornfelde, und Keines vermochte die Last seiner Ge-fühle zu ertragen. Unser theurer Ernährer hatte mit seiner gewohnten Stand-haftigkeit das Geschick ertragen, ihn hatte das Unglück nicht gebeugt, aber bei dem Jammer seiner Gattin und seiner Kinder brach sein Herz. Und als ein Mann aus einer benachbarten Stadt (Böhmisch-Leipa), der gerührt bei dem Anblick ihm mit theilnehmendem gutwilligem Herzen das Stück Brot anbot, welches er für sich eingesteckt hatte, da sah ich meinen Vater bittere Thränen vergießen. Ach, welch' ein Bild des Elends stellte sich dar, als wir endlich um uns blickten! Nebenher und so weit das Auge reichte, saßen auf den Anhöhen ringsum die verarmten Familien in schmerzlichen Gruppen bei dem Wenigen, was sie der Wuth des Elementes mit Mühe entzogen hatten, und blickten trauernd hinab in das Thal, welches in undurchsichtigem Rauch gehüllt vor ihnen lag. Da war jedes Auge feucht, jeder bedauerte wechselweise sich selbst und die Andern, denn das Unglück hatte Alle zu Brüdern gemacht. Da unten rauchten und glühten nun die Trümmer ihrer Habe, mit ihnen war ihr Wohlstand und ihr Glück untergegangen. Glücklich wer aus der größten Noth sich selbst und seine Verwandten gerettet sah, der konnte noch danken bei dem allgemeinen Elend."

So weit die Schilderung dieses namenlosen Unglückes, welches über Niemes verhängt war. Uebrigens erholte sich die Stadt nur sehr langsam von dem Schlage, der sie getroffen hatte; noch lange — sehr lange Zeit nachher konnte man die Spuren der großen Verarmung in Niemes wahrnehmen; dazu kam noch, daß die Hand-strickerei, welche in Niemes derzeit von Vielen als Gewerbe betrieben wurde und die Jahrmärkte in weiter Umgebung mit Wollwaaren versah, durch die später auftauchen-den Maschinen gänzlich verdrängt wurde, wodurch eine große Anzahl der Ein-wohner nothwendig brotlos werden mußte. Möge die Eisenbahn, welche nun seit dem Herbste 1867 auch die Umgebung von Niemes durchzieht, dem Städtchen das wieder ersetzen, was durch die Ungunst der Zeit und der Verhältnisse verloren gegangen ist.

Die Namen der hier durch längere Zeit eingebürgerten Familien sind folgende:

Allnoch	Jakſch	Preißler	Steinſelder
Beckert	Kieſeweller	Prokop	Stricker
Berr	Kieklich	Pahl	Stroh
Biernert	Klaus	Punzmann	Juske
Blümel	Klein	Pürſchel	Täubner
Böhm	Klimpel	Richler	Thum
Elßner	Kunert	Riedl	Tille
Engel	Kürſchner	Nößler	Ullrich
Erbstein	Linke	Scharf	Wanke
Laber	Mallauch	Schickelanz	Weiß
Fehlinger	Niklatſch	Schneider	Mießner
Greißler	Paß	Schubert	Wollmann
Gürlich	Pelz	Schwab	Würſel
Gürth	Peukert	Schweiger	Zippe.
Haase	Pfau	Seemann	
Hubert	Plachl	Seidl	

Biographiſche Notizen der Familie Lorinſer zu Niemes in Böhmen.

Die beiden Söhne des Müllers Franz Anton Lorinſer in Schuſſenried, nämlich Franz Menrad und Franz Anton, hatten die Wundarznei gelernt, und traten zur Zeit des 7jährigen Krieges als Feldärzte in öſterreichiſche Dienſte. Der ältere, Menrad, diente bis zum Jahre 1792 im 2ten Walachen-Grenzregimente und ſtarb 1794 kinderlos zu Földra in Siebenbürgen. Der jüngere Bruder **Franz Anton**, (mein Großvater), geboren zu Schuſſenried am 1. December 1739, befand ſich nach Beendigung des Krieges im J. 1763 in Garniſon zu Niemes in Böhmen und lernte daſelbſt die Tochter Franziska des Wundarztes Ignaz Gärtner kennen, welche in Abweſenheit ihres Vaters, der zugleich Poſtmeiſter war, mit der Expedition der Briefe beſchäftigt zu ſein pflegte.

Nach kurzer Zeit, am 25. April 1763, verehelichte ſich der 24jährige Franz Anton Lorinſer mit Franziska Gärtner *), welche damals im 26. Jahre ſtand;

---

*) Durch die Verehelichung des Großvaters mit Franziska Gärtner wurde die Familie Lorinſer mit den Blutsfreunden des Erzbiſchofs Mayer im dritten Grade der Schwägerſchaft verwandt, und erhielt dadurch Anſprüche auf mehrere Stipendien, welche vom Erzbiſchofe Mayer für Gymnaſialſchüler vorzugsweiſe ſeiner Verwandtſchaft geſtiftet worden waren. Dieſe Verwandtſchaft iſt folgendermeiſe begründet:

Der Stammvater der Erzbiſchöflich-Mayer'ſchen Blutsfreunde, Johann Mayer, hat gezeuget:

1. **Martin Mayer**, dieſer hat gezeuget:
2. **Martin Mayer**, verehelicht mit Maria Schmid; dieſe zeugten:
3. **Dorothea Mayer**, verehelicht mit Joh. Georg Baugntt; dieſe zeugten:

er ließ sich in Niemes als Wundarzt nieder, nachdem er aus dem Militärverbande getreten war, und gewann bald so viele Mittel, ein Haus sein eigen zu nennen. Da sein Vater in Würtemberg bereits gestorben war, ließ er seine Mutter. Maria Anna geborne Ströbler von Schussenried nach Niemes kommen, und verpflegte die gutmüthige alte Frau, welche ihre vaterländische schwäbische Tracht und Sprache auch in Böhmen beibehielt und bei allen Nachbarn gerne gesehen war und gerne gehört wurde, mit kindlicher Pietät in seinem Hause bis zu ihrem Tode, der am 7. Jänner 1772 erfolgte. Als Arzt und Mensch erwarb sich Franz Anton L. bald die Achtung und Zuneigung seiner Mitbürger, insbesondere aber den Dank der Armen, denen er immer hilfreich beigestanden war. — Da es in der Umgebung an Aerzten fehlte und sein ärztlicher Ruf rasch zugenommen hatte, war er genöthigt, einen großen Theil seiner Zeit den Kranken in der Umgebung zu widmen; mit dem grauen Militärmantel angethan, pflegte er von Ort zu Ort zu reiten und oft erst nach mehrtägiger Abwesenheit wieder nach Niemes zurückzukehren. Bei diesen Ausflügen, welche sich auch in sehr entlegene und einsame Dörfer erstreckten, führte er eine kleine, nieblich gearbeitete Handapotheke mit sich, welche die wichtigsten Arzneikörper, Reibschalen, Wage und Gewichte ꝛc. enthielt; am Sattelknopfe hing überdieß ein geräumiger Beutel, der dazu bestimmt war, das empfangene Honorar aufzunehmen und der bei der Rückkunft mit Thalern gefüllt zu sein pflegte. Durch den reichlichen Ertrag der ärztlichen Praxis, durch Fleiß und Sparsamkeit war Franz Anton L. in den Stand gesetzt, sein Hauswesen zu vergrößern, nach und nach sich Felder und Wiesen anzukaufen und auf diese Weise ein anständiges Besitzthum zu erlangen. Leider konnte er die Früchte seiner Thätigkeit nicht lange genießen; im Herbste des Jahres 1786 erkrankte er an einem „gallicht gichtischen" Uebel, litt durch 17 Wochen die heftigsten Schmerzen und starb endlich, nachdem sich „die Krankheit auf die Brust abgelagert hatte", am 17. Februar 1787 im 49. Jahre seines Lebens. Er hinterließ eine Witwe mit 5 unversorgten Kindern. Sein ältester Sohn

Ignaz Lorinser (mein theurer Vater), war geboren zu Niemes am 22. August 1771; er hatte die Volksschule daselbst besucht und war bereits im J. 1784 in seinem 13. Jahre als chirurgischer Lehrling aufgenommen und im J. 1786 beim chirurgischen Gremium in Jungbunzlau freigesprochen, d. i. als chirurgischer Gehilfe erklärt worden. Nach dem Tode seines Vaters war alle Hoffnung der Familie auf ihn, als den ältesten Sohn, gerichtet. Ignaz L. suchte diese Hoffnung zu rechtfertigen und reiste schon am 28. März 1787 von Niemes nach Wien, um daselbst die Wundarzneikunde und Geburtshilfe zu studiren. Obwohl er zum Beginne des Lehrcurses schon zu spät kam, wußte er es doch durch fleißigen Besuch der Collegien und durch Aufmerksamkeit und Strebsamkeit dahin zu bringen, daß er nach Anhörung der Collegien über Chirurgie, Medicin, Geburtshilfe und Thierheilkunde schon am 8. März 1788 — zum Hauptexamen für das Patronat der

---

4. Johann Georg Sangull, verehelicht mit Anna Mayer; diese zeugten:
{   Bartholomäus Sangull, verehelicht mit Magdalena Gürth. Diese
5. {   Magdalena Gürth ist eine leibliche Schwester der
{   Margaretha Gürth, verehelicht mit Ignaz Gärtner; diese zeugten:
6. Franziska Gärtner, verehelicht mit Franz Anton Lorinser.

Chirurgie, am 23. Mai 1788 zum Hauptexamen aus der Geburtshilfe zugelassen wurde. Unter seinen Lehrern waren es besonders Leber, Professor der Chirurgie, und Steidele, Professor der Geburtshilfe, welche er sein ganzes Leben hindurch hoch verehrte, und von denen er stets mit der größten Pietät sprach. Nach glücklich vollbrachten strengen Prüfungen wollte Ignaz L. noch durch längere Zeit in Wien verbleiben, um sich noch weiterhin auszubilden und zu vervollkommnen, — leider gestatteten dieß die häuslichen Verhältnisse seiner Familie nicht, und somit kehrte er auf dringendes Bitten seiner Mutter Ende Juli 1788 als diplomirter Chirurg und Geburtshelfer nach Niemes zurück, um daselbst — volle 17 Jahre alt — sein selbstständiges Wirken als Arzt zu beginnen.

Durch sein kluges, gegen Jedermann humanes Benehmen und durch zweck- mäßige Anwendung der in Wien fleißig studirten Grundsätze der Heilkunde, durch klaren Verstand und gediegenes Urtheil in der ärztlichen Praxis (die unentbehr- lichsten Eigenschaften eines guten Arztes), erwarb sich Ignaz L. nicht nur in kurzer Zeit die Liebe und Achtung, sondern auch das vollste Vertrauen seiner Mitbürger als Mensch und Arzt, und gelangte bald zu einem nicht unbedeutenden Rufe in der Umgebung. Schon im nächsten Jahre — 1789 — erhielt er nach einer erfolgreichen Behandlung des dermaligen Herrschaftsbesitzers Grafen von Hartig die obrigkeitliche Anstellung als Herrschaftsarzt; als seine Stellung hin- reichend gesichert war, verehelichte sich Ignaz L. am 19. October 1795 mit Mag- dalena Schors, der Tochter des Kaufmannes Lorenz Schors in Reichstadt, dessen Großvater (Georges) aus dem Elsaß gebürtig und im Dienste des Prinzen Eugen von Savoyen gewesen sein soll.

Wenn man bedenkt, daß die damalige Ausbildung der Wundärzte in großen und schwierigen Operationen während ihrer Studienzeit auf der Universität doch nur eine sehr mangelhafte war, so muß es in der That als ein Zeichen von großer Geschicklichkeit, Geistesgegenwart und wissenschaftlicher Strebsamkeit gelten, wenn Ignaz L. schon im Anfange seiner ärztlichen Laufbahn auch die schwierigsten Operationen mit glücklichstem Erfolge unternahm.

Aber alle diese bisherigen so tüchtigen Leistungen des bescheidenen Land- wundarztes wurden noch weit übertroffen durch die von ihm an einer und der- selben Person zweimal mit dem glücklichsten Erfolge ausgeführte Operation des Kaiserschnittes. Diese Person war eine arme Webersfrau, Barbara Gröger, welche nach der in ihrer Jugend überstandenen Knochenerweichung ein ganz verbildetes und verengtes Becken zurückbehalten hatte.

Als diese Unglückliche nach ihrer Verehelichung guter Hoffnung wurde und endlich die Zeit ihrer Entbindung herannahte, blieb für die Rettung der Frau nichts anderes zu thun übrig als der Kaiserschnitt, den Ignaz L. am 26. August 1802 nach vorhergegangener Consultation mit Herrn Med. Dr. Josef Bernt (da- mals Fabriksarzt in Cosmanos, später Professor der Staatsarzneikunde zu Wien) und unter Assistenz des Wundarztes und getreuen Freundes Gürth aus Gabel und des Wundarztes Krauß aus Wartenberg glücklich vollführte und dadurch einen lebenden Knaben zur Welt beförderte. Die Operirte genas in verhältniß- mäßig kurzer Zeit, kam jedoch nach 2 Jahren abermals in die Hoffnung, und es blieb auch dießmal nichts anders übrig als der Kaiserschnitt. Ignaz L. zog seine Collegen und Freunde, die Wundärzte Gürth aus Gabel, Russi und Krauß aus

Wartenberg, und seinen Schwager den Wundarzt Schwan aus Neustadtl bei Leippa, zur Operation bei, welche am 20. Februar 1805 mit dem besten Erfolge von ihm vollzogen wurde. Diese zweite Operation gewährte noch ein weit höheres wissenschaftliches Interesse dadurch, daß unter den heftigen Wehen, welche vor dem Beginne der Operation eintraten, der Fruchthälter zerrissen und das Kind sammt dem Mutterkuchen in die Bauchhöhle getreten war, ein Umstand, der vom Operateur noch vor der Operation constatirt wurde. Das Kind wurde todt zur Welt gefördert, doch genas die Kranke trotz dieser höchst gefährlichen Umstände und lebte noch viele Jahre bis in ihr hohes Alter zu Niemes. (Prager Ober-postamtszeitung vom 27. Sept. 1802 und vom 20. März 1805.) Den glücklichen Erfolg dieser höchst gefährlichen Operation erreichte Ignaz L. hauptsächlich durch eine höchst praktische Verbandmethode und Nachbehandlung, welche er in Siebold's Journal für Geburtshilfe, 3. Band, 1. Stück, 1819 veröffentlichte; aber auch die Menschenfreundlichkeit und Nächstenliebe des Operateurs, welcher die arme Unglückliche in ihrer äußerst dürftigen Lage mit allen ihm zu Gebote stehenden Mitteln unterstützte, dürften nicht wenig zur Rettung der Kranken beigetragen haben. Sein Ruf als Operateur und Geburtshelfer verbreitete sich immer mehr selbst in weitere Kreise, er wurde nicht nur in allen schwierigen Fällen von seinen Collegen in der Umgebung zu Rathe gezogen, sondern er verrichtete selbst in weiter Entfernung und mit seltenem Glücke viele chirurgische und geburtshilfliche Operationen; durch fleißiges Lesen der besten medicinischen und chirurgischen Werke und Zeitschriften blieb er stets mit den neuesten Fortschritten der Wissenschaft vertraut.

Aber auch Kummer, Leid und Unglück suchten den edlen Arzt heim. Am 3. September 1802 verlor er seinen geliebten Bruder Prokop, der im 29. Lebensjahre an der Lungenschwindsucht verschied. Im J. 1805 bedrängte eine Hungersnoth die Einwohner von Niemes in einer so fürchterlichen Weise, daß selbst Bürgersleute ein umgestandenes Stück Rind dem Abdecker entrissen und in Stücke zertheilten, um ihren Hunger zu stillen. Der Strich Korn wurde am 12. Juli 1805 zu Niemes auf dem Wochenmarkte um 42 fl. verkauft.

Am 11. Juni 1806 vernichtete eine Feuersbrunst den größten Theil von Niemes; auch Haus und Hof des Ignaz L., nach so eben beendigten kostspieligen Reparaturen und Zubauten, wurde eben so wie das Haus seiner Mutter ein Raub der Flammen; die obdachlose Familie wurde Anfangs von einem Bäcker Franz Seemann aufgenommen, später aber von der Frau Gräfin v. Hartig in das herrschaftliche Schloß einquartiert. Unterstützt von zahlreichen Freunden wurde Ignaz L. endlich wieder in die Lage versetzt, ein neues Haus aufzubauen; er bezog mit seiner Mutter das neue Haus, aber schon im nächsten Jahre (1807) verlor er diese seine geliebte Mutter Franziska geborne Gärtner durch den Tod.

In dieser Zeit war die Zahl der Kinder bereits auf 7 angewachsen, und da nun die ältesten 3 Söhne, Ignaz, Franz und Andreas gleichzeitig in Prag die Gymnasialclassen studirten, so gehörte immerhin die größte Strebsamkeit und Sparsamkeit dazu, um die vielen Auslagen für die Ausbildung der Söhne zu erschwingen. Dabei übte Ignaz L. eine seltene Gastfreundschaft nicht nur gegen Bekannte und Freunde, sondern auch gegen Fremde; sein Haus war nicht selten der Sammelplatz einer heitern, lebensfrohen Gesellschaft, sein frohes Gemüth und fein gewinnendes freundliches Wesen würzte stets das bescheidene Mahl und schuf seiner heitern Tafelrunde manche vergnügte Stunde. In dem Kriegsjahre 1813 hatte er insbesondere als Postmeister (denn dieses Geschäft war schon von seinem Großvater Gärtner auf ihn gekommen), eine harte Stellung gegenüber den hereinbrechenden Franzosen. Diese verlangten von ihm die Auslieferung der neuesten Zeitungen, und ein heißblütiger Offizier setzte ihm einst sogar die Pistole an die Brust, um von ihm Nachrichten über die Stellung der kaiserl. Truppen zu erpressen. Umsonst, Ignaz L. wurde seiner patriotischen Pflicht keinen Augenblick untreu; über seine ausgezeichnete politische Haltung und patriotische Dienstleistung während der Kriegszeit wurden ihm später die ehrenvollsten Zuschriften und Belobungen von Seite der Behörden zu Theil.

Im J. 1820 wurde derselbe durch den Verlust seiner ältesten Tochter Marie, welche an den Niemeser Kaufmann Franz Riedl seit zwei Jahren verheiratet war und am Kindbettfieber starb, auf das schmerzlichste berührt. Mit großer Freude und einem gewissen väterlichen Stolz erfüllten ihn hingegen die Leistungen und die ehrenvolle Laufbahn seines ältesten Sohnes Carl Ignaz, der als Med. Doctor in Preußen sehr rasch zur Stelle eines Medicinal- und Regierungsrathes emporgestiegen war (1823).

Als in späteren Jahren mehrere Söhne und Töchter des noch immerhin rüstig schaffenden Familienhauptes verheiratet und mit Kindern gesegnet waren, fühlte sich derselbe stets um so glücklicher, je zahlreicher er von seinen Kindern und Enkeln umgeben war, bei welchen Gelegenheiten mehrere gemüthliche Familienfeste gefeiert wurden. — Im Herbste des Jahres 1832 wurde die Thätigkeit des bereits alternden Arztes durch die derzeit in Niemes herrschende Cholera-Epidemie auf eine außerordentliche Weise in Anspruch genommen. Von den circa 3000 Einwohnern des Städtchens erkrankten damals über 400, von denen 120 starben. Da der Sohn Andreas, der ebenfalls Wundarzt in Niemes war, die Kranken in den umliegenden Ortschaften zu behandeln übernommen hatte, so fiel dem Vater die Behandlung der in Niemes Erkrankten fast allein zu, und da die große Menge der Erkrankungen in wenigen Wochen vorkam, so war derselbe von früh Morgens bis spät in die Nacht ununterbrochen angestrengt; oft kehrte er im höchsten Grade erschöpft und vom Schweiße triefend, von dem mühsamen Tagwerke nach Hause, um schon in der nächsten Minute wieder die in der Zwischenzeit neu gemeldeten Kranken zu besuchen, und selbst des Nachts waren ihm nur selten einige Ruhestunden vergönnt.

In allen diesen schweren und kummervollen Tagen stand ihm stets seine Gattin Magdalena helfend und tröstend zur Seite; sie war das Bild einer wirthschaftlichen, unverdrossenen, stets thätigen und schaffenden Hausfrau, einer liebevollen Gattin und Mutter; Leid und Freud hatte sie stets mit ihrem Lebensgefährten getheilt und war immer seine treue Stütze und Pflegerin gewesen; aber bereits im J. 1830 erlitt sie einen schlagähnlichen Anfall, der sich auch in den folgenden Jahren öfter wiederholte und eine Schwäche in einem Fuße zurückließ; endlich gesellten sich zu den Lähmungserscheinungen auch noch (im J. 1836) heftige Convulsionen, unter denen die gute Mutter sehr viel zu leiden hatte; später trat noch Bewußtlosigkeit hinzu, aus welcher sie nur selten und für kurze Augenblicke erwachte.

(Mit unendlicher Wehmuth erfüllt mich noch jetzt die Erinnerung an den letzten Abschied von meiner Mutter, als ich am 26. September 1836 nach Wien abreisen mußte, um daselbst meine Studien fortzusetzen. Sie lag bereits mehrere Tage bewußtlos dahin, das Gesicht wurde von stets wiederkehrenden Krämpfen verzerrt, am ganzen Körper trieben krampfhafte Muskelzuckungen ihr grausames Spiel; ich wollte, da die Stunde der Abreise herannahte, meiner geliebten Mutter den Abschiedskuß geben — den letzten Kuß, denn ich konnte nicht mehr hoffen, sie wiederzusehen. Leise trat ich an ihr Krankenlager mit Thränen in den Augen; da belebten sich plötzlich ihre starren Augen, mit dem Ausdrucke eines unendlichen Schmerzes richtete sie ihren Blick auf mich; sie hatte mich in diesem so unverhofft eingetretenen lichten Augenblicke erkannt, und konnte nun — meinen nahen Abschied ahnend — ihre Thränen nicht mehr zurückhalten. Unfähig zu sprechen, deutete sie mühsam auf eine Schublade in dem nahe stehenden Kasten; ich öffnete die Lade und fand darin den Sparpfennig, den sie in ihrer unvergeßlichen mütterlichen Fürsorge für mich aufbewahrt hatte, und den sie mir nun als letztes Angedenken mit auf die Reise geben wollte. Nur wenige Augenblicke noch — und die Augen der guten Mutter wurden wieder starr, ihre Gesichtszüge verzerrten sich zu einem krampfhaften Lachen und — meine Zeit war um — ich mußte sie in dieser Stimmung verlassen — um sie nie mehr wiederzusehen.)

Sie starb endlich nach langen bitteren Leiden am 29. December 1836. Ihre Tochter Josepha, welche an den k. k. Straßenmeister Eugen Böhm zu Haida verheiratet war, war ihr schon im J. 1834 mit Hinterlassung zweier Töchter in's Jenseits vorangegangen.

Der verwitwete Vater war von dieser Zeit an in hohem Grade niedergebeugt, doch war ihm — zu seiner Erheiterung und Tröstung — im Jahre 1838 am 8. März die Freude vorbehalten, sein 50jähriges Jubiläum als Arzt zu feiern. Er selbst wollte diesen Tag nur still im häuslichen Kreise zubringen, doch hatten seine Freunde und insbesondere Herr Pater Adalbert Würfel, derzeit Erz-Dechant und bischöflicher Vicar zu Niemes — zur Feier dieses Tages ein solennes Fest veranstaltet. Der greise Arzt wurde in die Kirche geführt, woselbst er am Altare von der Geistlichkeit, den Beamten, dem Gemeindevorsteher und den Jüngsten der Zünfte empfangen wurde; ein Betstuhl stand hier für den Jubilanten bereit. Herr P. Würfel hielt daselbst eine ergreifende Rede, welcher ein feierliches Hochamt und endlich ein großes Festmahl folgte, bei welchem unter den theilnehmenden Gästen eine Sammlung zur Gründung einer Stiftung stattfand, deren jährliches Erträgniß für zwei alte, arme Bürger von Niemes bestimmt wurde.

Im folgenden Jahre 1839 sah der gute Vater seinen Sohn Andreas, der ebenfalls Wundarzt in Niemes war und den Vater in der oft beschwerlichen Praxis unterstützte, rasch dahinsiechen und sterben.

Der Vater war schon seit mehreren Jahren mit sehr schmerzhaften Gichtanfällen geplagt gewesen, seine Füße wurden allgemach schwach, sein Körper sank zusammen, das Gesicht fiel ein, doch immer noch hatte er eine gewisse Heiterkeit des Geistes bewahrt; die Leiden des Alters kamen indessen zahlreicher über ihn, die körperliche Schwäche nahm zu, zuletzt trat sogar Lähmung der Füße ein, und so endete der liebevollste Vater, der beste Mensch, der so thätige und verdienstvolle Arzt, am 25. August 1841 sein thatenreiches Leben. Ungeheuer war die

Volksmenge, welche seine Leiche auf den Friedhof begleitete, aufrichtig und herzlich die Theilnahme der Bewohner von Niemes und der weiten Umgebung. Sanft ruhe seine Asche!

Wohnhaus des Wundarztes Ignaz Lorinser in Niemes.

Ignaz (Carl Ignaz) Lorinser, der älteste Sohn des Wundarztes Ignaz L., wurde zu Niemes am 24. Juli 1796 geboren. In seinem 8. Jahre wurde er gemeinschaftlich mit seinem Bruder Franz nach Řžepin bei Melnik geschickt, um dort die czechische Sprache zu erlernen und in der Musik unterrichtet zu werden. Nach drei Viertel Jahren kehrte er nach Niemes zurück, und erhielt hier einen besseren Lehrer. Als aber das Städtchen 1806 durch einen furchtbaren Brand zerstört worden war, wurde er von einem Freunde des Vaters, dem reichen Cottonfabrikanten Herrn Ignaz Leitenberger in Reichstadt gastlich aufgenommen und genoß gemeinschaftlich mit dessen Söhnen den Unterricht in den gewöhnlichen Schulgegenständen, ferner im Zeichnen, der Geographie und Naturgeschichte. Im nächsten Jahre zog ihn jedoch Heimweh wieder zu seinen Angehörigen in das neu erbaute Wohnhaus. Da die mangelhafte Elementarschule in Niemes dem strebsamen Knaben nicht mehrte genügte, wurde er im J. 1808 zu dem Localisten Herrn Pater Lehmann nach Hennersdorf (bei Wartenberg) gebracht, um daselbst für die Gymnasial-classen vorbereitet zu werden.

Im J. 1809 und 1810 wurde der Unterricht in den Gegenständen der zwei ersten Gymnasialclassen von Herrn Pater Anton Schneider und später von dem Theolog. Candidaten Herrn Adalbert Würfel in Niemes fortgesetzt, worauf C. Jg. L. endlich auf das Gymnasium zu Prag geschickt wurde. Hier mußte durch Fleiß das ersetzt werden, was durch die öfteren Unterbrechungen des früheren Unterrichtes und den wiederholten Wechsel der Lehrer mangelhaft geblieben war. Geschichte und Naturkunde sagten dem Gymnasiasten am meisten, Mathematik am wenigsten zu. Die Musik wurde zudem mit Erfolg betrieben, das Zeichnen mit Lust, die Poesie aber vor allen andern mit ausgesprochener Vorliebe. Ignaz L. war unter den Gymnasiasten der beste Poet, und diese dichterische Anlage mag wohl Ursache gewesen sein, daß der Jüngling durch entsprechende Lectüre und Gesellschaft schon damals in eine etwas romantische, schwärmerische Stimmung versetzt worden war. Nach absolvirtem Gymnasium (1813) trat C. Jg. L in die phylosophischen Studien ein, aber die damalige Einrichtung der österr. Unterrichtsanstalten konnten den strebsamen Geist des jungen phantasiereichen Mannes nicht befriedigen, der herrschende Schulzwang war ihm unerträglich geworden; das phylosophische Studium auf der Prager Universität abbrechend, ging er im J. 1814 auf die neu entstandene und glänzend ausgestattete Universität in Berlin, woselbst er am 23. October ankam. C. Jg. L hatte sich schon damals für das Studium der Medicin fest entschieden, doch war diese Entscheidung nicht ohne inneren Kampf und nicht ohne eine gewisse Selbstüberwindung erfolgt; seine Anlagen schienen ihn Anfangs mehr zur Kunst zu ziehen als zur Wissenschaft, endlich brachte die Liebe zur Natur und die Rücksicht auf die Wünsche des Vaters den Entschluß — Arzt zu werden, zur Reife.

Voll von Wißbegierde, aber ziemlich entblößt von äußeren Hilfsmitteln, lernend und unterrichtend, hatte er in Berlin große Schwierigkeiten zu überwinden. Da die Einnahmen des Vaters auch für die übrigen Kinder verwendet werden mußten, und trotz der Beiträge, welche die Schwestern aus ihren Sparkassen für ihren in Berlin lebenden Bruder zusammenschossen, zu seinem Unterhalte nur nothdürftig hinreichten, war C. Jg. L. genöthigt, in dem Hause des Kaufmannes Döllen eine Hauslehrerstelle anzunehmen. In diesem Hause, woselbst er einige Jahre wohnte, lernte er seine künftige Gattin Auguste Fritze kennen.

Am 30. August 1817 wurde C. Jg. L. unter dem Decanate Hufeland's zum Doctor der Medicin promovirt. Hierauf begab er sich nach Wien und widmete seine Zeit ausschließlich dem Besuche der Spitäler. Es lag sowohl in seiner Absicht, als in der seiner Eltern und Verwandten, daß der im Auslande promovirte junge Doctor nun auch im Vaterlande das Recht der ärztlichen Praxis erlangen möchte, doch scheiterten alle diese Bemühungen an der dermaligen Studieneinrichtung in Oesterreich, welche das Studium im Auslande untersagte, Zeugnisse von fremden Universitäten nicht anerkannte und jahrelange Wiederholungen an einer inländischen Universität verlangte. C. Jg. L. war schon aus ökonomischen Gründen nicht im Stande, sich diesen Bedingungen zu unterwerfen.

Mit Wehmuth verließ er im Jahre 1818 — fast flüchtigen Fußes (denn man hatte ihm in Wien einen Paß ins Ausland verweigert), sein Vaterland, und kehrte nach Berlin zurück, wo man ihn wohlwollend aufnahm. Nach abgelegter Staatsprüfung wurde er bald (Juli 1818) an der neu zu organisirenden Thierarzneischule als Repetent angestellt, da er für eine solche Stelle wegen seiner früheren Beschäftigung mit vergleichender Anatomie und Naturgeschichte vorzüglich geeignet erschien.

Am 1. December 1819 vermählte er sich mit Auguste Wilhelmine Theresia gebornen Fritze, der Tochter eines Berliner Kaufmannes. Sie war den 18. Februar

1798 zu Berlin geboren und protestantischer Religion, legte jedoch im J. 1824 in den Pfingstfeiertagen zu Zippnow — einem Dorfe in Westpreußen an der Pommer'schen Grenze — das katholische Glaubensbekenntniß ab.

Der Erfolg der Thätigkeit des C. Jg. L. an der Berliner Thierarzneischule entsprach zwar vollkommen den Erwartungen der höchsten Behörde, aber er erkannte doch stets, daß die Thierheilkunde für ihn nur ein Hilfsmittel, aber nicht das Ziel und die Aufgabe sei, auf welche er sich ausschließlich beschränken könne. Sein viel umfassenderer Beruf für die gesammte Heilkunde veranlaßte ihn, aus jenem Dienstverhältnisse nach kaum 2 Jahren wieder freiwillig auszuscheiden, und sich als Privatdocent an der Universität zu habilitiren. Gleichzeitig erwarb er sich die Befähigung zum Physicus und erfreute sich des Wohlwollens der besten Männer, die damals an der Spitze des preuß. Medicinalwesens standen, insbesondere aber des damaligen Staatsrathes Dr. Langermann, dessen kräftiger Geist und väterliche Freundschaft von großem Einflusse auf die Bildung und Wirksamkeit des jungen Arztes waren.

Im J. 1822 wurde C. Jg. L. vom Könige zum Rathe und Mitgliede des Stettiner Medicinal-Collegiums der Provinz Pommern, im März 1824 zum Regierungs- und Medicinalrathe in Cöslin ernannt, und im J. 1825 in gleicher Eigenschaft zur oberschlesischen Regierung nach Oppeln versetzt, in einen Bezirk, der wegen der vielen dort vorkommenden Epidemien und Thierseuchen die größte Thätigkeit und Umsicht erforderte Die Erfolge seines Strebens, besonders die schnelle Beseitigung der häufig aus Polen eindringenden Rinderpest, erhöhten jetzt das Vertrauen, welches ihm überall und namentlich von seinen Vorgesetzten zu Theil ward.

Als im Kriege zwischen Rußland und der Türkei die orientalische Pest sich weithin durch die Moldau und Walachei verbreitete und bereits einen Ort in Galizien ergriffen hatte, entstand die Frage, ob u nd welche Maßregeln von Seite Preußens anzuwenden seien, um diese drohende Gefahr abzuwenden. Nach einem Beschlusse des Staatsministeriums wurde C. Jg L. beauftragt, sich von dem Stande der Sache näher zu unterrichten, die im Auslande getroffenen Sicherheitsanstalten zu prüfen und darüber gutachtlich zu berichten. Er vollbrachte seine Sendung im Herbste und während des strengen Winters 1829—30, besuchte auch die längs der russischen und türkischen Grenze gelegenen k. k. österr. Contumaz-anstalten in Gallzien, Siebenbürgen, Banat und Slavonien, wobei ihm durch Vermittlung des Ministers Fürsten von Metternich überall der freundlichste Empfang und die bereitwilligste Unterstützung zu Theil wurde, und kehrte erst zum Frühjahr 1830 durch Ungarn von dieser weiten, mit unendlich vielen Schwierigkeiten und Gefahren verbundenen Reise zurück. — Später noch öfters mit außerordentlichen Aufträgen vom preuß. Ministerium betraut, blieb C. Jg. L. fortwährend Medicinal-Referent in Oberschlesien, wo fast kein Jahr verging, in welchem nicht irgend eine schwere Epidemie (Typhus, Ruhr, Wechselfieber, Cholera, Rinderpest) zu bekämpfen war.

C. Jg. L. war aber nebstdem, daß er als Arzt und Sanitätsbeamter fungirte, auch medicinischer Schriftsteller; seine wissenschaftlichen Forschungen fallen in eine Zeit, in welcher insbesondere die Lehren der pathologischen Anatomie und die physikalischen Untersuchungsmethoden in der medicinischen Pathologie eine große Rolle zu spielen anfingen.

C. Jg. L. verfolgte mit Eifer den naturwissenschaftlichen Weg in seinen ärztlichen Forschungen und es ist unbestreitbar eines seiner größten Verdienste, daß
er schon als junger Arzt, kaum 27 Jahre alt, jene wichtigen Lehren der Auscul-
tation und Percussion, welche von Anenbrugger in Wien zuerst angeregt, von
Laennec in Frankreich weiterhin entwickelt und zu einem der wichtigsten diagno-
stischen Hilfsmittel erhoben worden waren, in der medic. Pathologie der Lungenkrankheiten zu verwerthen, mit den Grundlehren der pathologischen Anatomie in
Einklang zu bringen verstand. Er war der erste Arzt in Deutschland, der diese
wichtigen Entdeckungen, in Verbindung mit den wissenschaftlichen Leistungen anderer französischer und englischer Aerzte — zusammenfaßte, und in ihrer praktischen
Anwendung veröffentlichte —, viele Jahre früher, als man in Wien auf diese
Entdeckungen aufmerksam wurde und durch Verwerthung derselben die sogenannte
neue Wiener Schule gründete.

Was nun die schriftstellerische Thätigkeit des C. Jg. L. anbelangt, so sind außer
mehreren kleineren Abhandlungen, die sich in verschiedenen Zeitschriften zerstreut
finden, vorzüglich nachstehende größere wissenschaftliche Werke desselben zu er-
wähnen:

1. **Die Lehre von den Lungenkrankheiten**, nach ihrem gegenwärtigen Zustande
   und mit vorzüglicher Hinsicht auf die pathologische Anatomie dargestellt.
   Berlin 1523. 537 S.
2. **Die Untersuchungen über die Rinderpest**, Berlin 1831. 252 S.
3. **Die Pest des Orients**, wie sie entsteht und verhütet wird. Berlin 1537.
   461 S.

Zu den beiden letztgenannten Werken hatten eigene Erfahrung, Reisen und
Literaturkenntniß dem Verfasser ein reiches Materiale geliefert; beide wurden seiner
Zeit von Sachverständigen als Hauptwerke über die bezüglichen Gegenstände an-
erkannt, für das letztgenannte erhielt der Verfasser vom Könige die goldene Medaille für Kunst und Wissenschaft. Da aber diese beiden Werke von Krankheiten
handelten, welche den meisten Aerzten sehr ferne liegen, so brachten sie ohngeachtet ihrer Wirkung und der ihnen wiederfahrenen Anerkennung nicht das Auf-
sehen im großen Publikum hervor, welches entstand, wenn C. Jg. L. in kürzeren
Aufsätzen gegen öffentliche Irrthümer ankämpfte. Dieß war der Fall im J. 1831,
als er gegen die vorherrschende Meinung die Nutzlosigkeit der Militärcordons und
der Contumazanstalten gegen die Cholera in einer Recension bewies, die aus den
Jahrbüchern für wissenschaftliche Kritik (Berlin) sofort in die Staatszeitung und
dann auch in auswärtige Blätter überging. Die schleunige Auflösung jener An-
stalten folgte darauf. Noch lebhafter und länger dauernd war die Bewegung, als
im J. 1836 zuerst in der medicinischen Zeitung des Vereines für Heilkunde und
dann auch im Buchhandel die bekannte Abhandlung „zum Schutz der Gesundheit in den Schulen" von C. J. Lorinser erschien, welche, einem allgemein
gefühlten Bedürfnisse entsprechend, die Aufmerksamkeit von halb Europa auf sich
zog und unter den Schulmännern und Philologen mehr als 70 Streitschriften
für und wider hervorriefen. Die alsdann eingetretene Reform der preußischen
Gymnasien genügte zwar den Erwartungen nicht, doch wurden mehrere Mißbräuche
beseitigt, bessere Lehrmethoden empfohlen und Turnanstalten eingerichtet.

Der Freimuth, mit welchem C. Jg. L. die einmal erkannte Wahrheit selbst gegen mächtige Widersacher auszusprechen pflegte, hat die hohe Achtung nicht mindern, die Anerkennung nicht schmälern können, die ihm allgemein zu Theil geworden ist. Viele gelehrte Gesellschaften des In- und Auslandes haben ihn durch Uebersendung ihrer Diplome geehrt. Schon im J. 1832 hatte er vom Könige von Preußen den rothen Adlerorden erhalten, und bald nach der Thronbesteigung Friedrich Wilhelm's IV. wurde er zum geheimen Medicinalrathe ernannt und in eine höhere Ordensclasse aufgenommen.

Durch die mit vielen Reisen und fortgesetzten Studien verbundenen Berufsgeschäfte wurde aber allmälig seine Gesundheit geschwächt und durch den am 26. Februar 1840 erfolgten Tod seiner innigst geliebten und vortrefflichen Gattin noch mehr erschüttert. Im J. 1842 ging er deshalb nach Italien und verlebte den folgenden Winter größtentheils in Rom; später war er genöthigt, von Zeit zu Zeit in den Carlsbader, Töplitzer (Böhmen) und Gasteiner Heilquellen Erleichterung zu suchen.

Nachdem er noch am 24. November 1850 sein 25jähriges Jubiläum als Rath bei der Regierung zu Oppeln gefeiert hatte, bei welcher Gelegenheit ihm ein kostbarer silberner Pokal von dem Medicinalpersonale verehrt worden war, schied er am 13. März 1851 aus dem Staatsdienste und verlebte den Rest seiner Tage zu Patschkau in preuß. Schlesien, woselbst ihm noch die unerwartete Genugthuung zu Theil wurde, daß ihm der König den rothen Adlerorden II. Klasse mit Eichenlaub nachträglich verlieh.

Das tiefe, empfängliche Gemüth, die Begeisterung für Aesthetik und Kunst, der schon in früher Jugend ausgesprochene Hang zur Dichtkunst und selbst zur Schwärmerei konnten bei C. Jg. L. in dem realen Studium der Arzneikunde keineswegs jene Befriedigung finden, welche der Verfassung seines Geistes vollkommen entsprochen hätte; alle diese genannten Eigenschaften mögen durch die emsigen — auf Naturkunde gegründeten Studien in seiner mittleren Lebensperiode theilweise in den Hintergrund getreten sein, allein sie bestanden dennoch fort und äußerten sich in dem reiferen Lebensalter zwar nach einer anderen Richtung hin, aber um desto entschiedener, indem sie den Arzt, den ein gewisser damals sich breit machender roher Materialismus in den Naturwissenschaften anwidern mußte, auf das Gebiet der Religion — ja vielleicht des Mysticismus hinzogen.

Ein wahrhaft religiöser Sinn, welcher sich ganz vorzüglich in der Ausübung der christlichen Liebe und Barmherzigkeit an Armen und Kranken aussprach, begleitete übrigens Jg. L. durch sein ganzes Leben und stärkte ihn in den schmerzhaften Anfällen seiner Krankheit (Gicht), bis endlich am 2. October 1853 um 5 Uhr Nachmittags ein Schlagfluß dem Leben desselben plötzlich ein Ende machte. Sein Leichnam wurde von Patschkau nach Oppeln überführt und daselbst von seinem einzigen Sohne Franz am 6. October 1853 eingesegnet und beerdigt.

Carl Maria Franz Lorinser, der einzige Sohn und Nachkommen desselben, wurde am 12. März 1821 zu Berlin geboren. Nachdem er die Elementarschulen in Oppeln besucht und gleichzeitig Privatunterricht erhalten hatte, kam er 1831 auf das Gymnasium in Oppeln, 1839 im Herbste auf die Universität in Breslau, woselbst er Theologie studirte. Nach zweijährigen Studien ging er im Herbste 1841 nach München, um daselbst seine Studien fortzusetzen. Im folgenden Jahre reisete er mit seinem Vater nach Italien, und kam im October in Rom an, woselbst er die heiligen Weihen erhielt und bis zum 18. April 1844 verblieb.

Im Mai 1844 wurde Franz L. in München zum Doctor Theologiae promovirt, im September desselben Jahres trat er die Seelsorge als Kaplan der Marienkirche auf dem Sande in Breslau an. Diese etwas anstrengende Stelle war er im J. 1848 aufzugeben genöthigt, und hielt sich wegen Kränklichkeit ein Jahr lang zu Oppeln bei seinem Vater auf. Im August 1849 wurde er als Spiritual in das fürst-bischöfliche Seminar zu Breslau berufen. Seit dieser Zeit war er als Schriftsteller vielfach thätig, er redigirte nebstbei das schlesische kathol. Kirchenblatt, und unternahm im J. 1854 eine ziemlich beschwerliche Reise nach Spanien, wo derzeit Bürgerkrieg und Cholera herrschte; die Ergebnisse dieser sehr interessanten Reise veröffentlichte er in 2 Bänden unter dem Titel: Reisebilder aus Spanien.

Mit Eifer verlegte er sich auf das Studium der spanischen Sprache und übersetzte nebst einigen andern spanischen Werken auch „die geistlichen Festspiele Calderon's" ins Deutsche. Im J. 1857 wiederholte er die Reise nach Spanien, besuchte bei dieser Gelegenheit die algerische Küste und kehrte sodann über Marseille und Paris nach Breslau zurück. — Auch die Erlebnisse dieser Reise wurden durch den Druck veröffentlicht. Gegenwärtig lebt derselbe als Consistorialrath und Pfarrer der St. Matthäuskirche in Breslau.

Gustav Lorinser, Sohn des Ignaz Lorinser, Wundarztes zu Niemes, Bruder des Carl Ignaz L., war am 28. August 1811 zu Niemes geboren. Nachdem er die Elementarschule daselbst besucht hatte, erhielt er vom damaligen Kaplan (jetzigen Erzdechant in Niemes) Herrn P. Adalbert Würfel Unterricht in den Gegenständen der ersten Gymnasialclassen, und kam hierauf nach Leitmeritz, wo er das Gymnasium absolvirte. Ein altes Kräuterbuch mit Holzschnitten, welches sich in der Bibliothek des Vaters befand, dürfte vielleicht zuerst und schon frühzeitig die Ideen des Knaben für die Pflanzenkunde angeregt haben. Durch einen der Gymnasial-Lehrer wurde seine Liebe zur Naturwissenschaft, insbesondere zur Botanik genährt und erweitert. Gustav L. studirte in seinen freien Stunden fleißig botanische Schriften, machte botanische Excursionen und legte ein bescheidenes Herbarium an. Einen öffentlichen Unterricht in der Naturwissenschaft gab es derzeit an den österreichischen Gymnasien nicht.

Im J. 1829 bezog G. L. die Universität in Prag und absolvirte bis zum J. 1831 die philosophischen, bis 1837 die medicinischen Studien. An Professor Kosteletzky und an den Botanikern M. P. Opitz und dem (leider zu früh verstorbenen) Corda fand er Gönner und Freunde, welche ihn in seinem Lieblingsstudium — nämlich der Botanik — auf das freundlichste unterstützten.

Im J. 1838 wurde er zum Doctor der Medicin promovirt und gab als Dissertation eine mit Abbildungen versehene Abhandlung: „Conspectus Stachyopteridum in Bohemia sponte nascentium" (Uebersicht der in Böhmen wild wachsenden Schachtelhalme) heraus; er verließ hierauf Prag und wählte auf den Wunsch des Vaters seine Vaterstadt Niemes zu seinem Aufenthalte, um daselbst die ärztliche Praxis auszuüben. Da der Vater schon an Jahren vorgerückt und nur mit Mühe und Anstrengung den Pflichten des obrigkeitlichen Arztes zu genügen im Stande war, so wurde Gustav vom Grafen Franz v. Hartig zum

Adjuncten des Vaters im obrigkeitlichen ärztlichen Dienste ernannt. In allen freien Stunden kehrte er jedoch immer wieder zu seinem Lieblingsstudium zurück, durchforschte mit unermüdlichem Eifer, der ihn nicht selten sogar in gefährliche Lagen brachte, die benachbarten Berge Roll, Bösig, Gleiß und die großen Teiche zu Hammer und Neuschloß. Nach kurzer Zeit schon wurde er von der königlich bairischen botanischen Gesellschaft zu Regensburg, von der Gesellschaft „Flora" für Botanik und Gartenbau in Dresden, von der naturforschenden Gesellschaft zu Görlitz und der des Osterlandes zu Altenburg zum correspondirenden Mitgliede ernannt.

Als der Vater im J. 1841 starb, glaubte G. sicherlich, die Stelle des obrigkeitlichen Arztes in Niemes zu bekommen; diese seine zuversichtliche Hoffnung wurde jedoch bitter getäuscht, da von anderer Seite alle Hebel in Bewegung gesetzt wurden, die Anstellung einem anderen Arzte zuzuwenden, der zugleich zum Schwiegersohne des derzeitigen Amtsdirectors ausersehen war. — G. übernahm das väterliche Haus und die dazu gehörende Feldwirthschaft, sah sich aber bald genöthigt, Haus und Hof zu verkaufen, um die Erbansprüche seiner übrigen Geschwister befriedigen zu können. Zufrieden mit seinem bescheidenen Einkommen blieb er als practicirender Arzt in Niemes, seine Existenz durch naturhistorische Studien und Excursionen so gut als möglich erheiternd.

Im J. 1846 wurde er von mir — seinem Bruder — aufgefordert, gemeinschaftlich mit mir die Flora Deutschlands und der Schweiz — analytisch zu bearbeiten und in Druck herauszugeben. Er übernahm die Bearbeitung der zweiten Hälfte dieses Buches, welches endlich im J. 1847 bei Tendler in Wien erschien unter dem Titel: „Taschenbuch der Flora Deutschlands und der Schweiz — nach der analytischen Methode bearbeitet".

Die ärztliche Praxis in Niemes gewährte indessen nur ein spärliches Einkommen; als daher G. L. im J. 1850 bei Gelegenheit der Gymnasial-Reform als Supplent der Naturgeschichte an das Gymnasium zu Eger berufen wurde, gab er seine Praxis in Niemes auf und folgte diesem für ihn sehr ehrenvollen Rufe. Im Jahre 1852 legte er zu Prag die vorgeschriebene Lehramtsprüfung aus der Naturgeschichte und Physik ab und wurde hierauf zum wirklichen Gymnasiallehrer ernannt, bald darauf aber in derselben Eigenschaft (als Professor der Naturgeschichte) an das Staats-Gymnasium zu Preßburg (ein derzeit neuerrichtetes deutsches Muster-Gymnasium für Ungarn) mit einer Gehaltsverbesserung übersetzt, wohin er mit seiner Frau Anna gebornen Schneider, mit welcher er sich schon in Niemes vermählt hatte, und seinem Sohne August noch im Herbste des J. 1852 übersiedelte.

In Preßburg unterzog sich G. der botanischen und mineralogischen Untersuchung des dortigen Gebietes; er bearbeitete das Taschenbuch der Flora Deutschlands und der Schweiz zu einem botanischen Excursionsbuche für die deutsch-österreichischen Provinzen, und bezog auch die Flora des ungarischen Grenzgebietes mit in dieses Werk ein, welches unter dem Titel: „Botanisches Excursionsbuch für die deutsch-österreichischen Kronländer und das angrenzende Gebiet", im J. 1854 bei Tendler in Wien erschien, und, da es von den Schülern der deutsch-österr. Gymnasien häufig zur Bestimmung der Pflanzen benützt wurde, im J. 1860 neu aufgelegt werden mußte.

Nicht minder war G. L. mit der Ordnung und Vervollkommnung oder vielmehr der Gründung einer zoologischen und mineralogischen Samulung für den Unterricht seiner Schüler beschäftigt und schrieb mehrere kleinere Aufsätze, welche theils in den Programmen des Preßburger Gymnasiums, theils in andern Zeitschriften erschienen: „über das Trocknen der Pflanzen", „über die Marmaroser Diamanten", über den Rollberg bei Niemes" ꝛc. Der Naturforscher-Verein zu Preßburg, die botanische Gesellschaft Lotos in Prag, der botanisch-zoologische Verein in Wien ernannten ihn zu ihrem Mitgliede.

Zudem betheiligte er sich an mehreren in- und ausläudischen botanischen Tauschvereinen, denen er selbst alljährlich eine große Anzahl getrockneter Pflanzen-exemplare lieferte, wofür er reichliches Material für die Complettirung seines eigenen großen Herbariums empfing. Von Preßburg aus besuchte er nicht selten auch Wien und dessen pflanzenreiche Umgebung; besonders aber hatte er die Gegend von Kalksburg wegen ihrer reizenden Flora sehr lieb gewonnen. Schon im Mai 1847, als G. an einem heiteren Tage die Himmelswiese bestieg, die er das erste Mal sah, war er stumm vor Erstaunen und Entzücken über den üppigen Pflanzenreichthum dieser Anhöhe und über die Pracht der bortigen Kalkflora stehen geblieben, und konnte es sich nicht versagen, die nächsten Tage botanisirend in der nächsten Umgebung von Kalksburg zuzubringen. Seit dieser Zeit hatte er mit einer entschiedenen Vorliebe diese pflanzenreichen Anhöhen fleißig besucht.

Als Lehrer war G. L. strenge, gewann jedoch die Zuneigung der meisten seiner — mitunter sehr widerhaarigen Schüler durch seine Bemühung und seinen Eifer, allen seinen Schülern Lust und Liebe zu der Naturwissenschaft einzuflößen, und ihnen diese Lehre verständlich und nutzbringend zu machen. — Der anstrengende Vortrag scheint indessen Veranlassung geworden zu sein, daß er im Spätherbste 1860 von einer heftigen Lungenentzündung befallen wurde, welche Athmungsbeschwerden und einen hartnäckigen Husten zurückließ; er versuchte zwar im Frühlinge 1861 das Lehramt wieder aufzunehmen, aber bald mußte er die Vorträge wieder einstellen, da der Zustand seiner Lunge ein anhaltendes Reden nicht gestattete. Um sich einigermaßen zu erholen, machte er im Sommer desselben Jahres eine kleine Reise von Wien nach Steiermark, wo er sich ziemlich wohl befand. Als um diese Zeit das deutsche Staatsgymnasium in Preßburg von den Ungarn aufgelöst und statt dessen ein magyarisches errichtet wurde, übersiedelte G. L., der einstweilen in Disponibilität versetzt worden war, mit seiner Familie nach Niemes und von da nach Böhmisch-Laippa, um an dem hier befindlichen Gymnasium seinen Sohn August studiren zu lassen.

Husten und Athemnoth nöthigten G. L. im Sommer 1862 in den Bädern zu Teplitz in Böhmen Hilfe zu suchen. Der Winter von 1862—1863 brachte aber wieder eine namhafte Verschlimmerung der Krankheit, die jedoch im Frühlinge 1863 in ein besseres Stadium zu übergehen schien. Da es sich darum handelte, wieder eine Stelle an einem deutschen Gymnasium in Böhmen zu erhalten, unternahm G. am 9. Mai 1863 eine Reise von Laippa nach Wien. Die kühle Nachtluft während der Fahrt und der Tabakrauch, welcher ihn nöthigte, bei offenem Fenster zu sitzen, mögen Veranlassung gewesen sein, daß er sich schon bei seiner Ankunft im Wiener Nordbahnhofe (am 10. Mai Morgens) unwohl fühlte; zudem wurde er im Bahnhofe selbst von einem sehr heftigen Nasenbluten befallen, und langte endlich mittelst eines Wagens im hohen Grade erschöpft in meiner (des Verfassers) Privatwohnung an. Ruhe und Schlaf schienen Anfangs das eingetretene Unwohlsein bald wieder auszugleichen; aber schon am nächsten Tage traten die drohenden Erscheinungen einer Lungenentzündung hinzu. Auf seinen bringend ausgesprochenen Wunsch wurde er auf ein Extrazimmer des k. k. Krankenhauses Wieden gebracht; das Leiden verschlimmerte sich indessen von Tag zu Tag. Anfangs wünschte er nicht, daß seiner Familie Nachricht von seiner Erkrankung gegeben würde, erst am 19. Mai Morgens dictirte er folgendes Telegramm an seine Frau nach Böhmisch-Laippa: „Ich bin sehr schwer krank, zum Tode matt, — viele Schmerzen, — keinen Augenblick Schlaf — Gott segne Dich und die armen Kinder — Betet für Euern Vater." Am nächsten Tage den 20. Mai Morgens 1863 verschied G. in meiner und unserer Schwester Wilhelmine Gegenwart ruhig und sanft. Sein Leichnam wurde am 22. Mai Nachmittags in der Spitalscapelle eingesegnet und hierauf nach Kaltsburg überführt, woselbst er auf dem stillen und romantisch gelegenen Friedhofe von seiner Frau und Tochter, seinen Verwandten und Freunden zur Erde bestattet wurde. Der einzige von den in Kaltsburg anwesenden Verwandten, welcher den Verstorbenen nicht zum Grabe geleiten konnte, war mein eigener Sohn Fritz, der damals in dem Kalteburger Landhause an einem schleichenden Typhus krank zu Bette lag; auf seinem einsamen Lager weinte er still über seinen verstorbenen Onkel, der immer so freundlich und liebreich mit ihm gewesen, ihm eine kleine Mineraliensammlung und eine Käfer-sammlung angelegt und geordnet, und so interessante Gespräche über Thiere, Pflanzen und Mineralien mit ihm geführt hatte. Niemand konnte ahnen, daß, ehe noch ein volles Jahr vergehen würde, der hoffnungsvolle Knabe auf dem-selben Friedhofe ruhen werde, auf welchem jetzt sein guter Onkel begraben wurde, umgeben von der herrlichsten Flur wundervoller Wiesen und Wälder, in denen beide so oft und gern ihrer Lieblingsbeschäftigung nachgegangen waren.

Am 2. August 1863 — als am Namenstage Gustav's — wurde sein Leichen-stein gesetzt. — Sein großes Herbarium wurde später von dem Communal-Real-Gymnasium zu Mariahilf in Wien erworben.

Gustav L. war vom Schicksale nicht sehr freundlich behandelt worden, — das irdische Glück hatte ihn nicht begünstigt. Das Erträgniß der ärztlichen Praxis war nur ein karges gewesen, das geliebte väterliche Haus sammt Feldern und Wiesen mußte verkauft werden und in fremde Hände kommen, das Lehramt legte den Keim seiner Todeskrankheit. Seine glücklichsten Stunden sind wohl diejeni-gen gewesen, welche er auf botanischen Ausflügen im Genusse der herrlichen Natur zubrachte. Möge seine Asche sanft ruhen in dem Schooße der Mutter Erde, welche ihm durch ihre lieblichsten Kinder die trüben Stunden seines Lebens zu erheitern wußte.

Es erübrigt zum Schlusse, daß ich als Verfasser dieser vorliegenden „Gedenk-blätter der Familie Lorinser" zur Vervollständigung derselben auch einige Notizen aus meinem eigenen Leben anschließe.

Ich Friedrich Wilhelm Lorinser bin am 13. Februar 1817 zu Niemes in Böhmen geboren, das jüngste und letztgeborne Kind meiner Eltern. Nachdem ich die Elementarschule zu Niemes besucht und von dem würdigen Herrn P. Adalbert Würfel, (dermalen Kaplan, gegenwärtig jubilirten Erzdechant in Niemes), einen vorbereitenden Unterricht für das Gymnasium erhalten hatte, kam ich 1828 nach Jungbunzlau und besuchte daselbst das Piaristen-Gymnasium. Ich wohnte hier bei meiner verehrten Tante Anna Ruziczka, einer in jeder Beziehung verständigen und herzensguten Frau, welche zwar mit großem Eifer über Ordnung und Pünktlichkeit wachte, mir aber schon wegen meiner am Gymnasium erzielten Erfolge mit großer Liebe zugethan war.

Der Unterricht am Jungbunzlauer Gymnasium war derzeit in mancher Beziehung mangelhaft und befriedigte mich keineswegs. Mit Vorliebe betrieb ich die lateinische Sprache, Mathematik und Geschichte; die Musik, in welcher ich in Niemes einige Fortschritte gemacht hatte, mußte fast ganz aufgegeben werden, dafür studirte ich in freien Stunden fleißig die Anfangsgründe der Botanik aus einigen Büchern, mit denen mich mein Bruder Gustav versehen hatte.

Wiewohl ich in allen Gymnasialclassen mit dem Prämium beschenkt worden war, muß ich doch bekennen, daß es mir oft um diese meine am Gymnasium zugebrachte Zeit, in welcher ich viel Besseres und Nützlicheres hätte lernen können, leid gethan hat. Im Herbste 1834 ging ich nach Prag in der Absicht, die philosophischen Collegien zu besuchen und dann Medicin zu studiren; meine älteren vier Brüder hatten sich insgesammt der Arzneikunde zugewandt, und ich fühlte durchaus keine Lust, mir einen andern Lebensberuf zu wählen. Ich hatte mich in den philosophischen Collegien noch nicht recht heimisch gefühlt, als ich von meiner Mutter eine dringende Aufforderung erhielt, meine Studien auf der Universität so viel als möglich abzukürzen, und deshalb nicht Medicin, sondern nur Chirurgie zu studiren, damit ich den alternden und kränklichen Vater in seinem Berufe recht bald unterstützen, und allenfalls auch dessen obrigkeitliche Stelle sammt Haus und Hof übernehmen könne. — Es war dies ein schwerer Kampf, den ich mit mir selbst kämpfte, ehe ich zu einer Entscheidung kam; endlich aber siegte das Bewußtsein meiner Kindespflicht; ich ließ mich aus den philosophischen Collegien streichen und in das Studium der Chirurgie eintragen. Das letztere Studium (zur Ausbildung von Wundärzten und Geburtshelfern) war zudem in diesem Jahre reorganisirt und mit Vorträgen über Physik, Chemie und Naturgeschichte neu ausgestattet worden — ein Beweggrund mehr, um meinen Entschluß zur Reise zu bringen, und die ziemlich ledernen Vorlesungen an dem philosophischen Collegium aufzugeben. Aber bald fing ich an, meinen Uebertritt auf das Bitterste zu bereuen, nachdem ich meine neuen Collegen, unter denen viele verkommene ungebildete Menschen, verunglückte Studenten, meistens aber Barbiergesellen oder sogenannte chirurgische Gehilfen sich befanden, etwas näher kennen zu lernen Gelegenheit gehabt hatte. Nur die mir höchst interessanten Vorträge über Anatomie, Physik, Chemik und Botanik ließen mich die fatale Situation, in welche ich gerathen war, zeitweise vergessen. Da von 120 Schülern des ersten Jahrganges nur etwa 30 die Prüfungen bestanden hatten und in den zweiten Jahrgang aufgenommen worden waren, so war die Gesellschaft, in der ich mich später befand, zwar schon viel respectabler geworden, dem ohngeachtet konnten mir die Aussichten, die sich mir in Prag darboten, nicht genügen, und ich beschwor daher meinen älteren Bruder Franz, der damals eben zu Besuche in Prag anwesend war, bei dem Vater die Erlaubniß auszuwirken, daß ich meine Studien in Wien fortsetzen dürfe. Diese Erlaubniß wurde gegeben und ich langte somit Anfangs

October 1836 in Wien an, um hier die beiden praktischen Jahrgänge für das Magisterium der Chirurgie und Geburtshilfe zu absolviren.

Nachdem ich am 20. December 1838 die erste strenge Prüfung abgelegt hatte, bewarb ich mich um eine Pensionärstelle im Wiener k. k. Operations-Institute. Trotz der besten Studienzeugnisse, die ich aufzuweisen im Stande war, wollte man mich Anfangs ziemlich schroff zurückweisen, und ich würde dieses Vorhaben vielleicht gänzlich aufgegeben haben, wenn ich nicht von dem dermaligen Studiendirector, Herrn Hofrath v. Raimann, der bei meinem examen rigorosum präsidirt hatte, und an dem ich schon früher durch Se. Excellenz den Herrn Grafen Franz v. Hartig empfohlen worden war, neuerdings ermuntert worden wäre, meine Bewerbung aufrecht zu halten. — Somit erhielt ich die so erwünschte Pensionärstelle und trat am 7. Februar 1839 in das Operations-Institut ein. Unter meinen neuernannten Collegen befanden sich: Dr. Joh. v. Dumreicher (gegenwärtig Freiherr, Professor der Chirurgie in Wien), Dr. Joh. v. Balassa, (gegenwärtig Professor der Chirurgie in Pest), Ludwig Raff (jetzt Primarchirurg in Jassy), Joh. Anus (Leibzahnarzt des Fürsten Paskiewits in Warschau), Dr. Carl L. Sigmund (jetzt Primararzt und Professor in Wien), Dr. Jos. Stolz, Director der Irrenheilanstalt zu Hall in Tirol.

Nach absolvirtem zweijährigen Operationscurse, nachdem ich zum Magister der Chirurgie und Geburtshilfe promovirt und als Operateur diplomirt worden war, erhielt ich am 12. Mai 1841 die Stelle eines ersten Secundararztes an der s. g. ambulatorisch-chirurgischen Abtheilung des k. k. allg. Krankenhauses in Wien, mit einer Jahres-besoldung von 200 fl. C. M. Meine Aufgabe bestand darin, gemeinschaftlich mit meinem Chef, dem Primararzte Anton Heger, die auf sämmtlichen medicinischen Abtheilungen des k. k. allgemeinen Krankenhauses vorkommenden chirurgischen Krankheitsfälle zu untersuchen, zu behandeln, operiren etc. Hatte ich früher durch vier Jahre lang auf der chirurgischen Klinik meistens mit exquisiten seltenen oder sehr schweren Krankheitsfällen und großartigen Operationen zu thun gehabt, so lehrte mich mein neuer Wirkungskreis die kleineren chirurgischen Leiden und Manipulationen, die chronischen weniger beachteten äußeren Gebrechen jeder Altersperiode, mitunter wohl auch höchst interessante Krankheitsfälle kennen, und ich hatte Gelegenheit, kleinere und größere Operationen in großer Anzahl (oft bis zur körperlichen Ermüdung) auszuführen. Unter die besonderen Verpflichtungen der ambulat.-chirurg. Abtheilung gehörte auch die chirurgische Hilfeleistung und Behandlung bei den an der s. g. Wasserscheu (Hydrophobie) leidenden Kranken, welche derzeit nur auf einem besonders dazu bestimmten Zimmer des k. k. allgemeinen Krankenhauses behandelt werden durften, und nicht nur aus der Stadt Wien und Umgebung, sondern bisweilen auch aus weiter Ferne dahin überbracht wurden. Durch meinen Chef, den Primararzt Heger, der seit vielen Jahren Beobachtungen an derartigen Kranken zu machen Gelegenheit gehabt hatte, lernte ich die Ansichten kennen, welche sich dieser einfache Naturbeobachter über diese so gefürchtete Krankheit und über die in dieser Beziehung unter den Aerzten und Laien herrschenden Vorurtheile und abergläubischen Ueberlieferungen durch eine reiche Erfahrung gebildet hatte, Ansichten, welchen ich in späterer Zeit durch eine besondere Abhandlung Ausdruck zu geben versuchte.

Als Primararzt Heger, welcher in einer naturgemäßen Lebensweise das beste Schutzmittel gegen epidemische und ansteckende Krankheiten erblickte, und deßhalb fast ausnahmslos bloß von Milch und Obst lebte, im Frühjahre 1842 von feuriger Wißbegierde getrieben, eine Reise nach Amerika unternahm, um daselbst das gelbe Fieber und die Wirkungen des Klapperschlangengiftes zu studiren, versah ich die ambulat.-chirurg. Abtheilung allein als ordinirender Secundararzt und zwar vom 1. Mai 1842 bis letzten April 1843; gleichzeitig wurde mir die Aufgabe zu Theil, vom October 1842 an — die Stelle des ersten Secundar-Wundarztes auf der IV. chirurg. Abtheilung im k. k. allgem. Krankenhause zu übernehmen. Am 1. Mai 1843 wurde ich endlich von meinen secundarärztlichen Dienstleistungen enthoben und zum supplirenden Primar-Wundarzte der ambulat.-chirurg. Abtheilung ernannt, welche Stelle ich bis zur Rückkehr des Primararztes Heger — Ende Juli 1843 — bekleidete.

Während meiner Dienstleistungen im k. k. allg. Krankenhause war ich nicht nur zu einigen schriftstellerischen Versuchen ermuntert, sondern auch von in- und ausländischen Studirenden und Aerzten aufgefordert worden, ihnen Privat-Curse über topographische Anatomie, Instrumenten- und Bandagenlehre und über chirurgische Operationslehre zu geben.

Einige dieser Periode angehörenden Aufsätze waren:

In den medic. Jahrbüchern des k. k. österr. Staates: **Bericht über die ambulatorisch-chirurg. Abtheilung des allgem. Krankenhauses in Wien** (1842).
Ueber die Behandlung der secundär-syphil. Geschwüre (1843).
In Oppenheim's Zeitschrift für die gesammte Medicin (Hamburg 1844): **Jahresbericht über die chirurg. und Augenkranken-Abtheilung des Prim. Dr. Sigmund im allg. Krankenhause zu Wien im J. 1842.**

Da ich nach dem bereits am 25. August 1841 erfolgten Tode meines theuren Vaters auf eine weitere materielle Unterstützung verzichten mußte, und nur auf meine eigene Thätigkeit angewiesen war, so ergriff ich die Gelegenheit, um durch Privat-Vorlesungen und Exercitien meine etwas kümmerliche Existenz zu verbessern und mir gleichzeitig die Mittel zu weiteren eindringlicheren Studien zu verschaffen. Diese meine docirende Thätigkeit, welche auf mich stets als mächtige Anregung zu fortgesetzter literarischer Arbeit gewirkt hatte, wurde indessen plötzlich unterbrochen, als ich durch den dermaligen Protomedicus und Sanitätsreferenten Regierungsrath Dr. Jos. Knolz aufgefordert wurde, die Supplirung des erkrankten Primar-Wundarztes Dr. Graf in dem Anno 1841 neu errichteten Bezirkskrankenhause Wieden zu übernehmen; nach dem bald hierauf erfolgten Tode des Dr. Graf wurde mir die Stelle des Primar-Wundarztes im Bezirkskrankenhause Wieden vom 1. October 1843 an provisorisch übertragen; da sich jedoch mein Vorgänger aus Humanitätsrücksichten gegen das durch Privatmittel nothdürftig ausgestattete neue Krankenhaus verpflichtet hatte, drei Jahre lang unentgeltlich zu dienen, und schon im zweiten Jahre seiner Dienstleistung gestorben war, so fiel mir die Aufgabe zu, die eingegangene Verbindlichkeit des Verstorbenen bezüglich der weiteren unentgeltlichen Dienstleistung einzulösen; weil ich auf diese Weise ein Jahr lang ohne Gehalt dienen mußte, meine Einkünfte, die ich im allgem. Krankenhause durch Privatvorlesungen gehabt hatte, gänzlich aufhörten, und ich in die ziemlich entfernte, mir fast gänzlich unbekannte Vorstadt Wieden übersiedeln und mich daselbst neu einrichten mußte, so war es wohl nicht anders möglich, als daß die erste Zeit meiner primarärztlichen Thätigkeit auf der Wieden von sehr bitteren Sorgen um die materielle Existenz getrübt werden mußte. Doch fand ich gleich Anfangs einen höchst interessanten Gegenstand für meine wissenschaftliche Forschung vor.

Seit einiger Zeit schon hatte man nämlich beobachtet, daß Arbeiterinnen aus Phosphorzündhölzchen-Fabriken an entzündlichen Geschwülsten der Kiefergegend leidend in das Wiedner Spital zur Aufnahme gekommen waren. Ich constatirte zuerst diese Erkrankungen als Knochenbrand (Necrosis) der Kiefer, und lieferte in den weiterhin eingeleiteten, durch die Sanitätsbehörde unterstützten Untersuchungen den Beweis, daß diese Erkrankungen als Wirkungen der Phosphordämpfe betrachtet werden müssen; nachdem diese meine Entdeckung in den med. Jahrbüchern des österr. Staates 1845 unter dem Titel: „Necrose der Kieferknochen in Folge der Einwirkung von Phosphordämpfen" veröffentlicht worden war, wurde dieselbe alsbald auch in Deutschland, Frankreich und England und später selbst in Amerika bestätigt gefunden.

Einige andere Arbeiten von mir erschienen weiters in den genannten medic. Jahrbüchern, als: Jahresbericht über die chirurg. Abtheilung des Bezirkskrankenhauses Wieden (1845), Ueber die Behandlung varicöser Geschwüre an den Unterschenkeln (1846) — ein Thema, in welchem ich die Anwendung der Compression bei diesen Geschwüren, welche im Anfange meiner Wirksamkeit auf der Wieden fast ausschließlich Gegenstand meiner ärztlichen Privatpraxis gewesen waren, zur Geltung brachte, ferner: Zugverband bei Oberschenkelbrüchen (1848).

In meinen freien Stunden gewährte mir das Studium der Naturwissenschaft, insbesondere aber die Pflege der Botanik Vergnügen und Erholung; auf meinen zahlreichen botanischen Excursionen in die Umgebungen Wiens und die steirischen Alpen hatte ich den Mangel eines bequemen Taschenbuches zur leichten und sicheren Bestimmung der Pflanzen kennen gelernt, und eben dadurch wurde ich zu dem Versuche veranlaßt, gemeinschaftlich mit meinem Bruder Gustav die Flora Deutschlands und der Schweiz nach der analytischen Methode zu bearbeiten. Die erste Hälfte dieses unter dem Titel: „Taschenbuch der Flora Deutschlands und der Schweiz" im J. 1847 erschienenen Werkes wurde von mir, die zweite Hälfte von meinem Bruder zusammengestellt.

Meinen chirurgischen Studien suchte ich stets die topographische und pathologische Anatomie zu Grunde zu legen, da ich nur in diesen die Grundpfeiler der weiteren wissenschaftlichen Forschung erblickte. Meine Stellung im Wiedner Krankenhause, welches jetzt bereits vergrößert und Staatsanstalt geworden war, lieferte mir hinreichend Material und Gelegenheit zu eindringlichen Studien. Mit meinem Freunde, dem Professor der Anatomie an der Wiener Akademie der bildenden Künste, Herrn Anton Ritter von Perger hatte ich mich im J. 1847 zur Herausgabe einer „chirurgischen Anatomie" vereinigt; die einzelnen Gegenden des menschlichen Körpers sollten nach frisch angefertigten Präparaten in allen ihren Schichten durch zinkographische Tafeln dargestellt und hierzu der entsprechende anatomische und chirurgische Text geliefert werden; Prof. Perger hatte die Zeichnungen und ich die Präparate und den Text zu liefern. Zu Anfang des Jahres 1848 erschien das erste Heft dieses Werkes bei Braumüller und Seidel in Wien, aber leider machten die Märzereignisse des Jahres 1848 und die weiteren Consequenzen derselben die Fortsetzung dieses sehr mühevollen und kostspieligen Unternehmens unmöglich, und da selbst in den nächsten Jahren sowohl meine eigene als auch meines Freundes Perger's Thätigkeit in anderer Richtung in Anspruch genommen wurde, so blieb das erste Heft dieser von competenter Seite mit Beifall aufgenommenen chirurg. Anatomie auch das letzte.

Meine bisherige literarische und praktische Thätigkeit hatte zur Folge, daß mir über Vorschlag der Wiener medicinischen Facultät durch eine Allerhöchste Entschließung Sr. Majestät des Kaiser Ferdinand, dd. 4. Jänner 1848, das Ehrendiplom eines Doctors der Chirurgie ausgefertigt wurde. Nach der am 29. Februar 1848 stattgefundenen Promotion nahm ich Veranlassung, in einer besonderen Audienz Sr. Majestät meinen Dank auszusprechen. Dieß geschah am 12. März 1848, am Tage vor dem Ausbruche der Wiener Revolution. Die im Vorsaale Wartenden wurden von dem Vorgefühle der Ereignisse, die da kommen sollten, beherrscht, hohe Staatsbeamten sah man ängstlich und unruhig hin und her eilen, bald geheimnißvoll mit einander flüstern, bald in düsteres Nachdenken versinken, jedermann glaubte aus den Mienen des Andern etwas lesen und erfahren zu können, und doch getraute sich Niemand das Wort auszusprechen, das offenbar die Gemüther Aller beschäftigte.

Der Sturm war noch nicht losgebrochen — aber er schwebte in der Luft. Nur der Kaiser war vollkommen ruhig, die gewohnte Milde und Güte leuchtete ungetrübt aus seinen Mienen. Nie werde ich die Worte vergessen, mit welcher damals der gütige Monarch mich verabschiedete: „Sie sind Arzt in einem Spitale", sprach er, „und haben da mehr Gelegenheit, Gutes zu thun, als mancher Andere, aber vor Allem sehen Sie mir ja auf die armen Kranken."

Am nächsten Tage, den 13. März, begann mit der Wiener Revolution eine neue Epoche in der Geschichte Oesterreichs. Wurden auch meine Studien theilweise unterbrochen, so fehlte es doch an anderer Beschäftigung, insbesondere an chirurgischer Praxis nicht. Meine Pflicht rief mich in die Reihen der akademischen Legion; ich trat als Legionär in die 8. Mediciner-Compagnie und habe die Schicksale dieser Compagnie getheilt — bis endlich das Bombardement von Wien der akademischen Legion und mit ihr auch den seitherigen Errungenschaften ein Ende machte. Im September des J. 1848 ließ ich mich trotz der hochgehenden Wogen der Volksbewegung nicht abhalten, meine Hochzeitsreise nach Böhmen zu machen. Der Barrikadentag, die Sturmpetition war vorüber, der Kaiser war von Innsbruck wieder in das jubelnde Wien zurückgekehrt, und somit schien wenigstens für kurze Zeit der Moment eingetreten zu sein, der mir eine Reise gestattete. Ich langte am 6. September zu Hayda in Böhmen an, am nächstfolgenden Tage, den 7. September, wurde ich mit Wilhelmine Kalfus, der Tochter des Forstinspectors Franz Kalfus (Calvus) zu Hayda getraut, und reisete noch an demselben Tage mit meiner Frau von Hayda ab, um nach kurzem Aufenthalte bei meinen Verwandten auf dem Schlosse Wartenberg wieder nach Wien zurückzukehren.

Bald folgte der 6. October und an diesem Tage die Ermordung des Grafen Latour, endlich der Auszug des Militärs aus Wien — die Belagerung der Stadt durch die kais. Truppen. Hatte sich das Wiedner Spital schon während der Belagerung mit Verwundeten aller Art bevölkert, so wurde dasselbe am 28. October, dem Beginne des Bombardements, mit Verwundeten und Todten überfüllt. Schon am Morgen dieses Tages, da wir Aerzte die Bewegungen der Belageruden durch ein Fernrohr beobachteten, sahen wir die Vorbereitungen der Beschießung vor sich gehen, und ehe wir noch unser Observatorium verlassen konnten, saußten schon die Kugeln durch die Luft. Ich eilte in meine Privatwohnung, um meine Frau in das Spital in Sicherheit zu bringen. Da die Vorstadt Wieden als sehr revolutionär bekannt gewesen, so hieß es allgemein, daß dieselbe den einziehenden Truppen der Plünderung werde Preis gegeben werden. Deßhalb ließ ich die werthvolleren Habseligkeiten in einen Koffer packen und an einen sicheren Ort schaffen, alle Kästen und Thüren in meiner Wohnung wurden geöffnet, und ich brachte nun meine Frau, nachdem wir eine Barrikade, welche vor meiner Wohnung durch Frauenhände gebaut worden war, passirt hatten, unter dem Donner der Kanonen unversehrt in das Spital, woselbst die Frauen der Beamten und Aerzte in den geräumigen Kellern bereits Schutz gesucht hatten. Alsbald stellten sich auch Verwundete ein, welche auf dem Damme der südlichen Eisenbahn gefallen waren. Ein ziemlich bejahrter Mann, der Chirurg einer Nationalgarden-Compagnie, brachte zuerst einen fast noch im Knabenalter stehenden Mobilgarden, der durch den Oberarm geschossen war. Bald darauf erschien der Chirurg mit einem zweiten Verwundeten, der bewußtlos auf einer Bahre lag und einen Schuß in den Kopf bekommen hatte. Mit ängstlichem Blicke bat mich der Wundarzt, die Wunde zu untersuchen und meine Meinung zu sagen. Ich fand, daß die Flintenkugel durch den Schädel in das Gehirn gedrungen sei und sagte ihm, daß hier keine Rettung mehr sei. Da verzog sich das Gesicht des alten Mannes krampfhaft im Schmerze. „Es ist mein Sohn," seufzte er, und wankte fort, um andere Verwundete zu holen.

In rascher Aufeinanderfolge langten nun die Verwundeten an, so zwar, daß die vorhandenen Räume gar bald zu enge wurden. Es war ein blutiger Tag, der nie aus meinem Gedächtnisse verschwinden wird. Von Morgens bis spät in die Nacht konnte ich mit allen meinen Assistenzärzten nicht fertig werden, die Verwundeten zu verbinden, eingedrungene Kugeln und Granatensplitter zu entfernen, Blutungen zu stillen, zerschmetterte Gliedmaßen zu amputiren, den Sterbenden beizustehen. Während dieser Zeit dauerte die Beschießung fort, mehrere Kanonenkugeln fuhren krachend durch die Sparren des Spitaldaches und selbst Kartätschenkugeln verirrten sich bis an die Mauern der Krankenzimmer. Um während des Operirens einigermaßen sicher zu sein, ließ ich die bedrohten Fenster mit Strohsäcken belegen.

Nachdem ich endlich den ganzen Tag hindurch thatsächlich in Blut gestanden, brachte man in später Nacht noch verwundete Soldaten und zwar Croaten. welche in die Vorstädte eingedrungen und auf dem Glacis von den Kugeln der Stadtvertheidiger getroffen worden waren. — Erst um Mitternacht wurde es allmälig ruhig, und es gelang nun, aus der Nachbarschaft einige damals schon sehr knapp gewordene Lebensmittel aufzutreiben und an die Bedürfnisse des im höchsten Grade erschöpften Körpers zu denken. Am nächsten Morgen zogen die kaiserl. Truppen in die Vorstädte ein.

Das Jahr 1848 — die große Epidemie der Geister — ging zu Ende und allmälig kehrten auch meine Studien wieder in die alten Geleise zurück. —

Unter den Objecten der pathologischen Anatomie hatten mich die Krankheiten der Knochen stets am meisten interessirt, weil ich fand, daß dieselben bisher anatomisch sehr stiefmütterlich behandelt, klinisch aber fast ganz vernachlässigt worden waren.

In Folge dieses meines Strebens, die an Lebenden beobachteten Knochen= krankheiten mit dem Befunde der pathol. Anatomie zu vergleichen und zu erklären, wurde ich nothwendig auf das Feld der Orthopädie gedrängt, welche damals in Wien fast ganz unbeachtet geblieben war. Schon meine ersten praktischen Versuche, welche ich in den Jahren 1846—47 gemacht hatte, hatten mich belehrt, daß der Sehnenschnitt, der bei Verkrümmungen namentlich durch Prof. Dieffenbach eine fast unbedingte Anwendung gefunden hatte, häufig mißbraucht worden war, und ich war bemüht, dieser Operation den ihr gebührenden Platz anzuweisen, die Wirksamkeit derselben festzustellen, und insbesondere die Irrthümer über die Ver= kürzungen der Sehnen und Muskeln bei Gelenkszusammenziehungen in Folge von Knochenleiden zu bekämpfen, andererseits aber die Zweckmäßigkeit einer entsprechenden mechanischen Einwirkung durch Druck und Zug auf die verkrümmten Knochen und Gelenke thatsächlich zu beweisen. Durch die von mir angegebene Methode wurden eine große Anzahl von Verkrümmungen geheilt, an deren Heilung — wenigstens in Wien — derzeit kaum gedacht worden war, und ich hatte das Vergnügen, daß diese meine Heilmethode, welche ich im J. 1849 unter dem Titel: „Die Behandlung und Heilung der Contracturen im Knie- und Hüftgelenke, mit 4 Tafeln, Wien, bei Gerold", in der Zeitschrift der k. k. Gesellschaft der Aerzte und in einer besonderen Broschüre veröffentlichte, sowohl im In= als Auslande zahlreiche Anerkennung und Nachahmung fand.

Um die Behandlung der Verkrümmungen consequenter durchführen zu können, gründete ich im J. 1850 ein orthopädisches Institut in Wien, derzeit das einzige in der Monarchie; dieses Institut, welches sich einer steigenden Theilnahme erfreute, wurde im Jahr 1852 nach Unterdöbling nächst Wien verlegt und von mir in Gesellschaft des Dr. M. Fürstenberg bis zum J. 1865 fortgeführt, sodann aber, da mir wegen neu eingetretenen Verhältnissen die Zeit zur Fortführung dieser Heilanstalt mangelte, an Dr. v. Weil übergeben, welcher dieselbe nach Währing verlegte.

Im Sommer des Jahres 1851 benützte ich meine freie Zeit dazu, um das Doctorat der Medicin zu erlangen, zu welchem Ende ich noch ein Colloquium aus den Gegenständen der zweiten strengen Prüfung pro doctoratu medicinae zu machen nothwendig hatte. Dieser Aufgabe entledigte ich mich am 28. Juli 1851 in Gesellschaft meines alten Freundes und Collegen des Dr. Richard Schlegel, derzeit Stadtarztes in Salzburg.

Die nächstfolgenden Jahre waren fast ausschließlich dem Studium der Knochen= und Gelenkskrankheiten und der orthopädischen Behandlung der Ver= krümmungen gewidmet; die Resultate meiner Untersuchungen und Beobachtungen veröffentlichte ich zum Theil in selbstständigen Journal=Aufsätzen, zum Theil in den Berichten über die Leistungen der orthopädischen Heilanstalt.

In der Zeitschrift der k. k. Gesellschaft der Aerzte in Wien sind nachstehende hierher gehörende Arbeiten erschienen:

Ueber die durch Phosphordämpfe erzeugten krankhaften Veränderungen an den Kieferknochen (1851).

17*

Ueber den Bruch des Kronenfortsatzes am Ellbogenbeine (1851).

Die Messung des Schenkels, ein Mittel zur Erkenntniß gewisser Krankheiten des Schenkelbeines und des Hüftgelenkes (1853).

In der Wiener medicinischen Wochenschrift erschienen:

1. **Bericht über die Leistungen der orthopädischen Heilanstalt zu Wien im Jahre 1851** (gedruckt 1852).

In diesem ersten Berichte wird hauptsächlich die Behandlung der Verkrümmungen an der Wirbelsäule abgehandelt. (Die weiteren Berichte über die orth. Heilanstalt zu Unterdöbling erschienen 1854, 1856 und 1863 als selbstständige Broschüren.)

2. **Hüftgelenkskrankheiten** (1853—1854).

3. **Bemerkungen über Pathologie und Therapie der Rückgratsverkrümmungen** (1856).

4. **Verrenkung des Daumens nach der Palmarseite** (1857).

5. **Beiträge zur Behandlung der Knochenbrüche** (1860).

6. **Lagerung der Gliedmassen bei Verwundungen und Entzündungen an denselben** (Spitalzeitung 1860).

7. **Ueber Knochenentzündung** 1862 — (als selbstständige Broschüre erschienen 1863).

In der österr. Zeitschrift für praktische Heilkunde erschien 1855:
Ueber die geeigneten Massregeln zur Hintanhaltung der schädlichen Einwirkung der Phosphordämpfe in den Zündhölzchenfabriken. Ein sanitätspolizeiliches Gutachten.

In dem Handbuche der allgemeinen und speciellen Chirurgie von Pitha und Billroth ist enthalten:
Die Krankheiten der Wirbelsäule (Erlangen 1865).

Im Jahre 1856 wurde meine Aufmerksamkeit auf einen neuen Gegenstand gelenkt, der für mich allmälig ein hohes Interesse gewann. Herr Dr. Jos. Hermann hatte im k. k. Krankenhause Wieden im Auftrage des h. Ministeriums Versuche angestellt, um die von ihm aufgestellten Sätze, daß die Lustseuche ohne Quecksilber heilbar und daß die s. g. allgemeine Syphilis nur dem Gebrauche des Quecksilbers zuzuschreiben sei, durch die Praxis zu beweisen. Als Mitglied der Ueberwachungs-Commission drang ich darauf, daß in jenen Fällen, in denen eine Quecksilberkrankheit angenommen wurde, auch der physikalische Beweis geliefert und (nach dem Vorgange Melsens) der unter dem Gebrauche von Jodkalium abgehende Harn elektrolytisch auf Merkur untersucht werde. Durch die damals erhaltenen Resultate, noch mehr aber durch eine Reihe von Versuchen, welche im k. k. Krankenhause Wieden von mir selbst vorgenommen, durch mehrere Jahre hindurch fortgesetzt und stets durch die physikalisch-chemische Untersuchung geprüft und controlirt worden waren, gewann ich die sichere Ueberzeugung, daß der Gebrauch des Merkurs überflüssig und schädlich sei, indem einerseits die Syphilis ohne Merkur schneller und sicherer heilt, und andererseits der Merkur im menschlichen Organismus nebst der acuten auch unter gewissen Umständen eine chronische Vergiftung erzeugt, die man früher als s. g. tertiäre Syphilis zu bezeichnen pflegte.

Um nun die im Spitale erhaltenen Resultate durch weitere Erfahrungen zu vervollständigen, wendete ich meine Aufmerksamkeit nun auch auf die im gewöhnlichen

Leben vorkommenden Metallvergiftungen überhaupt — auf die Erkrankungen der Barometermacher, Hutmacher, Vergolder, Anstreicher, der Arbeiter in Spiegel-, Arsenik- und Bleifabriken, und besuchte mit meinem Freunde Dr. Leander Jos. Keller im Jahre 1859 die Quecksilbergruben in Jdria, sowie das Scerlievo-Spital im Porto Rè bei Fiume.

Die Resultate dieser meiner Studien wurden größtentheils in Aufsätzen in der Wiener medic. Wochenschrift veröffentlicht, als:

Mercur und Syphilis (im J. 1858).

Täuschungen und Irrthümer in Erkenntniss der allgemeinen Syphilis (1859). Beide Aufsätze erschienen auch als selbstständige Broschüren.

Arsenik- und Kupfervergiftung durch Aufenthalt in mit Mitisgrün gemalten Zimmern (1859).

Ueber die Scerlievokrankheit im österr. Küstenlande (1865).

Geschichtliche Rückblicke auf den Morbus gallicus (1867).

Zu diesem wissenschaftlichen Kampfe über den Merkur gesellte sich im Wiedner Spitale im Jahre 1860 noch ein anderer in humanitärer Richtung Das weibliche Wartpersonale des Wiedner Krankenhauses war einige Jahre vorher zu einer Ordens-Congregation der Schwestern des h. Franciscus von Assisi constituirt worden; man hatte für die Schwestern ein eigenes Clausurgebäude gebaut und dieses Institut ganz auf geistlichen Fuß eingerichtet. Allein man übergab den geistlichen Schwestern nicht bloß die Wartung der Kranken, sondern man machte sie auch zu Pächterinnen der Oekonomie des Spitales. Unglücklicherweise war die dermalige Leitung der Congregation eine solche, daß die von ihr angestrebten Ersparungsrücksichten sehr häufig mit den Pflichten der Humanität gegen die Kranken in Collision gerathen mußten. Eine Menge schwerer Anklagen veranlaßte die Regierung, eine Untersuchungs-Commission in das Wiedner Krankenhaus abzuordnen. bestehend aus einem Statthaltereirathe, dem Landesmedicinalrathe und einem Domherrn, welche Commission die Aufgabe hatte, die Klagen gegen die Schwestern, welche man Anfangs für ganz unbegründet zu halten schien, strenge zu prüfen; die Verhandlungen dieser Commission wurden in Gegenwart des Directors, sämmtlicher Primar- und Secundarärzte und der Schwestern geführt, sie begannen am 14. November 1860, und dauerten wegen der großen Menge der vorgefundenen Uebelstände und der hartnäckigen Vertheidigungs-, Beschönigungs- oder Entschuldigungsversuche, Einreden und Gegenreden durch mehrere Monate. Mir fiel als ältestem Primararzte des Krankenhauses die Aufgabe zu, zuerst die Anklage gegen die Congregation zu erheben, zu begründen und als Anwalt der Aerzte und Kranken des Spitales aufzutreten. Ich glaube mich dieser Aufgabe im Geiste der Humanität und der Wahrheit entledigt zu haben, und, so sehr ich auch die vortrefflichen Eigenschaften einzelner Schwestern, die ja von mir selbst durch mehrere Jahre in der Krankenwartungslehre unterrichtet worden waren, hervorhob und würdigte, eben so energisch sprach ich mich gegen das Princip aus, geistlichen Orden, welche die Wartung und Pflege der Kranken als einen christlichen Liebesdienst übernehmen, gleichzeitig die Oekonomie der Spitäler anzuvertrauen und dadurch die christliche Liebe mit materiellen Interessen in Collision zu bringen.

Der lange Kampf, der im Publikum mit großem Interesse verfolgt wurde, endigte endlich damit, daß im folgenden Jahre die Ordens-Congregation aus dem Spitale entfernt wurde. — Nur der lebhaften Theilnahme der Bevölkerung, der ich dazumal als ein Streiter für Recht und Humanität bekannt wurde, glaube ich es zuschreiben zu müssen, daß mich die Wähler der Vorstadt Wieden und Margarethen im Jahre 1861, als die Freiheit der Gemeinde nach langem Absolutismus wieder ihren ersten Flügelschlag wagte, zum Gemeinderath der Stadt Wien erwählten, in welcher Eigenschaft ich in diesem Jahre und in dem Jahre 1863 und 1864 meine Thätigkeit der Sanitäts- und Armensection widmete.

Im Jahre 1863 wurde ich aufgefordert, die chefärztliche Leitung des Sanitätsdienstes und des Krankenvereines der k. k. priv. Theiß-Eisenbahn zu übernehmen; ich übernahm diese Dienstleistung als Sanitäts-Consulent der Direction, organisirte den Sanitätsdienst und das Krankeninstitut und führte eine durchgreifende Controle ein, deren bisheriger Mangel zu einem wachsenden Mißverhältnisse zwischen Einnahmen und Ausgaben Veranlassung gegeben hatte. Durch die Einschränkung der früher bestandenen Medicamenten-Verschwendung und strenge Ueberwachung der Arzneitaxe gelang es, die Zahl der auf den Bahnlinien angestellten Aerzte fast um das Doppelte zu vermehren, ihr Honorar im Verhältnisse zu ihren Dienstleistungen zu verbessern und dabei das Stammcapital noch derart zu kräftigen, daß im J. 1867 die Einzahlungen der Mitglieder herabgesetzt und gleichzeitig das Honorar jedes einzelnen Bahnarztes namhaft erhöht werden konnte.

Im Jahre 1864 traf mich der härteste Schlag, der mich überhaupt treffen konnte — und zerstörte die schönsten Hoffnungen meines Lebens. Ich verlor am 4. Mai d. J. meinen einzigen eben so talentvollen als herzensguten Sohn Fritz, in seinem 11. Lebensjahre. Noch am 24. April hatte ich mit ihm, der eine begeisterte Liebe für die Naturwissenschaft in sich trug, eine botanische Excursion nach Kalksburg gemacht, und die gesammelten Pflanzen waren noch nicht trocken geworden, als der gute Junge (am 28. April) aus der Schule des Theresianums mit allen Erscheinungen des ausgebrochenen Scharlachs nach Hause gebracht wurde. Die Krankheit zeigte gleich Anfangs ihren bösartigen Charakter, von Stunde zu Stunde verschlimmerte sich das Leiden; bevor das Bewußtsein erlosch, raffte der erschöpfte Knabe alle seine Kraft zusammen, um unter Thränen noch meine Verzeihung für alle seine kleinen Fehltritte zu erbitten, und seine Mutter zu ermahnen, sie möge sich wegen ihm nicht kränken; „es ist ja wenig an mir gelegen", sprach er zuletzt, „Du mußt Dich für meine Schwestern zu erhalten suchen".

Fünf bange Tage und Nächte lang schwebte ich zwischen Furcht und Hoffnung — am sechsten Tage trat endlich die schreckliche Entscheidung ein. Seinen letzten Athemzug that er am 4. Mai um 7 Uhr Morgens. Die entseelte Hülle wurde nach Kalksburg überführt und auf dem dortigen Friedhofe beerdigt — umgeben von den duftigen Wiesen und herrlichen Wäldern, in denen ich ehemals an seiner Seite wandelnd, nach Käfer und Blumen suchend, die schönsten und glücklichsten Stunden meines Lebens zugebracht habe.

Nach einem so hartem Schlage, der das Glück meines Lebens zertrümmerte, fand ich nur in angestrengter und ununterbrochener Thätigkeit das Mittel, um meinen niedergebeugten Geist wieder aufzurichten, meinen unaussprechlichen Seelenschmerz zu ertragen. Mit einer Art Hast suchte ich Arbeit und Anstrengung, und auch die vorliegenden Blätter, deren Sammlung und Zusammenstellung nicht ohne große Mühe erfolgen konnte, mögen wohl zum Theile dieser meiner Gemüths-stimmung, zum Theil aber auch dem Andenken an den verstorbenen Sohn, der sich stets für die Geschichte der Familie lebhaft interessirt hatte, ihre Vollendung verdanken.

Noch im J. 1864 sendete mir der Verein der Aerzte in Steiermark das Diplom eines correspondirenden Mitgliedes, nachdem ich von der Societas physico-medica Erlangensis schon im J. 1850, von der k. k. Gesellschaft der Aerzte in Wien im J. 1849, von dem Vereine großherzoglich badischer Medicinalbeamten zur Förderung der Staatsarzneikunde, und von der „Flora", Gesellschaft für Botanik und Gartenbau im Königreiche Sachsen im J. 1847 wegen einzelner meiner Arbeiten zum Mitgliede erwählt worden war.

Im Jahre 1865 schrieb ich einen Aufsatz über „Hundswuth und Wasser-scheu", der in der Wiener medic. Wochenschrift erschien und ziemlich allgemeines Interesse erregte. Ich ging dabei von dem Standpunkte aus, daß die Diagnose der Wuthkrankheit an Hunden durchaus nicht sichergestellt sei, und daß die sogenannte Wuthkrankheit der Menschen nichts anderes als Starrkrampf sei, den man wohl nach irgend einer Verletzung, aber auch ohne alle Verletzung bekommen könne, und zu welchem der Geifer der s. g. wüthenden Hunde in gar keiner Beziehung stehe.

Es erschien das Jahr 1866 und mit ihm der Krieg zwischen Oesterreich und Preußen, die Schlachten von Skalitz, Trautenau, Königgrätz lieferten rasch nach einander eine ungeheure Anzahl von Verwundeten, von denen ein großer Theil in Wien selbst untergebracht und verpflegt werden mußte. Um dieses namentlich praktische Chirurgen und Operateure in Anspruch nehmende Geschäft ordnungs-mäßig bewältigen zu können, wurde vom Doctoren-Collegium der Wiener medic. Facultät als leitendes Organ für die Hilfeleistung bei den verwundeten Kriegern ein Comité gewählt, dem ich anzugehören die Ehre hatte.

Bei den meiner Behandlung im k. k. Krankenhause Wieden anvertrauten Verwundeten sowohl der k. k. österreichischen als königl. sächsischen Armee suchte ich insbesondere die Grundsätze der conservativen (erhaltenden) Chirurgie zur Geltung zu bringen, und ich glaube, daß mir dieses vollkommen gelungen ist, da ich trotzdem, daß sich eine Menge der schwersten Knochen- und Gelenksverletzungen auf meiner Krankenabtheilung befanden, keine einzige Gliedmaße zu entfernen nöthig hatte. Die Resultate dieser — hauptsächlich auf die Verhütung des Wund-verderbnisses berechneten Behandlungsweise wurden in der Wiener medic. Wochen-schrift 1867 unter dem Titel: „Conservative Chirurgie" veröffentlicht. Zu meiner Ueberraschung wurde mir aus Anlaß meiner geleisteten ärztlichen Dienste von Sr. Majestät dem Kaiser das Ritterkreuz des Franz Josefs-Ordens und von Sr. Maj. dem Könige von Sachsen das Ritterkreuz des Albrecht-Ordens verliehen.

In der letzten Zeit war ich bemüht, auch den verstorbenen Mitgliedern der Familie Lorinser ein möglichst bleibendes Zeichen der Erinnerung zu widmen. So-wohl in der Kapelle zu Lorüns als in der Friedhofskapelle zu Schussenried und an der Pfarrkirche zu Niemes wurden einfache steinerne Gedenktafeln mit den Namen der daselbst verstorbenen Mitglieder der Familie Lorinser angebracht und die Instand-haltung dieser Erinnerungstafeln ebenso wie des Grabsteines zu Kalkeburg stifts-brieflich sicher zu stellen gesucht.